부자 미국
가난한 유럽

부자 미국 가난한 유럽

손진석 홍준기

plan b
DESIGN

목차

7부 삶의 질

우리나라는 우리보다 잘사는 나라를 '미국 유럽 등 선진국'이라고 부르는 데 아직 거리낌이 없다. 미국이나 유럽이나 우리에겐 그냥 배울 점 많고 부러운 나라들일 뿐이니 그렇게 묶어서 통칭하는 게 어색하지 않아서다.

미국과 유럽이 좀 다르다는 말을 들어도 우리에게 그건 마치 '아빠가 더 좋으냐 엄마가 더 좋으냐'는 질문처럼 들린다. 우리는 그저 미국처럼만 돼도 좋고 유럽처럼 되어도 과분하겠다고 생각해 온 게 사실이다. 그래서 우리는 유럽과 미국이 어떻게 다른지 솔직히 별 관심이 없다.

그러나 지금부터는 좀 생각을 바꿔야 한다. 유럽에는 스무개가 넘는 나라들이 있지만 대한민국보다 GDP가 더 큰 나라는 이제 독일, 영국, 프랑스, 이탈리아 단 네 나라 뿐이다. 이미 유럽은 거의 다 따라잡은 셈이다. 지금부터는 우리의 목적지가 진짜 유럽형 선진국인지 아니면 미국형 선진국인지 결정해야 한다. 이 책은 그 둘이 상상 이상으로 매우 다르며 우리는 그 둘을 다 선택하는 건 불가능하다는 이야기를 전하고 있다.

예를 들어 프랑스에서는 은퇴를 하면 평소 받던 월급의 75%가 연금으로 나온다. 그 말은 은퇴를 미루고 직장을 다녀봐야 늘어나는 실질 수입이 별로 없다는 뜻이다. 그러니 나이가 들면 아무도 일을 하려 하지 않고 의료도 국가가 책임지다보니 노인 인구가 늘어날수록 정부의 재정이 더 많이 투입된다. 그러니 세금도 당연히 무겁다. 미국은 번 돈의 4분의 1만 세금으로 내지만 프랑스는 소득의 거의 절반을 세금으로 낸다.

반면 미국은 세계 최강대국임에도 불구하고 복지는 빈약하다. 스스로 알아서 먹고 살아야 하는 게 그 나라의 밑바탕에 깔린 가치관이자 문화다. 고용도 쉽고 해고도 쉽다. 유럽은 그게 둘 다 어렵다. 그래서 미국은 75세 이상 노인들도 열 명 중 한 명이 아직도 일을 한다. 반면 프랑스는 75세 이상 노인 100명 중 한 명 꼴로도 일을 하지 않는다.

미국은 살기가 더 팍팍하지만 지속가능한 시스템이고 경제지표의 모든 곡선이 우상향하는 나라다. 유럽은 정반대다. 국민들의 만족도는 높은 편이지만 언제까지 지속가능할 지는 의문이다. 냉정한 미국은 가난을 방치해서 자립을 유도하지만, 온화한 유럽은 가난을 방지하느라 온 국민의 허리가 휜다. 그리고 그런 유럽이 서서히 무너지고 있다는 게 이 책의 요점이다.

이 책의 저자인 손진석 기자는 현장에서도 몇차례 만난 적이 있는데 그는 항상 밤늦게까지 무슨 도자기를 굽듯 취재를 하고 기사를 쓰곤 했다. 아직도 그의 책상에만 불이 켜져있던 어두운 기자실이 가끔 생각난다. 나는 그런 그를 떠올리며 그의 이름으로 검색을 해서 기사를 찾아 읽고 고개를 끄덕이곤 했는데, 오랜만에 연락을 해 온 그가 책 원고라며 파일 한 뭉치를 보내줬다. 프랑스에 특파원으로 나갔다는 이야기는 들었는데 또 밤늦도록 도자기를 구웠던 모양이다.

덕분에 유럽의 맨 얼굴을 자세히 볼 수 있었다. 유럽이 러시아 가스에 의존하게 된 이유 중 하나가 바다보다 지대가 낮은 네덜란드 때문이었다는 이야기나 유럽이 복지 천국이 될 수 있었던 건 미국 덕분이라는 이야기, 인도에서 발생하는 민족간 유혈 충돌을 미국이 외면할 수 밖에 없는 이유는 중국 때문이라는 해석 등은 고개를 끄덕이게 하는 흥미 포인트였다.

경험으로 미뤄보면 좋은 책은 크게 두 종류로 나뉜다. 너무 재미있어서 나만 몰래 읽고 싶은 책과 너무 중요한 내용이 담겨 있어서 내가 사서라도 주변에 돌리고 싶은 책. 내게 묻는다면 이 책은 후자에 좀 더 가깝다. 유럽을 잘 아는 기자가 툭 던지고 간 취재수첩을 몰래 훔쳐 읽는 것 같아서 재미로도 그만이지만 우리와 비슷한 시기를 먼저 살아온 유럽인들이 경험한 수많은 시행착오들을 빼곡히 기록한 책이라 여러 권 사서 좀 나눠주고 싶다. 누구에게 주면 좋을지 벌써 얼굴들이 떠오른다. 출판사에서 혹시 원고료를 준다 하면 책으로 달라고 해야겠다는 생각이 강하게 든다.

— 삼프로TV 진행자 **이진우**

무엇이 번영에 기여하고 무엇이 번영에 도움이 되지 않을까요? 이 책은 미국과 유럽을 둘러싼 다양한 이슈들과 관련한 매우 실증적이고 실험적인 비교를 통해 흥미로운 결과를 보여줍니다. 투자자, 사업가, 정책 입안자 그리고 넓은 세상에 관심이 있는 모든 사람에게 이 책에 담긴 교훈은 반드시 필요합니다.

— 월가 억만장자 투자자 **켄 피셔**

책을 열었을 때 초반에는 예상을 뛰어넘는 미국의 강함에 놀라게 된다. 불과 수십 년 전보다 성장률뿐 아니라 금융 시장의 발전 면에서도 또 다른 선진 블록이라 할 수 있는 유럽과 거대한 차별화를 만들어내었다는 사실들이 실증적 숫자를 통해 보여진다. 이후에는 저자의 빨려드는 듯한 스토리텔링을 만나게 된다. 한참 읽다 보면 미국과 유럽의 초격차가 나타날 수밖에 없었던 설득력 있는 이유를 이해하게 된다. '왜 미국의 성장은 압도적인가?' '왜 미국 주식 시장의 밸류는 높은가?'에 대해 알고 싶은 기업인들과 투자자들에게 훌륭한 길잡이가 되어주는 좋은 책이다. 일독을 권한다.

— 신한은행 WM사업부 **오건영 팀장**

프롤로그

쇠락하는 '박물관 대륙'

파리 시내에서 센강을 가로지르는 다리는 모두 37개입니다. 그
중 제가 특파원으로 근무할 때 살던 집에서 가장 가까운 건 비르아
켐 다리Pont de Bir-Hakeim입니다. 영화 '파리에서의 마지막 탱고'와 '인셉
션'의 배경으로 유명세를 탔던 곳입니다. 600m쯤 떨어진 에펠탑이
예쁘게 보이는 지점이죠.

비르아켐 다리는 19세기에 만들어진 인공 하중도인 시뉴섬Île aux
Cygnes에 연결돼 있습니다. 이 섬은 센강이 흐르는 방향으로 쭉 이어
지는 길쭉한 모양입니다. 길이 890m에 폭은 11m입니다. 이곳을 매
일 산책하며 역사와 낭만의 도시에 살고 있다는 걸 새삼 느끼곤 했
습니다.

시뉴섬을 걷다가 벤치에 앉으면 어디선가 바스락거리는 소리가
들리곤 합니다. 다름 아닌 쥐입니다. 한국에서 쥐를 언제 마지막으
로 봤는지 기억조차 희미한 터라 유럽을 대표하는 도시에서 쥐를
처음 봤을 때 충격은 작지 않았습니다.

그런데 어쩌다 한 마리가 아니었습니다. 시뉴섬 여기저기에 쥐

가 들끓고 있습니다. 그리고 시뉴섬뿐 아니라 시내 어디에서든 쥐가 제법 눈에 띄었습니다. 해충 방제 전문가들은 파리 시내에 쥐가 500만 마리쯤 있다고 추정합니다. 파리 시민이 210만 명이니까 사람 한 명당 두 마리의 쥐와 동거하는 셈이죠.

파리는 세계인이 동경하는 아름다운 도시입니다. 그러나 가려진 곳은 무척 낡았습니다. 하수구, 지하철역, 건물 지하, 공동묘지에 쥐가 들끓고 있죠. 겉으로 보이는 화려함 뒤에 곪아 있는 환부가 이제는 꽤 커졌습니다. 파리의 예쁜 골목 밑으로 병균을 옮기는 쥐가 많다는 건 지금의 프랑스, 그리고 유럽 전체의 현실을 보여주는 단면이라고 생각합니다.

사상, 철학, 예술, 문화를 중심으로 가치와 지식이라고 할 수 있는 인류의 자산은 대부분 유럽에서 탄생했습니다. 다양한 유적과 기록물로 대륙이 마치 거대한 박물관 같습니다. 전 세계에서 찾아오는 관광객들이 쓰는 돈으로 유럽은 아직도 많은 부를 쌓아 올리고 있죠. 대외적으로도 G7 가운데 절반이 넘는 네 나라가 유럽 국가들입니다. 이런 유럽의 위상은 여전히 지구상의 많은 나라들이 범접하기 어려운 높은 경지에 있습니다.

2차 세계 대전이 종료되고 20세기가 끝날 무렵까지는 유럽이 미국과 함께 서구 사회의 양대 축으로 국제 질서를 이끌어왔습니다. 대서양 양안 시대였죠. 하지만 21세기에 접어든 이후 글로벌 리더로서 유럽의 위상은 조금씩 쪼그라들고 있습니다. 온라인·모바일 산업이 경제의 중심축으로 부상한 가운데 이를 미국이 독식하고 있습니다. 유럽은 이제 뒤쫓아 가는 것도 힘겨워 보입니다.

자본시장은 말할 것도 없이 다윗과 골리앗의 격차로 벌어졌습니다. 세계를 선도하는 '원톱'인 미국과 뒤따라가는 처지인 유럽의 기술·자본·인력의 수준은 천양지차입니다. 이제 비즈니스 영역에서는 유럽이 다른 대륙을 선도하는 분야가 상당 부분 사라졌습니다. 그러는 사이 중국·일본·인도·한국과 같은 아시아 축에 무게가 제법 실리고 있습니다.

유럽의 기세가 예전만 못하다는 걸 한국인들도 감지는 하고 있습니다. 하지만 미국과 비교해 차이가 어느 정도까지 벌어졌는지에 대해서는 다소 막연하게 여기는 듯합니다. 그래서 무엇이 오랫동안 쌍두마차였던 미국과 유럽의 운명을 갈라놓았는지에 대해 심도 있게 기록해야겠다는 욕심이 생겼습니다. 이런 주제를 놓고 광범위하게 원인과 결과를 분석한 한국어 전작前作을 찾을 수 없었습니다. 이것 역시 책으로 기록해야겠다는 에너지가 샘솟은 이유입니다.

유럽인들의 스스로에 대한 자부심은 곧잘 우월감으로까지 수위가 높아집니다. 그런 우쭐한 감정을 발현하는 발판은 현재보다는 과거에 쏠려 있습니다. 그동안 걸어온 발자취로 보면 '우리가 최고'라는 생각을 하는 것도 무리는 아닙니다.

그러나 이런 자만 섞인 시선으로 세상을 보다가 혁신을 이끌어내는 기운을 약하게 만들었다는 걸 이제는 부인하기 어렵게 됐습니다. 또한 내부에서 이데올로기의 싸움에 집착하다가 달라진 세상을 따라잡지 못하는 흐름도 나타났습니다. 이런 와중에 난민이 대거 몰려오자 우왕좌왕하고, 난민 수용을 둘러싼 찬반 다툼이 격렬해지면서 역량은 더 떨어졌습니다. 그렇게 타이어에서 바람 빠지는 듯 서서히 쇠락해져 가는 유럽의 모습을 이 책에 담았습니다. 무상과 평등을 내세운 유럽식 교육 시스템의 위선과 낮은 경쟁력도 다뤘습니다.

'과거'에 머물러 있는 유럽의 쇠퇴, 다각도로 분석하다

여기에 더해 미국이 왜 독보적으로 앞서가는가에 대한 원동력도 다각도로 넉넉하게 분석했습니다. 거대한 자본시장의 위력, ICT를 선점한 규모의 경제가 가져오는 파괴력, 막강한 달러의 힘을 미국은 확보하고 있습니다. 게다가 대학과 군軍의 경쟁력이 워낙 독보적이죠.

그래도 전체적으로 미국보다는 유럽의 이야기를 약간 더 많이 담았습니다. 이유가 몇 있습니다. 저널리스트 관점에서 이제 갓 선진국 문턱에 턱걸이한 한국에는 타산지석보다는 반면교사가 보다 유용한 접근이라고 믿기 때문입니다. 또한 많은 한국인들이 미국에 대해서는 경험하고 이해하는 부분이 많지만 유럽에 대해서는 생각만큼 깊게 들여다보지 않는 경향이 있다는 점도 고려했습니다.

한국인에게 유럽은 학술적인 의미나 여행 대상지로 인식되는 경우가 적지 않습니다. 파리 시내에서 오스만 스타일 건물의 고풍스러움에 감탄을 하지만 그 아래에 수도 없이 돌아다니는 쥐까지는 들여다보지 않는 식입니다. 공학, 자연과학, 경제, 경영 분야의 인재들은 이제 유럽으로 유학을 가는 경우가 드뭅니다. 대개는 미국으로 향합니다.

유럽을 오래 경험한 한국인들은 패션, 음악, 미술, 문학, 건축 등의 분야에 몸담은 이들이 많습니다. 애초에 유럽의 멋스러움에 주목하는 분야죠. 그리고 유럽인들이 내세우는 평등과 연대의 가치에 이끌린 이들이 그런 가치의 장점과 미덕을 유럽에 가서 확인하고 긍정하는 경우가 적지 않습니다. 이런 경향을 가진 이들은 유럽식 가치가 미래의 생산성을 높이기 위한 에너지를 갉아먹기 시작했다는 측면은 주목하지 않는다는 인상을 받습니다.

이런 배경 때문에 유럽의 경제와 산업을 시장 친화적인 관점에서 들여다보고, 장단점을 냉정하게 저울질해 본 한국인이 생각보다 많지 않다고 여깁니다. 이런 차원에서 유럽에서 직접 거주해 보고 미국에 여러 차례 취재와 단기 연수를 가본 경험을 반영해 기록물을 남겨야겠다는 의지가 생겼습니다.

앞으로 미국과 유럽의 경제적 격차는 갈수록 커지고 유럽의 글로벌 리더로서의 위상은 낮아질 가능성이 높습니다. 그래서 이 책이 담고 있는 주제를 전 세계적으로 점점 더 심도 있게 다룰 것으로 생각합니다. 이러한 주제에 관한 논의를 한국에서 사실상 개시했다는 점에서 저널리스트로서 보람을 느낍니다. 넓은 세상의 변화를 알고 싶어 하는 분들에게는 앎의 범위를 확장시켜 줄 수 있을 것이라고 생각합니다. 이 책은 경제를 중심축으로 하고 있지만, 정치, 복지, 교육, 안보, 기후, 사회 안전망과 같은 현대 국가가 당면한 과제를 다각도로 살폈습니다.

같이 책을 쓴 홍준기 기자는 제가 본 어떤 저널리스트보다 학구적입니다. 깊이 파고드는 분석력, 경제 현상에 대한 폭넓은 이해, 글로벌한 시각으로 무장한 홍 기자는 단기 특파원으로 미국을 현장에서 경험했습니다. 그와 함께 조선일보의 글로벌 경제·산업 섹션 위클리비즈WEEKLY BIZ를 제작하고, 이 책을 같이 집필하면서 생각의 범위를 넓힐 수 있었습니다.

저희는 식견, 관점, 경험이 풍성하게 배어들게 하기 위해 내로라 하는 4명의 국내외 전문가를 이 책 안으로 초청했습니다. 월가의 전설적인 투자자인 피셔인베스트먼트의 켄 피셔 회장, 벨기에 브뤼셀에 있는 싱크탱크, 유럽국제정치경제센터ECIPE를 이끄는 프레데릭 에릭손 소장, 미국에서 유학하고 유럽에서 교수를 지낸 장진욱 고려대 경영대 교수, 40년간 직업 외교관으로 세계를 누빈 최종문 전 외교부 차관이 저술 취지에 공감하고 정성 들인 글을 직접 쓰거나 인터뷰에 응했습니다.

노파심에 말씀드리면 이 책을 쓴 건 미국을 찬양하고 유럽을 폄하하자는 목적이 아닙니다. 마약과 총기 사고가 넘치는 미국 사회의 병폐도 충분히 다뤘습니다. 미국이 넘버원 국가 지위를 확고하게 만들어간다고 해서 과연 미국인들이 행복한지에 대해 물음표도 던졌습니다.

한국이라는 나라가 나아가야 하는 항로가 일방적으로 어떤 특정한 나라가 걷는 길과 같을 수 없습니다. 바람이 있다면 안개 속에 놓인 미래를 향해 우리가 방향을 잡을 때 이 책이 조그마한 나침반 기능을 수행했으면 하는 것입니다. 미국의 길도 아니고 유럽의 길도 아닌 우리에게 적합한 길을 찾는 여정이 필요합니다. 책에서 유럽 내 경험을 다룬 대목은 제가 2017년 말부터 2021년 말까지 특파원으로 근무할 때 이야기로 보시면 됩니다. 홍 기자도 미국에서 단기 특파원으로 근무할 때의 경험을 녹여냈습니다.

다른 나라를 볼 때 호오好惡의 관점에서 어느 한쪽으로 기울지 않는 게 중요하다는 걸 이 책을 쓰면서 새삼 느꼈습니다. 결국은 모든 게 나와 우리를 더 잘 알고, 더 사랑하기 위해서가 아닐까요. 이것이 이 책을 쓴 진정한 목적이라고 생각합니다. 시차 다른 유럽 땅에서 기사를 쓸 때 옆에서 격려해준 아내와 딸에게 고맙다는 말을 다시 한번 전하고 싶습니다.

2023년 11월
손진석

1부

경제력

1

미국은 어떻게 '괴물' 같은 나라가 되었나

미국은 경제력이나 군사력에 있어서 독보적인 지구 최강의 국가다. 누구도 부인하지 못한다. 거대한 경제 규모를 갖추게 된 이후에도 일본처럼 정체 국면에 접어들지 않고 있다는 게 특히 놀랍다.

이 괴물 같은 나라는 어떻게 태어났을까.

우리나라에 단군 신화가 있듯 대부분의 나라에서 역사의 첫 페이지는 신화로 시작하는 경우가 많다. 반면 역사가 짧은 미국은 다르다. 신화 대신 기록된 역사로 시작한다. 초대 대통령인 조지 워싱턴을 비롯해 토마스 제퍼슨, 존 애덤스, 벤저민 프랭클린 등 건국의 주역은 실존 인물이다. 이들의 족보를 뒤져보자. 초대 대통령인 워싱턴은 영국의 식민지 버지니아 출신이고, 제퍼슨 역시 마찬가지다. 나머지 인물들도 크게 다르지 않다. 이들의 조상은 유럽인이다.

현재 미국 사람들의 뿌리 어디를 찾아봐도 답은 유럽이다. 2000년 미국 센서스 조사에서 '당신의 선조는 어디에서 왔나요'라는 응답에서 4384만 명이 독일이라고 답했다. 2위가 아일랜드로 3052만 명, 3위가 잉글랜드로 2451만 명이었다. 조 바이든 대통령의 조상은 아일랜드계다. 전임 대통령인 도널드 트럼프의 할아버지는 독일에서 건너왔다.

아메리카 대륙도 유럽 사람이 발견했다. 이탈리아 제노바 출신의 크리스토퍼 콜럼버스가 1492년 중남미 지역을 개척했다. 이후 유럽 5대국 중에서 식민지에 크게 관심이 없었던 독일과 이탈리아를 제외한 프랑스, 스페인, 영국은 아메리카 대륙에서 자신들의 영향력을 조금씩 늘려나갔다.

현재의 미국 땅에 본격적으로 의미 있는 식민지를 건설하려는 시도는 1606년 12월 영국에서 버지니아 지역을 식민지로 삼기 위해 선발대를 보내면서 시작됐다. 40명의 군인을 포함해 105명으로 구성된 탐험대가 1607년 4월에 체서피크 해변에 도착한다. 미국 버지니아에 생긴 첫 번째 정착지인 제임스타운이 이렇게 시작했다.

17세기 유럽인들은 미국 정착에 한동안 고전하기도 했지만 18세기에 들어서면서 안정적인 경제 성장을 이뤄냈다. 영국을 상대로 1775년부터 8년간 지속된 미국 독립전쟁revolutionary war이 시작되기 이전에 이미 미국에 있는 영국 식민지는 경제적 잠재력을 보였다. 미국 내 13개 영국 식민지의 1인당 GDP(국내총생산)는 모국인 영국을 뛰어넘는 수준이었다는 연구 자료도 있다. 뉴욕과 필라델피아의 금

미국과 EU의 GDP 추이

(단위: 달러)

연도	미국	EU
2012	16조 2540억	14조 6501억
2013	16조 8432억	15조 2951억
2014	17조 5507억	15조 6545억
2015	18조 2060억	13조 5539억
2016	18조 6951억	13조 8854억
2017	19조 4774억	14조 7607억
2018	20조 5331억	15조 9864억
2019	21조 3810억	15조 6939억
2020	21조 60.5억	15조 3591억
2021	23조 3151억	17조 1938억
2022	25조 4645억	16조 6426억
2023	26조 8546억	17조 8188억
2024	27조 7411억	18조 5129억
2025	28조 7660억	19조 2830억
2026	29조 9029억	19조 9900억
2027	31조 916억	20조 6129억
2028	32조 3497억	21조 1113억

※2023년부터는 전망치

자료: 국제통화기금(IMF)

융가들, 보스턴의 상인들은 식민지 경제 성장을 이끌었고, 이러한 경제 성장이 서서히 독립에 대한 열망을 키워나갔다.

독립전쟁이 한창이던 1776년 7월 4일, 영국의 13개 식민지 대표들이 모인 대륙회의에서 미국은 독립선언서를 채택했다. 이날이 'United States of America, 미합중국'이라는 나라가 공식적으로 탄생한 날이다. 이후로 250년 가까이 지난 오늘날 미국은 유일무이한 초강대국이 됐다. 게다가 선조뻘인 유럽과의 격차를 갈수록 벌리고 있다. 먼저 '경제적 파이'의 크기로 미국과 유럽을 비교해 보자.

IMF(국제통화기금) 집계에 따르면 2022년 미국의 GDP(국내총생산)는 25조 4645억 달러이며, EU는 16조 6426억 달러다. EU 27회원국의 GDP를 몽땅 합쳐도 미국 GDP의 65.4%에 그치는 수준이다. 미국과 EU의 GDP 차이는 8조 8219억 달러에 달하는데, 이 격차를 원화로 환산하면 약 1경 1700조 원에 달한다. 미국과 EU의 경제 규모 격차가 우리나라 GDP의 5배가 넘는 수준이라는 점이 놀랍다. EU에서 탈퇴한 영국과 EU를 합치더라도 미국의 GDP가 5조 7513억 달러(약 7600조 원)나 더 우위에 있다.

유럽이 미국에 이 정도의 큰 격차로 밀린 건 상당히 최근의 일이라는 점을 주목할 필요가 있다. IMF를 통해 데이터 확인이 가능한 1980년 이후 미국과 EU(영국을 포함할 경우)의 경제 규모는 엎치락뒤치락했다. 특히 서브프라임 모기지 사태로 촉발된 글로벌 금융위기 당시 미국 경제가 비틀거리자, 일시적으로 유럽이 앞서나가기도 했다. 2008년은 영국을 포함한 EU GDP가 미국보다 4조 4818억 달러 더 많았다.

세계 경제 규모 점유율

연도	중국	EU	미국
1990	1.8%	27.4%	26.4%
1995	2.3%	26.5%	24.5%
2000	3.5%	21.3%	30.1%
2005	4.8%	24.9%	27.3%
2010	9.1%	21.9%	22.6%
2015	14.8%	18.1%	24.3%
2020	17.5%	18.1%	24.8%
2023	18.4%	16.9%	25.4%
2026	19.6%	16.3%	24.4%
2028	20.4%	15.6%	24.0%

※2023년 이후는 전망치 　　　　　　　　　　　　　　　　자료: 국제통화기금(IMF)

　하지만 이 무렵 미국에서 게임체인저가 등장했다. 스티브 잡스가 이끄는 애플은 2007년 세계 최초의 스마트폰인 '아이폰'을 들고 나왔다. 이때부터 본격화된 모바일 ICT 혁명은 미국과 유럽의 운명을 가르는 분수령이 되었다. 세상에 없던 기술이나 상품을 내놓는 자는 막대한 부의 주인이 되기 마련이다. 이런 변화로 생긴 거대한 이익은 미국이 독차지한 셈이고, 유럽은 쓴맛을 다시는 중이다. 필 맥킨토시 나스닥 수석 이코노미스트는 조선일보 위클리비즈와의 인터뷰에서 "세상에 없던 제품과 서비스를 만들고 끊임없이 혁신한 것이 미국 빅테크의 힘"이라고 했다.

앞으로 미국과 유럽의 경제 격차는 쩍 벌어진 '악어의 입'처럼 계속해서 커질 것으로 예상된다. IMF는 미국과 EU의 GDP 격차가 2023년 말에는 9조 358억 달러까지 벌어지고, 2028년에는 11조 2384억 달러 차이를 보일 것이라고 예상하고 있다. 이제는 어떤 계산법을 동원해도 유럽은 미국을 넘지 못한다. EU에 영국뿐 아니라 러시아, 스위스 같은 非EU 국가를 모두 더해 범유럽을 만든다 해도 GDP 합계액은 23조 7216억 달러로 미국(25조 4645억 달러)보다 작다.

느리지만 끈질긴 아시아의 저력, 유럽을 넘보다

그렇다면 누가 지구상의 경제 규모 점유율, 즉 세계 GDP에서 차지하는 비율에서 유럽의 몫을 빼앗아갔을까. 미국이 세계 GDP에서 차지하는 비율은 2022년 말 기준 25.4%로 1980년과 동일하다. 그런데 같은 기간 현재 EU 국가들이 차지하는 비율은 28.6%에서 16.6%로 뚝 떨어졌다. 과연 유럽의 자리를 탈취한 곳은 어디일까? 바로 중국이다. GDP 규모를 기준으로 세계에서 중국이 차지하는 비중은 2021년 EU를 눌렀다. 길게 보면 미국은 현상 유지를 하고 있는 반면 유럽은 급격히 쇠퇴했으며, 중국은 부쩍 커졌지만 아직 미국을 넘볼 정도는 아니라는 얘기다.

미국과 중국만 유럽을 제압한 것이 아니다. 중국이 포함돼 있는 대표적인 신흥국 모임인 '브릭스BRICS'의 경제력이 유럽을 넘어선 지는 꽤 됐다. 2012년 브라질, 러시아, 인도, 중국, 남아프리카공화국 다섯 나라의 경제 규모가 유럽을 넘어선 이후 격차는 계속해서 벌어지고 있다. 2022년 말 기준으로는 9조 3890억 달러 차이다. 1992년만 하더라도 EU의 GDP가 브릭스 5개국의 5배였다는 점을 감안하면 유럽인들에게는 뼈아픈 수치다.

유럽이 쇠락하는 모습은 한때 세계를 호령했던 영국과 과거 식민지들의 경제 규모를 비교할 때도 선명하게 나타난다. 2021년 영국은 영연방국가 가운데 경제 규모 1위 자리를 인도에 내줬다. 이제 영연방국가 중 GDP의 1위는 인도다.

원래 영국 GDP는 인도의 3~4배 수준이었지만 2000년대 들어서 빠른 속도로 격차가 줄어들었다. 앞으로 남은 것은 더 큰 격차다. 인도는 당분간 고도성장을 이어나갈 것으로 예상되는 반면, 영국은 저성장에서 탈피하지 못하고 있기 때문이다. 세계를 호령했던 대영제국이 이제는 황혼에 접어든 모습이다.

누구도 예상하지 못한 전개가 그려지는 가운데 앞으로 미래에는 각국의 경제 규모가 어떻게 변화될 것인가?

2023년 조선일보 위클리비즈는 케임브리지대 법학부의 인도인 교수 안타라 할다르와 인터뷰를 했다. 그는 '토끼와 거북이' 이야기를 꺼내 들었다. 서구 국가들이 산업혁명의 과실을 발판으로 다른 대륙을 압도하기 시작한 19세기 초를 가리키는 '대분기Great Divergence'

라는 용어가 있듯 미국과 유럽이 최근 200년 동안은 아시아를 비롯한 다른 국가들보다 훨씬 앞서 갔다. 할다르 교수는 그러나 이제는 거북이와 같은 아시아 국가들이 결국 승리할 수 있다고 내다봤다. 이대로 수십 년이 지나면 미국은 차치하더라도 유럽은 아시아 국가들이 누를 수 있는 사정권에 들어올 수 있을 것이다.

2

유럽 5대국을 압도하는 미국 9대 주

한 국가의 흥망성쇠에 있어서 지리적인 위치는 매우 중요하다. 그런 의미에서 미국의 위치는 기가 막히다. 육로로 연결된 캐나다와 멕시코는 미국에게 우호적인 이웃 나라다. 게다가 미국은 러시아와 캐나다에 이어 세 번째로 넓은 영토를 지니고 있다. 러시아 영토의 60% 정도가 극한의 추위 때문에 사람들이 거주하기 어려운 지역인 반면, 미국은 기후나 지형 측면에서 딱히 불리한 면이 없다. 화석연료나 광물 같은 천연자원도 풍부해 남부러울 것이 없는 나라다.

미국은 사실 '땅 투자'의 장인이다. 미국은 1867년 알래스카를 러시아로부터 단돈 720만 달러를 주고 사들였다. 국무장관 윌리엄 수어드가 이 땅을 사들이자 일각에서는 '수어드의 바보 짓folly'이라고 부르며 비아냥거렸다. 하지만 알래스카에 묻혀 있는 원유와 천연자원을 고려하면 바보짓이 아닌 여우처럼 영악한 행위로 성공적인 투

미국 주(州)들과 유럽 주요국 GDP　　　　　　　　　　(단위: 달러)

미국 주	GDP	유럽 주요국	GDP
캘리포니아	3조 5981억	영국	3조 706억
텍사스+뉴욕	4조 4091억	독일	4조 754억
일리노이+펜실베니아+오하이오	2조 7791억	프랑스	2조 7840억
조지아+뉴저지	1조 5011억	이탈리아	2조 120억
플로리다	1조 3891억	스페인	1조 4005억

※2022년 기준　　　　　　　　　　　　　　　　자료: IMF·미국 경제분석국

자였다.

서두에 알래스카 이야기를 꺼낸 것은 이제 좀 더 세부적으로 깊게 들어가 미국의 여러 주州들과 유럽 국가들의 경제 규모를 비교해보기 위함이다. 현재의 변화를 보려면 다른 주들의 역사도 살펴볼 필요가 있다.

2022년 말 기준으로 알래스카의 GDP는 636억 달러다. 단순 비교하면 유럽의 슬로베니아(622억 달러), 라트비아(422억 달러), 에스토니아(381억 달러)보다 크다. 크로아티아(710억 달러)나 리투아니이(705억 달러)와 비교해 크게 모자라지 않는 수준의 경제 규모를 자랑하고 있다.

미국은 1803년 프랑스가 식민지를 건설해 소유하고 있던 루이지애나를 구입했다. 나폴레옹이 프랑스를 통치하던 시절이었다. 가격은 1500만 달러. 미국 재무부는 이 돈을 마련하기 위해 국채를 발행

해 영국과 네덜란드의 투자자들에게 팔았는데, 나중에 원금에 이자까지 모두 갚는 데 쓴 돈이 2331만 달러 정도다.

루이지애나를 사들인 이는 미국 3대 대통령 토마스 제퍼슨이다. 그는 루이지애나의 뉴올리언스 항구를 손에 넣고 싶은 욕심에 프랑스에 접근했다. 제퍼슨은 벤저민 프랭클린의 후임으로 주프랑스 공사를 지내 프랑스를 잘 아는 인물이었다.

당시에 미국이 사들인 루이지애나는 현재의 루이지애나주에 국한되지 않는다. 지금 기준으로 15개 주의 영토 전부 혹은 일부를 아우르는 거대한 지역이다. 아칸소, 아이오와, 미주리, 네브래스카, 캔자스, 오클라호마, 미네소타, 노스다코타, 사우스다코타, 몬타나 등의 전체 또는 일부가 프랑스가 판 루이지애나의 일부였다.

나폴레옹이 미국에 있는 거대한 식민지를 팔아버린 건 아메리카 식민지로 분산된 힘을 모아 유럽의 맹주가 되고 싶었기 때문이다. 식민지를 팔아 확보한 자금을 바탕으로 영국을 견제하는 것이 프랑스의 우선순위였던 것이다.

루이지애나를 팔아버린 나폴레옹이 얼마나 배가 아플지 따져보자. 프랑스가 미국 정부에 팔아버린 루이지애나 식민지를 구성했던 15개 주의 2022년 GDP를 더하면 5조 2412억 달러인데 프랑스 GDP(2조 7840억 달러)의 거의 두 배 정도다.

미국의 루이지애나 구입은 중부 지역을 넘어 서부로 진출하는 루트를 확보했다는 점에서도 의미가 있다. 미국 중부에 지금의 캐나다 같은 별개의 국가가 자리했다면 미국이 현재의 동부 지역에만 제한

되어 세계 초강대국으로 성장하기 어려웠을 가능성이 적지 않다.

덩치를 키운 곰, 질주 속도도 빠르다

이처럼 거대한 나라가 된 미국에서 주 하나하나의 경제력은 우리의 상상을 뛰어넘는다. 만약 캘리포니아라는 나라가 있다면 식민 모국이었던 영국을 뛰어넘은 강대국이 되었을 것이다. 캘리포니아는 GDP로 미국 50주 가운데 1위(3조 5981억 달러)다. 이는 영국 GDP(3조 706억 달러)보다 크다. 이런 미국의 주와 유럽 국가들의 GDP 비교는 벨기에 브뤼셀에 있는 싱크탱크인 유럽국제정치경제센터ECIPE가 2023년에 펴낸 '만약 EU가 미국의 한 주라면'이라는 제목의 보고서에 자세히 실려 있다.

ECIPE의 분석에 따르면 캘리포니아를 필두로 미국 GDP 상위 9개 주의 경제 규모를 합치면 유럽의 5대국을 누른다. 미국 내 GDP 1위 캘리포니아를 필두로 2~9위인 텍사스, 뉴욕, 플로리다, 일리노이, 펜실베이니아, 오하이오, 조지아, 뉴저지의 GDP 합계는 13조 6765억 달러로 유럽 5대국인 독일, 프랑스, 영국, 이탈리아, 스페인의 GDP를 합친 것(13조 3425억 달러)보다 크다. 캘리포니아주 하나가 유럽 3대국 중 하나인 영국보다 GDP가 크니 어쩌면 당연한 결과다.

미국에는 조지 2세의 이름을 딴 조지아를 포함해 영국 왕이나 왕

주요국과 미국 캘리포니아·텍사스의 GDP　　　　　　　　　　(단위: 달러)

순위	국가	GDP
1	미국	25조 4645억
2	중국	18조 1000억
3	일본	4조 2335억
4	독일	4조 754억
5	캘리포니아	3조 5981억
6	인도	3조 3864억
7	영국	3조 706억
8	프랑스	2조 7840억
9	텍사스	2조 3560억
10	러시아	2조 2153억

※2022년 기준　　　　　　　　　　　　　　　　자료: IMF, 미국 경제분석국

비의 이름이 지명의 기원인 주가 7개가 있다. 이들 7개 주의 GDP 합계는 3조 7422억 달러로 영국 GDP를 능가한다. 영국보다 큰 GDP 조합을 만드는 데 영국에서 독립한 '13개 식민지 주' 합계까지 동원할 필요도 없는 셈이다.

　미국의 주 단위와의 비교를 이어가 보자. GDP 2위인 텍사스와 3위 뉴욕의 GDP를 합치면 유럽 최대 경제 대국인 독일(4조 754억 달러)보다 크다. 4위 플로리다의 GDP는 1조 3891억 달러로 스페인(1조 4005억 달러)과 비등한 수준이다. 다음 5~7위인 일리노이, 펜

실베니아, 오하이오의 GDP를 더하면 2조 7791억 달러로 프랑스 (2조 7840억 달러)에 아주 조금 못 미친다. 유럽에서 네 번째, EU에서 세 번째로 큰 나라인 이탈리아와의 비교도 가능하다. 미국 내 GDP 8~10위인 조지아, 뉴저지, 노스캐롤라이나의 경제 규모를 합치면 이탈리아보다 크다.

IMF가 2022년 말 기준 GDP 데이터를 가지고 있는 193개 나라와 미국 50개 주를 같은 선상에서 비교하면 캘리포니아와 텍사스는 10위 안에 들어간다. 미국, 중국, 일본, 독일에 이어 캘리포니아가 5위다. 텍사스는 인도, 영국, 프랑스보다는 GDP가 작지만 러시아보다 커서 세계 9위를 차지한다. 그만큼 미국은 거대한 덩치를 가진 나라다.

놀라운 건 덩치만 큰 것이 아니라 달리는 속도 역시 유럽보다 빠르다는 것이다. 보통 경제 규모가 커지면 성숙한 경제 체질로 변하며 성장률이 정체되기 마련이다. 하지만 미국은 유럽에 비해 훨씬 높은 성장률을 유지한다. 코로나 팬데믹 직전인 2019년 4분기와 비교해 2023년 2분기 GDP 변화를 보면 미국은 6.1%나 성장했다. 이탈리아(2.1%), 영국(1.8%), 프랑스(1.7%), 독일(0.25%)을 압도하는 수준이다.

이처럼 미국의 경제 규모는 덩치를 키운 곰이 치타처럼 달리는 격이라 유럽과의 격차는 빠른 속도로 벌어질 수밖에 없다. 경제 성장은 단리가 아닌 복리의 성장이라서 한두 해 경제 성장률이 뒤쳐지면 그 격차는 눈덩이처럼 커지기 때문이다. IMF 집계를 보면 2010년부터 2022년까지 EU의 경제 성장률이 미국보다 높았던 해는 13년 중 4번(2011년, 2016년, 2017년, 2022년) 뿐이다.

　미국과 유럽을 비교한 ECIPE의 오스카 기니 연구원은 양쪽의 경제 격차가 커지는 것을 설명하기 위해서 알베르트 아인슈타인을 소환한다. 상대성 이론을 정립한 천재 과학자 아인슈타인은 복리에 대해 세계 8대 불가사의 중 하나라고 언급했다.

　'복리'란 말 그대로 '이자에 이자가 붙는다'는 의미인데, 아인슈타인은 시간이 지날수록 단리에 비해 복리가 마법처럼 숫자가 불어난다는 점을 주목했다. 투자 수익률을 설명할 때 사용하는 '72의 법칙'을 보면 복리의 힘을 자세히 알 수 있다. 이 법칙은 복리가 적용될 때, 그러니까 앞서 발생한 이자가 원금에 더해져 이자에도 이자가 붙는 상황일 때, 72를 연간 수익률로 나누면 언제 원금이 두 배가 되는지 알 수 있다. 예를 들어서 연수익률(이자율)이 3%라면 24년이 지나면 2배가 된다.

　이러한 72의 법칙을 개인 투자자만 고려해야 하는 것이 아니다. 정치인이나 고위 공무원들도 알아둘 필요가 있다. 예를 들어 나라 경제가 3%씩 꾸준히 성장한다면 경제 규모가 24년 뒤에 두 배가 되겠지만, 2%씩 성장한다면 12년이라는 시간이 더 걸리기 때문이다. 기니 연구원은 "유럽의 성장률은 3%보다는 1%에 가까운 수준을 기록하는 경우가 많다"고 했다.

3

미국 깡시골 수준으로 전락한 유럽 경제

앞서 GDP로 미국과 유럽의 경제적 크기를 비교했다면 이제는 1인당 GDP로 질적인 차이를 따져보자. 사실 미국이 땅덩어리가 넓으니 '경제 사이즈만 따지면 으레 미국이 크겠지만, 질적인 수준으로 보면 미국과 유럽은 큰 차이가 나지 않을 것'이라 생각할 수도 있다. 그러나 유럽국제정치경제센터ECIPE가 1인당 GDP를 통해 미국과 유럽을 비교해 보니 질적으로도 예상을 뛰어넘는 차이가 있다는 충격적인 결과가 나왔다. 우리는 서유럽 국가들의 수준이 대체로 미국과 엇비슷하다고 여겨왔지만 ECIPE 보고서에는 통념을 깨는 내용이 잔뜩 담겨 있다.

ECIPE 분석에 따르면 2021년 기준 EU의 1인당 GDP는 4만 4138달러로 미국 50개 주와 비교하면 아이다호(4만 4048달러)와 미시시피(4만 1633달러) 단 두 곳보다 높을 뿐이다. EU의 1인당 GDP

가 미국에서 가장 가난한 수준인 두 개 주만 빼고 나머지 48개 주보다 적다는 점은 꽤나 놀라운 사실이다.

1인당 GDP로 미국과 유럽을 비교할 때 이렇게 큰 차이가 난다는 건 영미권 전문가들도 미처 몰랐던 것으로 보인다. ECIPE의 보고서가 나오자 월스트리트저널은 '유럽 사람들은 가난해지고 있다'라는 제목의 기사를 냈다. 파이낸셜타임스의 국제 문제 분석 칼럼니스트인 기드온 라크만은 '유럽이 미국에 뒤처졌고, 그 차이는 커지고 있다'는 칼럼을 썼다.

그렇다면 EU 평균과 경제적 수준이 거의 비슷한 아이다호는 어떤 지역인지 살펴보자. 북서부 캐나다 접경지역인 아이다호의 주요 산업은 식품 가공업, 임업, 관광업이다. 〈포천〉 글로벌 500대 기업 중 유통업체인 알버트슨이 아이다호에 본사를 두고 있기는 하다. 하지만 IT를 비롯한 첨단 기업이 위치한 곳이 아니라 그저 수수한 농촌 내지는 산촌에 가깝다. 대다수 미국인들이 '깡시골'로 인식하는 곳이 바로 아이다호이다. 미시시피 역시 마찬가지다. 미시시피주는 "농업은 우리 주의 넘버원 산업"이라고 소개하고 있다.

미국에서 농업이 주력 산업인 다른 지역을 찾자면 아칸소주가 있다. 빌 클린턴 전 대통령의 고향이고, 그가 주지사를 지낸 지역이다. 1992년 클린턴이 재선을 노리던 조지 H. W. 부시를 누르고 대통령이 됐을 때 '시골뜨기hillbilly의 승리'로 그려지기도 했다. 1인당 GDP로 EU는 이렇게 시골로 인식되고 있는 아칸소에도 밀린다.

중요한 건 유럽의 1인당 GDP 수준은 미국과 비교해 계속 하락하는 중이라는 점이다. EU를 하나의 나라로 보고 미국 50개 주와 비교해 1위부터 51위까지 순위를 만들면 EU의 순위는 꾸준히 내려갔다. 2000년에는 45위에서 2010년에는 48위가 됐고, 2021년에는 49위가 됐다.

같은 방식의 비교에서 유럽을 대표하는 국가인 프랑스와 독일도 추락 중이다. 1인당 GDP로 미국 50개 주와 프랑스를 넣어 1위부터 51위까지 순위를 정렬하면 프랑스는 2000년은 37위였다가 2010년에는 43위가 됐고, 2021년에는 49위까지 밀렸다. 같은 방식으로 유럽 최대 경제 대국인 독일을 넣어보자. 2000년 32위였지만, 등락을 반복하다가 2021년에는 39위가 됐다.

글로벌 경제에 관심이 많은 분이라면 '룩셈부르크와 아일랜드의 1인당 GDP는 미국보다 높지 않느냐'고 반론할 것이다. 실제로 룩셈부르크(11만 5684달러)와 아일랜드(10만 2496달러)의 1인당 GDP가 미국 내 1~2위인 뉴욕주(9만 2115달러)와 매사추세츠주(8만 4257달러)를 넘어선다.

그러나 두 나라는 크기가 작다는 점을 별개로 하더라도 이 GDP 계산에는 맹점이 있다. 우선 룩셈부르크는 이곳에 실제로 거주하지 않고 이웃 나라에 살면서 국경을 넘어와 일하는 근로자의 비중이 높다. 이들은 룩셈부르크의 GDP를 끌어올리는 데 크게 기여하지만, 1인당 GDP를 계산할 때 분모인 '거주자 수'에는 포함되지 않는

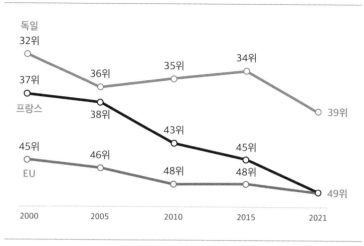

미국 50개 주에 유럽 주요국을 포함시킨 GDP 순위

독일
32위

37위
프랑스

36위

38위

35위

43위

34위

45위

39위

45위
EU

46위

48위

48위

49위

2000   2005   2010   2015   2021

자료: 유럽국제정치경제센터(ECIPE)

다. 그렇기 때문에 룩셈부르크의 1인당 GDP가 왜곡되는 측면이 있다는 것이다.

아일랜드의 1인당 GDP에도 숨은 그림이 있다. 아일랜드 GDP는 다국적 제약, IT 기업의 생산 활동에 기댄 부분이 크다. 법인세가 유럽 최저 수준인 나라라서 글로벌 기업들이 유럽에서 벌어들인 돈이 일시적으로 머무르는 중간 경유지이기 때문이다. 아일랜드중앙은행은 이러한 글로벌 기업들이 가져가는 수익을 배제하고 계산하면 아일랜드의 1인당 GDP가 EU 국가 중에서 8~12위 사이 수준일 것이라고 추정한 바 있다.

이 두 나라를 빼면 덴마크(5만 5963달러)와 네덜란드(5만 6617달러)의 1인당 GDP가 눈에 들어온다. 덴마크하면 비만 치료제 '위

고비'로 주목받은 제약사 노보노디스크를 떠올릴 것이다. 네덜란드에는 유럽을 대표하는 테크 기업이라고 할 만한 반도체 장비 업체 ASML이 있다. 두 나라가 잘 사는 건 맞지만 인구가 덴마크는 585만 명, 네덜란드는 1750만 명으로 크지 않다. 또한 1인당 GDP로 미국 50개 주와 비교했을 때 덴마크는 29위, 네덜란드는 34위다. 즉, 유럽에서 손꼽히게 잘 사는 나라라고 하더라도 1인당 GDP가 미국 주 가운데 중간도 되지 않는다는 얘기다.

선진국의 덫을 피한 '별종 국가' 미국

일반적으로 유럽 같은 성숙한 경제는 성장률의 둔화를 피해가기 어려운 경우가 많다. 일본도 결국 버블 붕괴 이후 '일본화'라는 말을 탄생시킬 정도로 저성장을 경험했다. 중국 역시 최근에 저성장 국면에 접어드는 것이 아니냐는 의심을 받는다. 고도성장을 계속 이어가는 건 매우 어려운 일이다.

기획재정부의 한 관료와 이러한 잠재성장률의 둔화에 대한 이야기를 나눈 적이 있다. 제법 잘 살게 돼 성숙한 경제 구조가 되면 임금이 오르고 고령화로 복지 비용이 증가하게 된다. 성장보다는 분배에 대한 관심이 커지고 개발도상국일 때처럼 성장에 대한 열망이 희미해진다. 그 공무원은 "이런 측면에서 미국은 별종"이라고 했다. 성숙한 경제로 접어들었기 때문에 성장 속도가 느려지는 게 자연스

미국과 EU 수출 의존도

	2009	2015	2021
미국	10.9%	12.5%	10.9%
EU	36.3%	47.1%	50.4%

※GDP 대비 수출의 비율   자료: 세계은행

럽지만, 미국만큼은 '선진국 경제의 성숙'이라는 일반적인 흐름을 벗어난다는 것이다.

이 같은 경제 성장의 일반 원칙을 벗어나 미국 경제가 거대한 덩치가 된 이후에도 빠른 속도로 성장하는 이유는 글로벌 ICT 산업을 선점한 효과가 크기 때문이다. 애플, 마이크로소프트, 구글, 페이스북(메타) 같은 혁신 기업이 등장해 성장률을 다시 끌어올리는 현상이 나타나고 있다.

반면 유럽은 ICT산업에서 미국은 물론 동아시아보다도 처지고 있다. 또한 미국보다 수출 의존도가 높은 편이라 코로나 사태와 러시아의 우크라이나 침공을 계기로 자유무역이 축소되는 국면을 맞아 상대적으로 타격이 더 크다. 2021년 기준 상품·서비스 수출이 GDP에서 차지하는 비중은 유럽연합은 50.4%였지만, 미국은 10.9%로 차이가 크다.

유럽 경제가 강한 분야는 명품, 관광 등이다. 주요 고객인 중국인이 지갑을 열어줘야 하는 상품과 서비스에 의존하고 있는데, 중국

경제가 팬데믹 이후 생각만큼 빠르게 살아나지 못하면서 유럽은 고전을 면치 못하고 있다.

ECIPE는 EU에 경제적 변화를 위해 필요한 다음의 5가지 제언을 내놨다.

- 기업 간 경쟁 촉진
- 서비스 산업 경쟁력 강화
- 디지털 분야 교역에 대한 개방적인 정책
- 글로벌 자유 무역을 위한 지원
- 지식 기반 산업 육성

ECPIE는 이렇게 하면 EU GDP가 2.95% 증가할 것이라고 추정했는데, 이는 금액으로 따지면 4280억 유로라는 엄청난 액수다.

4

【 별장을 사들이는 미국인 vs. 푸드 트럭에 줄을 서는 유럽인 】

지금부터는 국민 한 사람이 얼마를 벌어들이느냐로 미국과 유럽을 비교해 보기로 하자.

미국인들의 소득 수준은 유럽인들을 크게 앞서고 있다. 경제협력개발기구OECD에 따르면, 2022년 미국인의 평균 임금은 7만 7463달러로 원화로는 1억 원에 도달했다. 게다가 독일(5만 8940달러), 프랑스(5만 2764달러)보다 눈에 띄게 높다. 독일인이 버는 액수가 미국인 벌이의 76%에 그치고, 프랑스인이 버는 액수는 미국인 소득의 68%에 불과하다는 얘기다.

이탈리아, 스페인과 비교하면 차이는 더 벌어진다. 2022년 이탈리아 국민의 평균 임금은 4만 4893달러, 스페인은 4만 2859달러였다. 이탈리아 국민의 소득은 미국인의 58%에 그치고, 스페인 국민은 미국인의 55%밖에 못 벌고 있다. 이런 차이는 빠른 속도로 벌

근로자 1인당 연간 평균임금 (단위: 달러)

연도	2015	2022
미국	7만 320	7만 7463
영국	5만 2549	5만 3985
프랑스	5만 1415	5만 2764
독일	5만 7431	5만 8940
이탈리아	4만 6103	4만 4893
스페인	4만 4957	4만 2859

자료: 경제협력개발기구(OECD)

어지고 있다. 2015년만 하더라도 이탈리아 국민의 소득은 미국의 66%였고, 스페인 국민의 소득은 미국의 64%였다.

그렇다면 소득이 높은 이들이 지갑을 여는 능력은 어떨지 유럽과 비교해 보자. 미국과 유럽 사람들의 돈 씀씀이가 극명한 대비를 이루는 곳이라면 지중해 관광지인 스페인의 마요르카섬이 대표적이다. 폴란드의 음악가 프레데리크 쇼팽이 연인이었던 프랑스 작가 조르주 상드와 여행을 왔다가 빗방울 전주곡을 완성했다는 이야기로 유명한 섬이다.

미국인들은 이 마요르카섬의 부동산 시장을 뒤흔들고 있다. 부동산 기업 세빌스에 따르면 2023년 6월 마요르카섬의 집값은 1년 전과 비교해 15%가량 올랐다. 2022년 유나이티드 항공은 미국 뉴어크 국제공항에서 마요르카의 중심지 팔마로 올 수 있는 직항편을 개설했는데, 이때부터 미국의 부동산 투자자들이 늘어나기 시작했다고 한다.

미국이 인플레이션을 잡기 위해 금리를 가파르게 올리면서 달러가 초강세를 보이기 시작했는데, 달러 가치 상승으로 미국 투자자들이 마요르카에 별장을 마련하기 쉬워진 것이다. 블룸버그는 "마요르카의 부동산 가격이 오르면서 정작 섬에 사는 사람들이 집을 마련하기가 어려워졌다"고 전했다.

단기간 마요르카를 방문한 미국인 관광객들도 화끈하게 지갑을 연다. 2023년 지중해 마요르카섬을 방문한 관광객 중 미국인들은 하루 숙박비로 평균 292달러를 지출했는데, 유럽 관광객(202달러)보다 90달러 더 지불했다. 이는 꽤 큰 차이다.

이쯤에서 미국에서 괜찮은 회사를 다니는 사람들은 얼마나 잘 벌지 궁금해진다. 미국 증시를 대표하는 500개 기업으로 구성된 S&P500 지수에 속한 회사들을 살펴보자. 2022년 기준 중위연봉(모든 직원을 연봉 순으로 세웠을 때 가운데 직원의 연봉)이 가장 높은 회사는 카지노 부동산 투자 회사인 비치 프로퍼티스였다. 중위연봉이 무려 41만 4015달러(한화 약 5억 5000만 원)에 달했다. 회사 직원 수가 100명 미만인 작은 기업의 중위연봉이 5억 원이 넘는다는 건 놀라운 수준이다.

2위와 3위는 우리에게 익숙한 기업이다. IT 기업인 메타(페이스북)가 29만 6320달러였고, 알파벳(구글)이 27만 9802달러였다. 메타나 알파벳에 다닌다고 하면 원화로 연봉이 4억 원쯤 된다고 봐도

미국 임직원 연봉 톱5 상장사 (단위: 달러)

	기업	업종	연봉
1	비치 프로퍼티스	부동산	41만 4015
2	메타(페이스북)	IT	29만 6320
3	알파벳(구글)	IT	27만 9802
4	엣시	전자상거래	24만 8232
5	인사이트	제약	24만 7678

※2022년 S&P500의 CEO 제외한 중위 연봉 기준 자료: WSJ·MyLogIQ

무방하다는 얘기다. 전자상거래 기업 엣시(24만 8232달러)나 제약
사 인사이트(24만 7678달러)도 중위연봉이 20만 달러가 넘었다. 총
14개 회사의 중위연봉이 20만 달러 이상이었다.

소득이 높은 만큼 미국인의 전체적인 씀씀이도 제법 크다. 세
계은행에 따르면, 1980년에는 EU의 소비 지출(최종 소비)이 2조
5700억 달러로 미국(2조 2000억 달러)보다 많았지만, 2021년 기준으
로는 미국의 소비 지출이 EU의 1.5배 수준까지 커졌다. 뒤에서 더
자세히 살펴보겠지만 미국인들이 유럽인들보다 생산성이 더 높고
근로 시간이 더 길다. 미국인의 시간당 임금이 더 높은 데다 일하는
시간도 더 길기 때문에 유럽인과의 소득 격차가 커진다는 얘기다.

물론 유럽에서는 근로자들이 높은 급여보다 더 많은 휴식 시간을
요구하는 경향이 강한 편이다. 독일 최대 노조인 IG 미탈(금속노조)
은 현재 수준의 급여를 유지하는 대신 주 4일제를 시행하라고 요구
하고 있다. 월스트리트저널wsɪ 유럽 특파원 톰 페어리스는 팟캐스

트에서 "유럽 근로자들은 임금 감소를 감수하더라도 더 짧은 시간 동안 일하고 싶어 하는 경우도 있다"며 "이렇게 되면 미국과 비교했을 때 경제로 흘러들어오는 자금도 적어질 것"이라고 했다.

고물가 시대를 맞아 유럽보다 미국이 인플레이션 고통이 상대적으로 낮았고, 미국 근로자들이 물가에 맞춰서 임금을 더 올려받은 차이도 있다. 실질 임금 격차가 커졌다는 얘기다. OECD에 따르면 물가 상승으로 인해 2023년 1분기 기준 미국인들의 실질 임금도 한 해 전보다는 0.7% 하락했지만, 유럽 주요국 근로자들에 비해서는 형편이 나았다. 같은 기간 이탈리아 근로자의 실질 임금은 7.3%나 감소했고 독일(-3.3%), 영국(-2.9%), 프랑스(-1.8%) 역시 실질 임금 감소 폭이 미국보다 큰 편이었다.

인플레이션 충격은 확실히 유럽에서 더 크다. 월스트리트저널WSJ 은 "프랑스에서 예전보다 푸아그라를 덜 먹고 와인을 적게 마신다"며 유럽 내 인플레이션의 여파에 대해 보도했다. 2022년 독일인은 1인당 52kg의 육류를 섭취했는데, 이는 1989년 조사 시작 이후 가장 낮은 수준이다. 벨기에 브뤼셀 시내에서는 유통기한이 끝나기 직전인 식료품을 반값에 파는 트럭에 교사·간호사들이 줄을 선다는 것이 WSJ 같은 주요 외신이 전하는 유럽의 모습이다.

유럽은 러시아의 우크라이나 침공으로 벌어진 전쟁의 직격탄을 맞고 있다. 특히, 식품·에너지 가격이 크게 올랐다. 브렉시트 이후 물류비용이 급증한 영국에서는 2022년 10월 소비자 물가가 한 해

전과 비교해 11.1% 치솟기도 했다.

영국중앙은행BoE 근무경험이 있는 미국 금융사 PGIM의 수석이코노미스트 캐서린 니스는 파이낸셜타임스와의 인터뷰에서 "전쟁으로 인한 인플레이션 타격이 미국보다 유럽에서 더 크게 나타난건 (미국과 유럽 경제의) 분기의 실질적인 징조"라며 "물가(근원 인플레이션)는 미국보다 유럽에서 서서히 떨어졌는데, 임금이 늘어나는속도는 미국보다 유럽에서 더 빨리 둔화됐다"고 전했다.

5

유럽 넘버원 독일은 왜 '병자病子'로 전락했나

그나마 유럽이 2000년대 들어서도 어느 정도 위상을 유지해 왔던 건 독일, 프랑스, 영국이라는 3강이 EU를 이끌고 G7에서 목소리를 내왔기 때문이다. 특히 '맏형 국가'로서 독일의 역할이 두드러졌다.

2010년대 이후 독일은 오랜 라이벌 프랑스와의 경제적 격차를 확실하게 벌리면서 '유럽 원톱' 국가로서 위상을 제고해 왔다. IMF 통계를 보면, 국민 1인당 GDP가 글로벌 금융위기 직후인 2009년에는 프랑스 4만 3190달러, 독일 4만 2338달러였다. 이때는 1인당 GDP로 프랑스가 독일 대비 102%로 근소하게 앞섰다. 하지만 점점 프랑스가 고전하면서 2017년에는 프랑스의 1인당 GDP는 독일의 89.9% 수준으로 처졌다. 2020년에는 격차가 더 벌어졌다. 1인당 GDP가 프랑스 4만 385달러, 독일 4만 6735달러로 6350달러나 차이가 났다. 이는 독일의 86.4% 수준이다.

이렇게 독일이 프랑스보다 앞서 달리게 된 이유로는 우선 게르하르트 슈뢰더 총리 재임 시절 노동 개혁에 성공한 효과를 누렸다는 점을 들 수 있다. 1998년부터 2005년까지 총리로 재직한 슈뢰더는 노동단체를 핵심 지지층으로 두는 중도좌파 사민당 소속이다. 오랫동안 근로자의 권익 신장을 위해 노력해 온 사민당이 정권을 잡았지만, 슈뢰더는 배신(?)이라도 하듯 영미식으로 개혁했다.

슈뢰더는 2002년 '하르츠 개혁'이라고 불리는 노동 개혁 방안을 발표해 2년으로 묶여 있던 파견근로의 허용 기간을 폐지했다. 사측 입장에서는 고용 유연성이 높아진 것이다. 또한 고령자 취업 촉진을 위해 52세 이상은 근로계약을 사측이 자유롭게 제시한 조건으로 맺을 수 있게 했다. 32개월이던 실업급여 지급 기간을 55세 미만은 12개월, 55세 이상은 18개월로 줄였다. 복지 혜택을 누리며 근로 의지가 없는 사람들을 일터로 보내기 위해서였다.

핵심 지지층은 강력하게 반발했지만 국가 경쟁력은 제고됐다. 특히 하르츠 개혁은 독일 경제의 심장격인 자동차 조립공장이 해외로 나가지 않고 독일 내에 머무를 수 있게 하는 원동력이 됐다. 프랑스에서 자동차 회사들이 동유럽, 남미, 북아프리카 등으로 생산시설을 대거 이전해버린 것과 달랐다. 자국 내 차량 생산량이 2000년에는 독일 552만 대, 프랑스 334만 대였다. 하지만 2018년에는 독일 512만 대, 프랑스 227만 대로 더블 스코어 이상이 됐다.

하르츠 개혁으로 독일은 '미니잡'이라 불리는 월 소득 400유로

(2013년 이후 450유로) 이하의 임시 근로직을 양성화했다. 슈뢰더는 미니잡을 가진 사람에게 사회보장세와 소득세를 면제해 주면서 아르바이트식이라도 일단 일을 이어갈 수 있게 장려했다. 프랑스에서는 근로자의 삶의 질이 떨어진다는 노동계의 강력한 반대로 인해 독일식 미니잡을 만들기가 어렵다.

하르츠 개혁을 시작한 2002년만 하더라도 연간 실업률은 독일 8.6%로 8.3%인 프랑스보다 높았다. 이후 독일은 꾸준히 실업률이 낮아졌지만 프랑스는 높은 실업률을 해소하지 못했다. 2022년 독일 실업률은 3.1%로 사실상 완전고용 상태를 이뤘다. 반면 프랑스는 7.3%로 독일보다 더블 스코어 이상으로 높았다.

게다가 2005년 앙겔라 메르켈 총리가 취임한 독일은 이후 강력한 재정 통제로 나랏빚을 적절하게 줄인 반면, 프랑스는 계속해서 방만한 재정을 유지했는데 이 역시 두 나라 사이의 경쟁력이 벌어진 원인의 하나였다. 글로벌 금융위기 직전이던 2007년 GDP 대비 국가 채무는 프랑스 64.5%, 독일 64.2%로 거의 차이가 없었다. 하지만 이후 프랑스는 나랏빚을 제어하지 못했고, 독일은 공공 분야를 중심으로 강력한 긴축재정을 전개했다. 코로나 사태가 벌어지기 직전인 2019년 GDP 대비 국가 채무는 프랑스가 97.4%로 불어난 반면 독일은 58.9%로 글로벌 금융위기 시절보다 더 낮아졌다.

2010년대 독일의 승승장구는 유럽 전체에도 큰 의미가 있다. 유럽에 어려운 일이 생길 때마다 맏형 격으로 나서 문제를 해결했기

IMF의 2023년 G7 경제 성장률 전망치

미국	1.8%	독일	-0.3%
프랑스	0.8%	이탈리아	1.1%
스페인	2.5%	일본	1.4%
영국	0.4%	캐나다	1.7%

※2023년 7월 전망　　　　　　　　　　　　　　　　　　　자료: 국제통화기금(IMF)

때문이다. 2011년 터진 남유럽 재정위기도 독일 주도로 막아냈고, 2015년 그리스의 재정이 흔들릴 때도 역시 독일이 앞장서 해결했다. 인구와 GDP 모두 유럽 최대 국가인 독일이 버텨준 덕분에 EU의 대오가 무너지지 않고 공생하는 틀이 유지됐다. 메르켈 총리는 '유럽의 대모大母' 역할을 톡톡히 했다.

이렇게 리더 역할을 해온 독일이 러시아 대 우크라이나 전쟁이 터진 2022년을 기점으로 급격히 쇠약해지고 있다. IMF는 2023년 1월 경제 성장률 전망치를 수정할 때 독일의 경제 성장률이 2023년 0.1%에 그칠 것으로 내다봤다. 그랬다가 6개월 후인 7월에는 -0.3%로 더 끌어내렸다. IMF는 2023년에 G7 가운데 독일만 마이너스 성장을 할 것으로 예상했다.

이런 성장률 전망은 독일에는 치욕이다. 독일보다 한 수준 아래로 평가받는 프랑스가 0.8%, 이탈리아가 1.1% 성장할 것으로 내다본 것과 대조적이다. IMF의 예상대로 2023년에 독일 경제가 마이너스 성장을 기록한다면 글로벌 금융위기와 코로나 팬데믹 시기를 제외하고 2003년(-0.7%) 이후 20년 만에 처음으로 역성장을 기록하게 된다.

오랜 기간 곪다 터진 독일식 고질병

독일이 휘청거리는 원인의 핵심은 러시아 대 우크라이나 전쟁이다. 에너지를 러시아에 전적으로 의존하는 독일 경제의 아킬레스건이 노출됐기 때문이다. 전쟁 직전 독일은 천연가스의 55.2%, 석탄의 56.6%, 석유의 33.2%를 러시아에서 수입했다.

특히 독일이 탈원전을 추진하면서 러시아산 천연가스 의존도가 높았던 게 패착이었다. 이런 상황에서 팬데믹으로 세계적으로 공급망이 붕괴되고, 전쟁 중인 러시아로부터 천연가스가 순조롭게 수급되지 못하자 나라가 초토화됐다고 해도 과언이 아니다.

그렇다 보니 러시아산 천연가스와 에너지에 의존하는 제조업, 화학을 비롯한 핵심 산업이 커다란 상처를 입고 회복되지 못하고 있다. 공장을 돌릴 에너지원이 충분히 공급되지 않는 데다, 2022년 전기요금이 10배가량 폭등하는 등 에너지 가격이 급등해 생산 원가도 대폭 올라 높은 인플레이션에 허덕일 수밖에 없게 되었다. 월스트리트저널은 "팬데믹에 따른 공급망 붕괴, 전쟁으로 인한 에너지 가격 급등, 물가 상승과 금리 급등으로 독일이 직격탄을 맞고 있다"고 했다.

독일은 수출 중심으로 경제를 꾸려나가는 나라다. 하지만 팬데믹 시기 이후 보호무역주의 기조가 전 세계적으로 강화되고, 특히 미·중 간 사이가 나빠지다 보니 수출 주도형 경제 모델이 예전처럼 원활하게 굴러가지 못하고 있다.

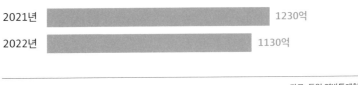

독일의 중국 수출액 　　　　　　　　　　　　　　　　(단위: 달러)

| 2021년 | 1230억 |
| 2022년 | 1130억 |

자료: 독일 연방통계청

독일이 지나치게 중국 시장에 대한 의존도를 높인 것이 화를 불렀다는 분석도 많다. 독일의 대중국 수출액은 2021년 1230억 달러에서 2022년 1130억 달러로 100억 달러나 줄어들었다. 중국이 코로나 봉쇄정책을 거둬들이면 리오프닝 효과로 독일이 수혜를 받을 것으로 예상했지만, 중국 경제가 부동산 경기 냉각으로 허우적대자 독일은 수렁에서 빠져 나오지 못하는 양상을 보이고 있다.

게다가 독일이 글로벌 산업계 변화를 뒤쫓아가는 데 늦었다는 지적도 나온다. 독일을 떠받치는 큰 기둥은 자동차산업이다. 폴크스바겐, BMW, 메르세데스 벤츠를 비롯한 독일 자동차 회사들은 전기차 산업으로 넘어가는 대전환기를 맞이했는데도 굼뜨게 움직이고 있다. 빠른 속도로 전기차 시장을 선점하는 미국과 중국을 뒤쫓고 있지만 힘에 부친다.

2022년 전기차 시장 점유율(시장조사업체 SNE리서치)은 테슬라(16.4%·미국), 비야디(11.5%·중국), 상하이차(11.2%·중국)에 이어 독일 폴크스바겐이 4위(7.2%)였다. 독일은 2022년 265만 대의 자동차를 수출했는데, 이는 정점이었던 2016년 441만 대의 60%에 불과하다.

전기차 글로벌 판매 점유율

순위	제조사 국적	제조사	점유율
1	중국	비야디	20.9%
2	미국	테슬라	14.4%
3	중국	상하이자동차그룹	7.5%
4	독일	폭스바겐	6.7%
5	중국	지리자동차	5.8%
6	다국적	스텔란티스	4.7%
7	한국	현대차·기아	4.3%
8	독일	BMW	3.8%
9	중국	광저우자동차그룹	3.6%
10	다국적	르노-닛산-미쓰비시 연합	3.5%

※2023년 상반기·플러그인하이브리드 포함   자료: SNE리서치

독일 경제 구조가 역동성이 부족해 결국 한계를 드러냈다는 지적도 나온다. 월스트리트저널은 "독일이 호황을 누리는 동안 노동력 고령화, 서비스부문 경직화, 관료주의 증가 등 독일식 고질병이 속출했다"며 "첨단IT 분야를 도외시한 채 자동차·기계·화학 등 굴뚝 산업에만 주력하면서 산업 분야 경직화가 심각해졌다"고 분석했다.

독일 경제의 경직화라는 폐해가 단적으로 드러난 사례는 미국의 화이자와 함께 코로나 백신을 공동으로 만들어 세계적인 바이오기업으로 떠오른 바이오엔테크가 연구 및 임상시험 시설을 상당 부분

영국으로 옮긴 일이다. 바이오엔테크가 핵심 부문을 영국으로 옮긴 이유는 독일식의 엄격한 개인정보 보호법의 올가미 아래에서는 더 이상 연구활동을 전개하기가 어려웠기 때문이다. 사회주의 정서의 뿌리가 깊은 유럽에서는 개인정보 보호에 민감한 반응을 보인다.

독일 기업들이 높은 세금 부담에 시달리는 것도 경쟁력 저하의 요인으로 지목된다. 무역이 원활한 시기에는 고율의 세제가 별문제가 되지 않았지만 인플레이션에 시달리고 수출이 감소하자 세금이 지나치게 많다는 불만이 터져 나오고 있다. 독일 민간 싱크탱크인 유럽경제연구센터ZEW는 독일 기업의 실효세율이 28.8%로 EU 평균치(18.8%)를 크게 상회한다고 했다.

독일이 '병자病子'로 전락하면 유럽의 힘은 약해질 수밖에 없다. 경제 위기가 터졌을 때 독일 주도로 신속하게 해결하며 단합을 추구하는 강점이 위축되기 때문이다. 물론 독일은 저력이 있는 나라이기 때문에 충분히 반등할 수 있다는 희망론도 있다. 그러나 갈 길은 멀다. 산업계 구조를 바꾸고 경제 체질도 전환해야 재도약이 가능하기 때문에 단시간에 선순환을 이뤄내기는 어려울 것으로 보인다.

2부

산업

6

ICT 독식한 미국, 20세기보다 질주 속도 빨라졌다

미국과 유럽이 2차대전 이후 세상의 흐름을 주도한 쌍두마차였지만 이제는 미국에 압도적으로 무게가 쏠리고 있다. 이런 차이는 본질적으로 민간의 역량에서 비롯된다. 기업 경쟁력의 차이에서 국력의 격차가 출발한다는 얘기다. 이제 미국 기업과 유럽 기업의 차이가 어느 정도인지를 살펴보고자 한다.

21세기는 모바일과 온라인 비즈니스 중심으로 세상이 돌아가고 있다. 인간의 삶도 아날로그 시대와는 완전히 달라졌다. 이 새로운 산업의 주도권을 누가 잡느냐가 국제 질서 속 각국의 경제력과 국가의 위상을 좌지우지한다. 이 산업이 창출해내는 부가가치가 엄청날 뿐 아니라 미래 가치 선점의 여부가 달려 있기 때문이다.

행운의 여신은 미국의 손을 들어주었다. ICT Information and Communication Technologies (정보기술과 통신기술) 산업은 다른 분야에 비해 미국의 헤게모니가 압도적으로 높다. 이는 이미 일상화가 되어 미국의 독점이 어느 정도인지 구체적으로 따져보지 않았는데 막상 숫자로 확인해 보면 경악할 지경이다.

컴퓨터 기반 기기를 작동시키는 가장 기본적인 토양은 운영체제 OS-Operating System다. 미국은 이를 초기부터 완벽하게 장악해왔다. 아일랜드 더블린에 본사가 있는 온라인 트래픽 분석업체 스탯카운터에 따르면, 데스크톱, 모바일 기기, 태블릿을 모두 합쳐 미국 기업은 세계 OS 시장의 97% 이상을 차지하고 있다.

2023년 8월 기준으로 세계 OS 시장 점유율은 구글의 안드로이드가 39.62%로 1위다. 바로 뒤이어 마이크로소프트의 윈도우가 29.75%로 바짝 뒤쫓고 있다. 3위는 아이폰을 구동하는 애플의 iOS가 16.62%를 차지하고 있다. 4위는 애플의 맥북, 아이맥 등에 설치하는 macOS X로서 8.7%였다. 5위가 구글의 리눅스 기반 운영체제인 크롬 OS로서 1.41%였다.

결론적으로 1~5위를 미국 기업이 독차지하고 있고, 이들 5가지 OS만 해도 세계 시장의 96.1%를 차지한다. 6위 리눅스(1.36%)는 1991년 핀란드에서 시작된 OS인데, 오픈소스 형태로 전 세계 개발자들이 기부 형식으로 참여해 만들었다. 딱히 국적을 하나로 정리하기는 어렵다. 하지만 리눅스 데이터 센터의 대부분이 미국에 있고, 미국인 개발자 리처드 스톨먼이 세운 자유소프트웨어재단의 도움으로 확산됐기 때문에 미국의 힘을 빌린 OS라고 해도 과언이 아니다.

세계에서 점유율 0.2%를 넘는 OS 가운데 미국 기업 소유가 아니라고 분명하게 판단할 수 있는 건 8위인 삼성 OS뿐인데, 점유율이 0.21%에 그친다. 마이크로소프트의 비디오 게임용 OS인 7위 'X BOX(0.48%)'의 절반도 안 되는 수치다.

컴퓨터 기반의 토양이 OS라면 웹 브라우저는 다양한 온라인 활동을 할 수 있는 운동장 격인데 이 역시 미국이 독차지하고 있다. 스탯카운터의 2023년 8월 집계로 데스크톱, 모바일, 태블릿을 합친 브라우저의 세계 시장 점유율 순위는 1위 구글 크롬(63.56%), 2위 애플 사파리(19.85%), 3위 마이크로소프트 에지(5.43%) 순으로 이들 3가지 미국산 브라우저의 점유율은 88.84%에 달한다. 4위는 소프트웨어의 자유로운 사용을 강조하는 미국 비영리단체인 모질라재단의 브라우저 파이어폭스(2.94%)이며, 5위는 1990년대 노르웨이에서 개발돼 2016년 중국계 투자자본이 인수한 오페라(2.74%)다. 삼성의 인터넷 브라우저는 2.33%로 6위였다.

여기까지가 점유율 1% 이상인 브라우저들이다. 모질라재단은 기업은 아니지만 미국의 재단이므로 브라우저 시장의 1~4위를 미국이 독식하고 있고, 오페라와 삼성만 겨우 존재감을 확인할 수 있는 정도다.

미국의 ICT 독주를 뒤집을 나라는 없다

그렇다면 온라인 비즈니스 가운데 가장 보편적인 시장인 검색 시장을 보자. 이 역시 미국이 독차지하고 있다. 스탯카운터의 2023년 8월 집계로 세계 검색 엔진 시장의 무려 91.85%를 구글이 차지하고 있다. 2위 마이크로소프트 '빙'의 점유율이 3.02%이기 때문에 구글의 힘은 절대적이다. 3위가 러시아의 '국민 IT 브랜드' 얀덱스로서 1.49%를 점하고 있다. 이어서 4위 야후가 1.17%였고, 5위 중국 바이두(1.06%)까지가 점유율 1% 이상이다.

세계 검색 엔진 시장 점유율 순위

순위	검색 엔진	국적	점유율
1	구글	미국	91.85%
2	빙	미국	3.02%
3	얀덱스	러시아	1.49%
4	야후	미국	1.17%
5	바이두	중국	1.06%

※2023년 8월, 트래픽 기준 　　　　　　　　　　　　　　　　　자료: 스탯카운터

이처럼 컴퓨터 OS, 웹 브라우저, 검색 엔진에 걸쳐 미국 기업들이 ICT 분야를 압도적으로 독점하고 있음을 체감할 수 있다.

이런 시장 지형은 이미 일상적이기 때문에 새삼스럽지 않다고 느끼는 사람들이 적지 않을 것이다. 그러나 이렇게 생각해 볼 필요가

있다. 구글, 애플, 마이크로소프트가 일본이나 유럽의 기업이라면, 혹은 러시아나 중국이나 인도 기업이라면 어땠을까. 세계의 경제적, 지정학적 판도가 지금과 다를 것이다. 만약 그랬다면 2차 대전 이후 미국의 힘에 의해 굴러가던 관성적인 과거 질서에서 벗어난 새로운 차원의 세상이 열렸을 것이다.

미국은 창의성을 존중해 인재를 키워낼 교육 시스템, 거대한 자본시장과 투자자 이익 보호를 중시하는 경제 체계, '달러'라는 압도적인 힘을 가진 기축 통화와 가장 널리 사용하는 언어인 영어를 바탕으로 온라인 비즈니스를 선점했고 이후로도 계속 독차지하고 있다. 앞으로도 이런 판도는 수십 년이 지나도 뒤집기는 어려울 것이다. 이것이 바로 미국의 위상이 21세기 들어 오히려 더 높아진 커다란 배경이다.

21세기형 놀이 문화의 무대이자 토론의 놀이터인 소셜 미디어 역시 미국 기업들이 죄다 판을 깔아 놓았다. 앞서 살펴본 OS, 브라우저, 검색 엔진보다도 미국은 소셜 미디어에서 더 높은 장악력을 갖고 있다.

스탯카운터의 2023년 8월 집계에 따르면, 트래픽 기준으로 세계 소셜 미디어 점유율은 페이스북(66.91%), 인스타그램(13.07%), X(옛 트위터, 8.39%), 핀터레스트(6.33%), 유튜브(3.96%), 레딧(0.63%)이 1~5위를 차지하고 있다. 여기에 6위 직장인용 소셜 미디어 링크드인(0.4%), 7위 사진 위주의 텀블러(0.2%)로 점유율이 0.1%를 넘는

세계 소셜 미디어 점유율 순위

순위	소셜 미디어	국적	점유율
1	페이스북	미국	66.91%
2	인스타그램	미국	13.07%
3	X(옛 트위터)	미국	8.39%
4	핀터레스트	미국	6.33%
5	유튜브	미국	3.96%

※2023년 8월, 트래픽 기준   자료: 스탯카운터

소셜 미디어는 이상 7가지이다. 놀랍게도 이 모든 플랫폼이 미국에서 만들어졌다.

그나마 21세기를 주름 잡는 신산업에서 미국이 독식하지 못하는 분야가 반도체, 스마트폰, 전기차다. 물론 이런 산업들도 미국이 온라인 산업만큼 점유율을 차지하지 못했을 뿐, 핵심 국가로서의 영향력은 막강하다. 달리 말하면 온라인·모바일 시장을 독식하면서 다른 핵심 산업에서도 높은 경쟁력을 잃지 않으며 세계 산업계의 헤게모니를 쥐고 있다는 뜻이다.

반노체 분야는 파운드리에서 대만의 TSMC, 메모리 분야에서 한국의 삼성전자가 글로벌 강자로 강한 존재감을 보여주고 있다. 그러나 여전히 세부 주력 사업이 조금씩 다른 미국 반도체 기업들의 기술력과 시장 장악력은 흔들리지 않고 있다. 인텔, 엔비디아, 마이크론은 여전히 반도체 산업의 '키 플레이어'로 맹활약 중이다.

특히 AI(인공지능) 시대로 넘어가면서 미국 반도체 기업들의 상대

글로벌 100대 브랜드 중 톱10 (단위: 달러)

순위	기업	국적	브랜드 가치
1	애플	미국	5026억
2	마이크로소프트	미국	3166억
3	아마존	미국	2769억
4	구글	미국	2602억
5	삼성	한국	914억
6	도요타	일본	645억
7	메르세데스 벤츠	독일	614억
8	코카콜라	미국	580억
9	나이키	미국	537억
10	BMW	독일	511억

※2023년 기준   자료: 인터브랜드

적인 경쟁력이 더 제고될 것이라는 예상이 많다. AI 반도체를 선두에서 끌고 가는 엔비디아의 주가는 2018년 9월에서 2023년 9월까지 5년 사이 492% 상승해 나스닥을 주도하는 종목이 됐다.

모바일 디바이스에서도 애플이 삼성전자와 세계 시장에서 선두 다툼을 하고 있지만, 브랜드 가치로는 애플이 월등이 앞서 간다. 글로벌 브랜드 컨설팅 업체 인터브랜드의 2023년 발표에 따르면, 삼성전자는 914억 달러로 5위를 차지해 6위 도요타(645억 달러)를 누르고 미국 기업들을 제외하면 세계에서 가장 높은 브랜드 가치를 인정받았다.

삼성전자의 브랜드 가치는 그러나 1위를 차지한 애플(5026억 달러)에는 5분의 1도 미치지 못했다. 2위 마이크로소프트(3166억 달러), 3위 아마존(2769억 달러), 4위 구글(2602억 달러)이 모두 삼성전자보다 3배가량 높았다. 미국 주요 기업의 브랜드 가치가 다른 나라 대표 기업들과는 현격한 차이가 있다는 얘기다. 시가총액으로는 2023년 9월 기준으로 애플이 삼성전자보다 거의 9배 많다.

이상에서 살펴봤듯이 21세기를 맞아 산업계에 새로 열린 거대한 기회의 무대를 미국이 독차지하다시피하고 있다. 20세기에도 두드러졌던 미국의 지배력이 21세기 들어 한층 더 공고해진 것이다.

미국 노스웨스턴대 로버트 고든 교수는 2004년 '왜 미국 생산력 열차는 이미 출발했는데 유럽은 기차역에 머물러 있나'라는 보고서를 통해 미국 IT 기업의 혁신으로 미국과 유럽의 생산력 격차가 벌어지고 있다는 점을 일찌감치 지적한 바 있다. 이런 보고서가 나온 지 20년 가까이 됐지만, 유럽은 미국과의 격차를 좁히기는커녕 손도 못 쓰고 여전히 기차역에서 낡은 기차만 점검하고 있는 중이다.

7

구글의 검색시장 점유율, 미국보다 유럽에서 더 높다

21세기에 본격화된 온라인과 모바일 비즈니스를 미국이 독식하는 사이 적지 않은 나라들이 손가락만 빨며 지켜보고 있다. 미국의 빅테크와 겨룰만한 자국 IT 기업을 키운 나라가 손에 꼽을 정도로 적기 때문이다.

그래도 미국 빅테크에 의한 초토화를 면한 나라들이 있다. 바이두, 텐센트, 알리바바가 있는 중국, 네이버와 카카오가 버티는 한국, 얀덱스라는 슬라브 문화권을 주름잡는 검색 엔진을 갖고 있는 러시아 등은 어느 정도 자국 내 온라인 기업들의 선전이 돋보이는 나라들이다.

반면, 유럽은 온라인 세상에서 '메이드 인 유럽'이라고 내놓을 만한 게 변변찮다. 평균적 유럽인은 아이폰을 들고 다니며 지메일gmail을 쓰고 왓츠앱whatsapp을 메신저로 애용한다. 미국 빅테크에 대한 의

유럽 검색 엔진 시장 점유율 순위

순위	검색 엔진	국적	점유율
1	구글	미국	92.26%
2	빙	미국	3.18%
3	얀덱스	러시아	2.28%
4	야후	미국	0.99%
5	덕덕고	미국	0.57%

※2023년 8월, 트래픽 기준 　　　　　　　　　　　　　　　　자료: 스탯카운터

존도가 높아 한마디로 미국의 '디지털 식민지'라고 해도 과언이 아
니다.

이런 암울한 현실은 구글의 점유율이 구글이 탄생한 미국보다 유
럽에서 더 높다는 아이러니한 상황에서 단적으로 드러난다. 유럽으
로서는 그야말로 통탄할 일이다. 스탯카운터의 2023년 8월 집계로
미국 검색 시장에서 구글 점유율은 89.03%다. 검색 엔진을 100번
굴리면 89번은 구글을 쓴다는 얘기다. 2위가 마이크로소프트MS의
빙으로 6.36%이고 3위는 2.4%인 야후다.

같은 시기 유럽 검색 시상을 살펴보자. 구글 점유율은 92.26%이
며, 2위가 3.18%인 빙, 3위가 2.28%인 얀덱스다. 구글의 점유율이
미국보다 유럽에서 오히려 더 높다. 얀덱스는 국내에서는 생소하지
만 러시아 검색 엔진 시장을 60%쯤 차지하는 '러시아의 네이버'라
고 보면 된다. 즉, 얀덱스는 유럽 내에 거주 중인 러시아인들이나 동
유럽 국가 국민들 중 일부가 사용하는 것으로 추정되니 얀덱스를

유럽산이라고 보기는 어렵다.

이렇듯 검색 엔진 시장만 보더라도 미국에 비해 유럽이 얼마나 IT 산업에 뒤처져 있는지를 여실히 알 수 있다. 유럽은 ICT 비즈니스의 가장 기본인 검색 엔진조차 자생적인 기업이 사실상 전무하다고 봐야 한다.

그나마 검색 엔진 중 '메이드 인 유럽'으로 일부라도 눈에 띄는 건 독일 베를린에 본사를 둔 친환경 검색 업체 에코지아Ecosia다. 이 업체는 검색 엔진을 사용하는 만큼 나무를 심는 사회적 기업이다. 광고를 내보내는 이유도 나무를 심기 위해서다. 이곳에서 검색을 45번 하면 나무 한 그루가 심어진다. 유럽의 환경보호론자들 사이에서 관심을 받고 있지만 스탯카운터 집계로 2023년 8월 시장 점유율이 독일에서 0.79%, 프랑스에서 0.78%로서 1%에도 못 미친다.

ICT 분야의 산업을 어느 정도 키운 나라들은 검색 엔진 시장이 유럽만큼 미국에 완전히 잠식되진 않았다. 2023년 8월 기준으로 한국에서는 구글이 1위이긴 해도 점유율이 63.37%로서 세계 시장 점유율보다 25%포인트 이상 낮았다. 로컬 기업인 2위 네이버(31.27%)가 꽤 선전하기 때문이다. 중국은 국내 기업인 바이두가 전성기 때보다 낮아졌다고는 해도 61.48%로 1위를 지키고 있으며, 빙이 17.18%로 2위이다.

미국과 유럽의 소셜 미디어 점유율 순위

순위	미국		유럽	
	소셜 미디어	점유율	소셜 미디어	점유율
1	페이스북	49.93%	페이스북	81.36%
2	인스타그램	15.84%	인스타그램	8.13%
3	X(옛 트위터)	14.68%	X(옛 트위터)	4.24%
4	핀터레스트	14.66%	핀터레스트	3.44%
5	유튜브	2.24%	유튜브	1.48%

※2023년 8월, 트래픽 기준   자료: 스탯카운터

검색 엔진 시장을 완전히 구글에 빼앗긴 유럽의 구겨진 체면은 소셜 미디어에서 회복할 수 있을까? 안타깝게도 상황은 더 처참하다. 스탯카운터는 2023년 8월 유럽의 소셜 미디어 시장 점유율 1~6위를 페이스북(81.36%), 인스타그램(8.13%), X(옛 트위터) 4.24%, 핀터레스트(3.44%), 유튜브(1.48%), 링크드인(0.52%) 순으로 집계했다. 하나도 빠짐없이 미국 소셜 미디어 기업들이고, 페이스북에 압도적으로 쏠려 있다는 특징이 나타난다.

미국은 1~6위가 페이스북(49.93%), 인스타그램(15.84%), X(14.68%), 핀터레스트(14.66%), 유튜브(2.24%), 레딧(1.66%) 순이었다. 미국이 유럽에 비해 페이스북이 독식하는 힘이 약하고 사진과 동영상 기반 플랫폼 비율이 더 높다는 걸 알 수 있다. 유럽의 소셜 미디어 시장 특성을 미국과 비교해 보면 텍스트 기반인 페이스북에 많이 치우쳐 있다는 점이 분명하게 나타난다.

유럽의 모바일 디바이스 시장 점유율 순위

순위	기업	국적	점유율
1	애플	미국	33.83%
2	삼성전자	한국	30.99%
3	샤오미	중국	13.44%
4	화웨이	중국	4.99%
5	오포	중국	2.32%

※2023년 8월 기준 　　　　　　　　　　　　　　　　자료: 스탯카운터

　모바일 기기 시장은 어떨까. 스탯카운터에 따르면 2023년 8월 기준 유럽의 모바일 디바이스 시장 점유율은 애플 33.83%, 삼성전자 30.99%로 양강 구도다. 유럽인들이 들고 다니는 스마트폰은 대체로 애플 아이폰 아니면 삼성 갤럭시다. 이어서 3~5위는 모두 중국 업체로서 샤오미(13.44%), 화웨이(4.99%), 오포(2.32%) 순이다. 6~10위를 봐도 모토로라, 리얼미, 원플러스, 구글, 레노보 순이라 유럽 기업은 눈 씻고 찾아봐도 없다.

　결과적으로 유럽에서 스마트폰을 만드는 회사로 소비자의 눈에 들어오는 제품은 아예 없다고 해도 과언이 아니다. 그나마 핀란드의 노키아가 있었지만 2013년 단말기 사업 부문을 마이크로소프트에 매각하면서 업계에서 자취를 감췄다. 옛 노키아의 스마트폰은 2014년 이후 '마이크로소프트 루미아'라는 브랜드가 찍혀 만들어지고 있다.

　인터브랜드의 2023년 글로벌 브랜드 가치 순위를 보면 흥미로운

점을 발견할 수 있다. 상위 20개 브랜드 가운데 미국 기업이 14곳에 달하는데 이중 ICT 분야가 아닌 회사는 나이키(9위), 맥도널드(11위), 디즈니(13위) 단 세 곳뿐이다.

반면 톱20에 유럽 기업은 메르세데스 벤츠(7위), BMW(10위), 루이뷔통(14위), SAP(20위) 등 4개에 그친다. 그 4개 브랜드 중에서도 ICT 사업을 하는 회사는 SAP 하나뿐이다. 그마저도 SAP는 기업용 소프트웨어를 만드는 B2B 기업이라 일반 소비자와는 거리가 있는 회사다. ICT 브랜드가 최상위권을 차지하는 미국과 달리 유럽은 보다 전통적인 기업들이 대표 기업이라는 점이 드러난다. 역시 유럽이 변화에 더디다는 것을 보여주는 단면이다.

유럽의 반미주의자 손에 쥐어진 아이폰

유럽의 문제는 이 정도에 그치지 않는다. e커머스 산업도 아마존에 완전히 내줬다. 아마존의 유럽 매출은 510억 유로(약 73조 원, 2021년)에 달한다. 아마존을 판매 루트로 삼는 유럽 중소기업이 27만여 곳에 이르고, 아마존의 유럽 내 고용 인원은 정규직만 22만 명이 넘을 정도다. 아마존의 유럽 내 대형 물류센터는 2022년 말 기준으로 76곳에 달한다.

e커머스는 거대한 물류창고와 배달 업무까지 연동되기 때문에 온라인과 오프라인이 합쳐진 하이브리드형 사업이다. 유럽은 이런

온라인 쇼핑 사업까지도 미국에 완전히 앞마당을 내주고 있는 셈이다. 아마존이 남미에서 '메르카도 리브레'라는 e커머스 회사에 막혀 힘을 못 쓰는 것과 대비된다.

유럽에는 이처럼 '미국이 독식하는 세상'에 반감을 표시하는 이가 꽤 있다. 하지만 아이러니하게도 '유럽의 반미주의자'는 미국에서 넘어온 온라인 도구가 없으면 일상 유지가 어렵다. 이렇다 보니 유럽에서는 ICT와 관련한 콤플렉스가 이만저만이 아니다. 유럽에서 근무할 때 만난 현지 기업인들은 IT 이야기만 나오면 유쾌하지 않다는 표정을 짓곤 했다.

유럽의 지식인들은 미국 빅테크들을 강력하게 규제해야 한다고 열을 올린다. EU가 미국 빅테크들에 대한 규제 수위를 올리거나 반독점 혐의로 조사를 실시한다는 소식은 늘 유럽에서 빅뉴스 거리가 된다. 또한 'EU의 공정거래위원장' 격인 덴마크 부총리 출신의 마르그레테 베스타게르 EU 경쟁담당 집행위원의 일거수 일투족에 늘 촉각을 곤두세운다. 이런 분위기에 힘입어 베스타게르가 미국 빅테크들을 향해 칼을 빼어들 때마다 환영을 받는데 이는 세상의 변화에 수동적으로 따라가느라 급급한 유럽이 대응할 수 있는 카드가 마땅치 않다는 걸 보여주는 슬픈 단면이기도 하다.

8

장인을 자랑하던 이탈리아, '규모의 경제'에 압도되다

2017년 말 파리에 특파원으로 부임했을 때 운전용 앱을 어떤 걸 쓰는지 현지인들에게 물어봤다. '유럽의 티맵'이 뭔지 물어본 것이다. 다들 'Waze'를 쓴다고 했다. 프랑스어로 읽으면 '와즈', 영어로 읽으면 '웨이즈'다. 살펴보니 택시 운전사나 우버 기사 대부분이 웨이즈를 사용하고 있었다. 활성 사용자가 프랑스에만 1700여만 명에 달한다. 유럽 각지의 지도를 구석구석 담고 있고 워낙에 많이 사용하니까 웨이즈가 프랑스 기업이 만든 줄 아는 현지인들도 있다. 그러나 웨이즈는 '메이드 인 유럽'이 아니다.

웨이즈는 2006년 이스라엘 스타트업으로 출발했다. 창업 벤처로 유명한 이스라엘식 스타트업 인큐베이션 시스템이 낳은 성공작이다. 이스라엘 벤처캐피탈 마그마 및 버텍스와 미국 벤처캐피탈인 블루런의 투자를 받아 빠르게 성장한 기업이 웨이즈다.

웨이즈가 가능성을 보여주자 구글이 2013년 13억 달러를 주고 인수했다. 웨이즈는 약 50개 언어로 서비스가 제공되고 있으며, 세계 1억 3000만 명이 사용하고 있다. 그러니까 프랑스의 '국민 운전 앱'은 이스라엘에서 처음 만들어져 미국이 운영하고 있는 셈이다. 웨이즈는 유럽이 경제, 산업 분야의 중심축 이동에 속도를 맞추지 못한 맹점을 보여주는 상징적 사례다. 웨이즈가 태동할 무렵 유럽에서는 벤처캐피탈의 활동이 본격화되기 어려웠다.

그렇다면 왜 유럽은 변화에 굼뜨고 경제적으로 미국에 압도되고 있는 것일까. 다양한 원인이 있다. 우선 오래전부터 깔고 앉아 있는 자산이 가장 많은 대륙이다 보니 변화를 모색해야 한다는 절실함이 부족하다. 금융위원장을 지낸 전광우 세계경제연구원장은 래리 서머스 전 미국 재무장관과 만나 대화할 때 서머스가 유럽을 가리켜 "한마디로 박물관이죠"라고 말했다는 일화를 이야기했다.

런던의 대영박물관이나 파리의 루브르박물관을 가보면 인류가 수천 년 쌓아온 문명이 집대성돼 있다는 걸 여실히 느낄 수 있다. 근대 이후 세계의 정신적, 문화적 뿌리가 유럽에 있다는 걸 부인하기 어렵다. 문학, 음악, 미술과 관련한 위대한 작품은 대개 유럽에서 많이 탄생했고 문명을 주름잡는 언어도 유럽에서 나왔다.

이런 연유로 당연히 유럽인들은 자부심이 대단하다. 선조로부터 물려받은 유산은 단지 정신적인 차원으로 머물러 있는 게 아니다. 많은 유적지와 관광지로 남아 있기 때문에 관광 수입으로 엄청난

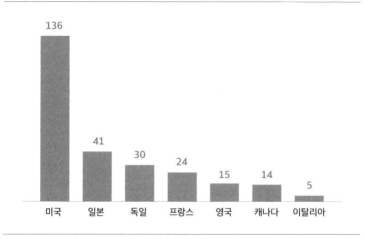

136
41
30
24
15
14
5

미국　일본　독일　프랑스　영국　캐나다　이탈리아

※2023년 순위　　　　　　　　　　　　　　　　　　자료: 〈포천〉

돈을 벌고 있다. 정치적으로도 G7이라는 선진국 클럽에 유럽은 독일·영국·프랑스·이탈리아까지 4개국이 참여하면서 세계의 중대사를 주무르고 있다는 우월감을 가지고 있다. 게다가 여전히 전 세계를 놓고 봤을 때는 선진국의 위치를 잃지 않고 있다.

이런 일종의 자만감과 절실함 부족이 미국과 대비해 쇠퇴의 길로 들어서는 배경이 되고 있다.

글로벌 500대 기업 수, 대만보다 적은 이탈리아

온라인 산업이 태동할 무렵 미국의 창업가들이 혁신적인 실험을 하고 벤처캐피탈이 미래를 주름잡을 스타트업에 투자하기 위해 눈을 번뜩이고 있을 때 유럽은 뒷짐을 지고 있었다.

ICT 산업은 초기에 가능성을 보고 큰 규모의 투자가 필요하지만 유럽에서는 이런 작업이 미국은 물론이고 중국보다도 늦었다. 게다가 유럽은 민간 주도보다는 정부 주도로 ICT 산업을 육성하려고 했다. 그렇다 보니 스타트업 관련 투자는 2015년 무렵까지도 정부의 손에 있었다. 이 시점 이미 미국에서는 민간 자본시장이 빅테크를 키워놓고 헤게모니를 쥐고 있었다.

유럽이 뒤늦게 민간의 첨단산업 투자를 이끌어 내며 반전을 도모하고 있지만 빠른 속도로 따라잡기는 어렵다. 먼저 출발한 미국, 중국 기업들이 놀고 있는 게 아니기 때문이다. 게다가 ICT 산업이 전통산업의 경쟁력마저 좌우하는 방향으로 가면서 유럽은 점점 더 불리해지고 있는 상황이다. 대표적으로 자동차는 이제 전통적인 기계 장치가 아닌 점차 전자 장치의 성격이 강해지고 있는데, 이런 변화에 있어서 유럽은 뒤로 밀리는 형국이다.

'규모의 경제' 싸움에서 실패한 탓도 크다. 유럽에서는 중소기업에 대한 뿌리 깊은 신뢰가 있다. 각 분야에 특화된 강소기업에 대해 유럽인들은 찬사를 보내고 실제로 유럽의 많은 중소·중견기업들이 경쟁력이 있다. 또 대기업과 중소기업들이 균형을 이루는 산업 구조가 이상적이기도 하다.

그러나 새로 열린 온라인·모바일 산업에서는 승자 독식 구조가 두드러지게 나타나고 있어 중소기업을 키워야 한다는 기존 논리를 고집하다가는 다른 나라의 빅테크에 의해 로컬 산업이 순식간에 잠식될 우려가 크다. 이미 유럽에서는 이런 현상이 나타났고 이는 극복이 쉽지 않다.

지금은 ICT뿐 아니라 대부분 산업 분야에서 '규모의 경제' 싸움을 하고 있기 때문에 강소기업이 아무리 많아도 하나의 매머드 기업을 당해내지 못하는 경우가 많다. 대기업의 횡포를 지적하기만 하고 국가대표급 기업을 키우지 않는다면 국가 간 경쟁에서 뒤처지기 마련이다.

특히, 이탈리아가 중소기업에 의지하는 경제 구조를 갖고 있다가 뒤처진 대표적인 나라다. 이탈리아는 1980~90년대만 해도 영국과 경제 규모가 비슷했다. 1990년 이탈리아 GDP는 스페인의 2배, 한국의 4배에 달할 정도였다. 특히 강한 중소기업이 대들보였다. 1980년대 안경테, 가구, 타일 등 틈새 시장에서 강소기업이 여럿 등장했다.

하지만 거기까지였다. 이탈리아는 자본시장 발달이 더딘 탓에 뭉칫돈 수혈이 어려워 공룡 기업을 키우기가 난망했다. 노조 등쌀에 시달리지 않기 위해 사업가들은 노조 설립 의무가 없는 15인 이하 소기업에 자족하려 했다. 그러다 온라인 비즈니스 시대로 접어들자 크게 뒷걸음질하고 있다. 2023년 〈포천〉 글로벌 500대 기업에 이탈리아 기업은 5개뿐인데, 그중 50위 안에 든 곳은 단 한 곳도 없다.

그뿐 아니라 500대 기업에 드는 이탈리아 기업 5곳도 ICT나 제조업체는 전무하며 모두 에너지, 은행, 보험, 우편 업종으로서 국가 기간산업에 해당한다. 이탈리아가 작지 않은 나라이기 때문에 기간 사업을 하는 국내 1위 업체가 덩치가 커진 경우에 불과하다. 인구로 이탈리아의 절반에도 못 미치는 대만이 〈포천〉 글로벌 500대 기업에 7개사를 올려놓고 있고, 그중 국영석유회사인 대만중유CPC만 빼고 나머지 6곳이 모두 첨단 업종인 것과 대조적이다.

유럽의 중소기업 선호 경향은 역사에서도 찾을 수 있다. 알다시피 중세 시대의 길드와 장인 문화는 역사가 깊다. 이런 문화가 이어져 특정 분야에 강한 중소기업에 대한 자부심도 높다. 또한 연대와 공생하는 문화를 중시하고, 사회민주주의를 강조하는 중도좌파 정당의 저변이 넓은 것도 지대한 영향을 미친다.

중소기업이 두각을 보이는 유럽식 시스템이 나쁘거나 잘못된 것이라고 할 수는 없다. 다만 21세기 들어 두드러지는 '규모의 경제'를 따라가기 어렵다는 현실적인 문제는 분명히 안고 있다. 작금의 유럽 산업계는 소총小銃만 넘쳐날 뿐 대포大砲가 부족해 거포巨砲를 앞세운 미국에 밀려 패퇴를 거듭하는 형국이다. 그뿐 아니라 유럽 기업들은 세계 무대에서 일본, 중국, 한국의 동북아시아 3국 기업들에게도 이미 시장의 파이를 많이 빼앗겼다.

또한 EU 체제는 유럽의 단합을 이뤄낸 발판이었지만 반면 온라인 혁명에 대비하는 데 족쇄가 된 측면이 있다. 온라인·모바일 산업은 초창기에는 통신 산업의 변화된 단계의 성격이 강했다. 그런데 EU 체제에서는 통신 관련 규제가 국가별로 서로 다르고 적용 기준과 범위가 상이해 의견 일치를 이루기 어려웠다. 아직도 유럽은 통신 규제 수위가 미국보다 높을 뿐 아니라 EU 회원국끼리 규제 수위가 달라 단일한 통신 또는 온라인 서비스 시장을 구현하지 못하고 있다.

9

당신이 아는 유럽 기업의 이름을 이야기해 보세요

유럽 기업들이 '규모의 경제' 싸움에서 패퇴하고 있다는 건 경제 전문 매체 〈포천〉이 매년 발표하는 '글로벌 500 기업' 리스트의 변화에서도 잘 나타난다. 이는 세계 각국의 기업을 '매출'이라는 동일 잣대로 비교해 볼 의미 있는 지표다.

2023년 '글로벌 500 기업'이 발표된 이후 조선일보 위클리비즈 팀은 〈포천〉의 알리슨 숀텔 편집장을 인터뷰했다. 그는 유럽 상황의 심각성을 명료하게 이야기했다.

"34년간 우리가 글로벌 500 기업 리스트를 뽑는 중에 최근 유럽 기업의 퍼포먼스는 가장 형편없는 수준입니다."

숀텔 편집장은 먼저 가장 알아보기 쉽게 기업의 숫자를 기준으

〈포천〉 글로벌 500대 기업 중 톱30

순위	기업	국적	순위	기업	국적
1	월마트	미국	16	유니퍼	독일
2	사우디 아람코	사우디아라비아	17	알파벳	미국
3	국가전망공사	중국	18	맥커슨	미국
4	아마존	미국	19	도요타	일본
5	페트로차이나	중국	20	토탈	프랑스
6	시노펙그룹	중국	21	글렌코어	스위스
7	엑손 모빌	미국	22	BP	영국
8	애플	미국	23	쉐브론	미국
9	셸	영국	24	센코라	미국
10	유나이티드헬스	미국	25	삼성전자	한국
11	CVS헬스	미국	26	코스트코	미국
12	트라피구라	싱가포르	27	훙하이정밀공업 (폭스콘)	대만
13	중국건설공업	중국	28	중국공상은행	중국
14	버크셔해서웨이	미국	29	중국건설은행	중국
15	폴크스바겐	독일	30	마이크로소프트	미국

※2023년 순위   자료: 〈포천〉

로 이야기했다. 2022년에는 그래도 유럽 기업의 수가 128개였는데, 2023년에는 119개로 한 해 만에 9개 줄어들었다. 2000년대 초만 해도 상황이 이렇지는 않았다. 2008년만 해도 〈포천〉이 뽑은 '글로벌 500 기업'에 유럽 기업이 190개나 포함됐었다. 결과적으로 '글로벌 500 기업' 리스트에서 유럽 기업은 서서히 증발하고 있는 셈이다.

〈포천〉이 뽑은 '글로벌 500 기업'에는 아무도 넘보지 못하는 '절대적인 1등'이 있다. 2014년부터 2023년까지 10년간 1위 자리를 수성한 미국 유통 기업인 월마트다. 〈포천〉이 매출을 기준으로 글로벌 500 기업 순위를 매기기 때문에 소매 기업이 가지는 이점이 있다고 치더라도 의문점은 있다. 2020년 코로나 사태를 계기로 전자상거래 기업이 유통을 휩쓰는 듯한 분위기였는데, 어떻게 전통적인 유통 기업이 글로벌 1위 기업 자리를 지키고 있느냐는 것이다.

월마트는 한때 유럽 기업에 무릎을 꿇은 적이 있다. 유럽의 현지 업체와의 경쟁에서 패배해 2006년 독일, 2020년 영국에서 철수된 것이다. 우리나라에서도 2006년 매장을 매각하고 물러난 적이 있다.

하지만 월마트는 인플레이션의 공습이 이어진 2022년과 2023년 저렴한 자체 브랜드PB 상품을 기반으로 소비자들을 사로잡기 시작했다. 멕시코나 중국, 인도에서의 해외 사업도 순항하고 있다. 오프라인 판매 채널과 온라인 판매망의 절묘한 조합으로 성공 가도를 달리고 있는 것이다. 미국식 혁신이 빅테크에서만 이뤄지는 게 아니라는 걸 보여주는 사례다.

이처럼 미국 기업들은 다양한 분야에서 유럽 시장을 잠식하며 뒤흔들고 있다. 슌텔 편집장은 "지난 10년간 글로벌 500 기업에 포함된 미국 기업의 유럽 내 매출 합계는 26% 늘었다"며 "같은 기간 유럽 기업들의 매출이 17% 늘어난 것과 대조적"이라고 했다. 과거 월마트가 철수했던 것처럼 미국 기업이 유럽 기업에 밀려나는 사례를 이제는 찾아보기 어렵다.

미국과 유럽 주요국 글로벌 500대 기업 중 상위 30위 내 기업의 10년간의 변화

▶ 2013년

국적	30위 이내 기업 수	최고 순위
미국	10	2위(월마트)
독일	1	9위(폴크스바겐)
영국	1	6위(BP)
프랑스	2	10위(토탈)
이탈리아	2	17위(에니)
스페인	없음	58위(산탄데르)

▶ 2023년

국적	30위 이내 기업 수	최고 순위
미국	13	1위(월마트)
독일	2	15위(폴크스바겐)
영국	2	9위(셸)
프랑스	1	20위(토탈)
이탈리아	없음	59위(에넬)
스페인	없음	104위(산탄데르)

자료: 〈포천〉

그러면 2023년 발표된 '〈포천〉 글로벌 500 기업 리스트'를 더 자세히 살펴보자. 상위 30위 이내 기업을 보면 미국 기업이 13개다. 10년 전인 2013년엔 10개에서 점차 증가하는 추세다. 독일 기업은 2013년에는 상위 30위 이내 기업이 폴크스바겐 한 곳이었다가

2023년에는 두 곳으로 늘어나긴 했다. 그러나 10년 사이 폴크스바겐 순위가 9위에서 15위로 내려앉았고, 16위의 우니퍼는 독일 정부가 대주주인 전력 공급회사라 대외적으로 큰 의미를 부여하기 어렵다.

프랑스는 30위 이내 기업이 2013년에는 에너지 기업 토탈(10위)과 보험사 악사(20위) 두 곳이 있었지만 2023년에는 토탈만 남았다. 토탈은 순위가 20위로 10년 전과 비교해 10계단이나 추락했다. 이탈리아는 2013년에는 에너지 기업 에니(17위)와 엑소르그룹(26위)까지 두 곳이 세계 30위 내에 자리했지만, 2023년에는 30위 이내 기업을 찾아볼 수가 없다. 다국적 전력, 가스 유통사인 에넬이 이탈리아 기업 중 순위가 가장 높지만 59위다. 스페인은 2013년에도 2023년에도 30위 이내 기업이 없다. 순위가 가장 높은 회사가 산탄데르 은행인데 10년 사이 58위에서 104위로 뒷걸음쳤다.

세계 톱 30위 안에 들어간 유럽 회사들은 대체로 스스로 성장했다기보다는 국가 기간산업으로서 정부 지원을 많이 받은 기업들이다. 우니퍼, BP, 토탈, 에니, 에넬 같은 에너지 기업은 정부 정책이나 국가 투자계획에 영향을 받는 회사들로서 순수하게 민간에서 큰 회사들로 보기는 어렵다. 실제로 정부 지분도 꽤 있다.

이를 좀 더 직관적으로 비교해 보자. 단편적으로 소비자들이 주목하고 대중적 인지도가 최상위권인 기업들은 대체로 미국 회사들이다. '당신이 이름을 아는 미국 기업을 이야기해 보세요'라는 질문을 받는다면 한국인들은 아이폰의 애플을 비롯해 구글, 페이스북

등을 언급할 것이다. 일상 속에서 본인이 사용하는 상품이나 각종 서비스들을 곱씹어 보면 미국 기업이 제공하는 것들이 상당히 많다는 것을 알 수 있다. 이는 별로 고심할 만한 질문이 아니다.

하지만 '당신이 아는 유럽 기업을 이야기해 보세요'라고 하면 질문의 난도가 확 올라간다. 독일의 폴크스바겐, 프랑스의 루이비통 모에헤네시그룹LVMH을 이야기할 수 있겠지만, 5개 이상을 단숨에 꼽아보라고 한다면 쉽사리 답을 하기는 어려울 것이다.

글로벌 컨설팅 기업 맥킨지는 이와 같은 상황에 이렇게 분석했다.

> "유럽이 횡단적인 기술(여러 산업 분야의 변화를 이끌어낼 첨단 기술)
> 분야에서 위축되고 있다. 이렇게 되면 유럽이 강점이 있었던 명품이
> 나 자동차 분야에서도 그 지위를 상실할 가능성이 있다"

인터넷과 소프트웨어 산업을 중심으로 한 첫 번째 기술 혁신의 국면wave에서 유럽은 이미 미국에 밀렸는데, 최근에도 이러한 현실이 크게 나아지지 않는다는 평가가 나오는 것이다.

맥킨지는 첨단 기술 분야를 10가지 항목으로 나눈 다음 동일 기술 분야를 혁신, 생산, 적용으로 구획해 평가했다. 이 중에서 유럽은 차세대 소재의 생산과 친환경 기술 정도에서만 강점을 보이고 있다. 반면 자동화, 인터넷, 클라우드 컴퓨팅, 양자 컴퓨터, 인공지능, 차세대 프로그래밍, 블록체인, 바이오 같은 8개 분야에서는 추격자

의 입장이다.

맥킨지는 "양자 컴퓨터만 놓고 보면 10개 메이저 회사 중 50%는 미국, 40%는 중국에 있다"며 "유럽에는 대표 기업이 없다"고 했다. 2018~2020년 미국에서는 바이오 기술 개발을 위해 2600억 달러가 투자됐는데, 유럽은 6분의 1 수준인 420억 달러를 썼을 뿐이다.

기업의 운명을 좌우할 수 있는 새로운 국면이라는 AI 시대를 맞아서도 유럽 기업들이 고전하고 미국 기업들이 앞서갈 것이라는 전망이 적지 않다. 과거 비디오나 DVD를 빌려주는 서비스를 하던 미국의 '블록버스터'라는 기업은 한때 넷플릭스의 강력한 경쟁자였다. 그러나 디지털화에 적응하지 못해 파산했다. AI 시대를 맞아 기술 투자가 적다면 유럽 기업들이 이런 처지가 될 가능성이 높다.

심지어 미국 기업은 워낙 규모가 크다 보니 심지어 기술 전환의 시기를 놓쳐도 살아남는다. 월마트는 전자상거래라는 유통업의 변화에 처음부터 잘 올라타지는 못했다. 포드나 GM도 내연기관차에서 친환경차로 무게 중심이 바뀌는 시기에 기민하게 대응했다고 보기는 어렵다. 그러나 이들 기업들은 조금 늦게 시작하더라도, 막대한 기업 규모를 바탕으로 기술 개발과 혁신을 비교적 빠르게 진행했다.

10

미국 기업이 삼킨
스카이프와 딥마인드

2016년 3월 한국에서는 인간과 AI의 치열한 두뇌 대결이 펼쳐졌다. 인간 대표 이세돌 9단이 인공지능 컴퓨터 '알파고'와 바둑 대결을 벌인 것이다. 알파고를 개발한 구글 딥마인드의 데미스 허사비스 최고경영자CEO는 첫 대국에서 알파고가 승리하자 자신의 트위터(현재 X)에 이렇게 썼다.

"승리! 우리는 달에 착륙했다."

이세돌 9단도 "이런 프로그램(알파고)을 만든 프로그래머들에게 깊은 존경심을 전하고 싶다"고 이야기했다. 이세돌 9단은 4국에서 이겼지만, 결국 5국까지 내주며 1승 4패로 패배했다. 딥마인드가 AI의 힘을 제대로 보여준 이벤트였다.

이쯤에서 알파고의 아버지 허사비스를 살펴 보자. 그는 1976년 생이다. 아버지는 그리스계, 어머니는 싱가포르계다. 유럽과 아시아에 모두 뿌리를 둔 이 천재 소년은 15살에 고등학교를 졸업했다. 이미 13살 때 세계 소년 체스 대회에서 2위에 오르는 등 명석한 두뇌를 자랑했다. 케임브리지대 컴퓨터과학과에 입학한 허사비스는 졸업 이후에 직접 게임회사를 설립했다. 하지만 거대 게임사들의 틈바구니 사이에서 사업적 성공을 거두기가 어렵다고 판단한 그는 영국 유니버시티 칼리지 오브 런던ucl에서 뇌 과학을 공부한다.

어렸을 때부터 끼고 살았던 컴퓨터, 게임 개발 경력, 뇌 과학이 바탕이 되어 새로운 길을 열어준 것이 바로 'AI 개발'이었다. 그는 2011년 뇌를 모방한 컴퓨터 시스템인 인공지능을 만들기 위해 딥마인드를 창업했다. 바로 이 딥마인드에서 세계인들에게 충격을 선사한 AI, 알파고가 탄생한 것이다.

다시 앞으로 돌아가서 알파고를 개발한 회사의 이름을 다시 살펴 보자. '구글 딥마인드'이다. 이름에서 알 수 있듯이 구글은 2014년 딥마인드를 4억 파운드(약 6700억 원)에 인수했다. 유럽의 IT 기업이 미국의 빅테크 기업에 잡아먹힌 셈이다. 딥마인드는 2020년에 이르러서야 흑자 전환에 성공했는데 구글은 딥마인드를 인수하고, 장기간 적자를 감수하면서도 미래에 필요한 AI 기술 확보에 박차를 가한 셈이다.

이제는 생성형 AI 시대를 앞서가기 위해 투자를 늘리는 기업들이

글로벌 테크 기업 시가총액 톱10

(단위: 달러)

순위	기업	국적	시가총액
1	애플	미국	2조 7610억
2	마이크로소프트	미국	2조 6220억
3	알파벳(구글)	미국	1조 6240억
4	아마존	미국	1조 4320억
5	엔비디아	미국	1조 1110억
6	메타(페이스북)	미국	7990억
7	테슬라	미국	6990억
8	TSMC	대만	4760억
9	텐센트	중국	3720억
10	브로드컴	미국	3640억

※2023년 11월 4일 컴퍼니스마켓캡 기준　　　　　　　　　　자료: 컴퍼니스마켓캡

구글 외에도 여럿이다. 오픈AI가 내놓은 챗GPT를 필두로 마이크로소프트의 빙Bing이 생성형 AI에서 뛰어난 성능을 보여줬다. 이제는 메타(페이스북)나 중국의 알리바바도 AI 연구에 적극적으로 투자를 하겠다며 나서고 있다. 반면, 우리는 적극적으로 AI에 거액을 투자하는 유럽 기업을 쉽게 떠올리기 어렵다.

유럽에서 나오는 AI 관련 뉴스는 '규제에 대한 반대'가 많다. 2023년 4~5월 유럽 의회에서 생성형 AI에 대한 강력한 규제 법안이 논의되자, 유럽 주요 기업의 경영진 150명이 "이렇게 규제를 하면 AI 관련 기술에 대한 경쟁력을 상실할 수 있다"며 우려를 표하

는 일이 벌어졌다. 경영진이 보낸 서한에서는 "이렇게 되면 AI 분야의 기술 주권을 잃을 수 있다"는 걱정이 담겼다. 지멘스, 에어버스 등 유럽을 대표하는 기업들의 경영진이 의견을 모은 것이다. 강력한 규제 때문에 AI 기업들이 EU 국가에서 떠날 수 있고, 투자자들이 자금을 뺄 것이며, 미국과의 기술 격차는 더욱 벌어질 수 있는 상황에 대한 불안함을 느낀 것이다.

딥마인드 외에도 유럽의 테크 기업이 미국 기업의 품에 안긴 사례는 쉽게 찾아볼 수 있다. 발트 3국 중에서 가장 작은 에스토니아에서 태어난 스카이프의 운명도 크게 다르지 않았다. 2003년 스웨덴의 니클라스 젠스트롬, 덴마크의 야누스 프리스, 에스토니아의 아흐티 헤인라가 창업한 스카이프는 2005년 미국의 전자상거래 기업 이베이에 26억 달러에 팔렸다. 2009년에는 이베이가 사모펀드를 중심으로 한 투자자 그룹에 스카이프를 넘겼고, 2011년에는 마이크로소프트가 스카이프를 85억 달러에 사들였다. 한때 세계 휴대전화 시장을 호령한 핀란드의 노키아도 2013년 단말기 사업 부문을 미국의 마이크로소프트에 매각했다.

유럽의 기술 기업들이 미국에 넘어가는 건 장기간 상당의 적자를 감수하면서 투자를 이어 나갈 유럽 내 기업들이 부족하기 때문이다. 미국 빅테크에 잠식된 유럽 기업은 딥마인드와 스카이프뿐만이 아니다. 애플은 2018년 덴마크의 시각 효과 스타트업 스펙트랄을 사들였다. 같은 해 애플은 런던에 본사를 둔 음악 앱 샤잠도 매입했다. 2018년에 페이스북도 영국의 블룸스베리 AI를 인수했다. 구글도 영국에 있던 모바일 그래픽 툴 회사 그래픽스퍼즈를 매수했다.

이처럼 유럽에서 키워놓은 싹수 좋은 기술을 미국 빅테크들이 막강한 자금력을 동원해 싹쓸이하고 있다고 해도 과언이 아니다. 마이크로소프트는 유럽 게임사였던 닌자 시오리Ninja Theory를 자회사로 만들었고, 승차 공유 서비스 기업 리프트도 런던에 근거를 둔 증강현실AR 스타트업 블루 비전 랩스의 주인이 됐다. 이런 인수 사례를 보면 유럽 테크 업계의 서글픈 현실이 눈에 들어온다. 물론 인수되는 기업 입장에서는 미국의 빅테크 품에 안긴 이후 모기업의 자금력을 바탕으로 조금 더 빠르게 성장할 수 있겠지만 말이다.

세계 시장에서 이름값을 떨치는 유럽의 테크 기업은 네덜란드의 반도체 장비 기업인 ASML과 독일의 소프트웨어 회사인 SAP 정도다. ASML은 '수퍼 을'이라는 별명이 있을 정도로 알짜 기업이다. 이 회사의 반도체 노광장비가 없으면 첨단 반도체 생산이 어렵기 때문이다. SAP은 기업용 소프트웨어의 절대 강자로서 독일 증시 시가총액 1위 기업이다. 하지만 미국의 애플이나 마이크로소프트, 구글과 비교해 보면 이들과 같은 존재감을 가진 기업이라고 보기는 어렵다. 유럽의 자랑이라고는 해도 이 두 기업은 세계 시장의 위상에서 상위권에 오르지 못하기 때문이다. 세계 시가총액 순위(2023년 9월 초)에서 ASML은 31위이고, SAP는 60위권에 머물고 있다. 매출을 기준으로 한 〈포천〉 글로벌 500대 기업 중에는 SAP이 472위고,

〈포천〉 글로벌 500 기업 중 인터넷 및 상거래 기업

기업	국적	500 기업 중 순위	〈포천〉 글로벌 500 기업에 포함된 횟수
아마존	미국	4	15
알파벳	미국	17	15
징둥닷컴	중국	52	8
알리바바	중국	68	7
메타	미국	81	7
텐센트	중국	147	7
메이투안	중국	467	1
우버 테크놀로지	미국	477	1

※2023년 순위 　　　　　　　　　　　　　　　　　　　　　　자료: 〈포천〉

ASML은 이름조차 올리지 못했다.

〈포천〉 글로벌 500대 기업 중에서 '인터넷 서비스와 상거래'의 항목을 보면 미국과 중국 기업만 존재한다. 아마존이 4위, 구글(알파벳)이 17위, 중국의 징둥닷컴은 52위, 알리바바 68위, 텐센트 147위, 메이투안 467위이다.

첨단 기술 분야에서 글로벌 선도 기업이 없다는 것은 단순히 유럽이 자존심 상할 정도에 그칠 일이 아니다. 맥킨지는 "유럽이 주요 기술 분야에 있어서 다른 주요 경쟁 지역을 따라잡지 못한다면 안보뿐만 아니라 원래 유럽의 강점이었던 지속가능성 같은 분야에서도 성장성과 경쟁력을 모두 상실할 수 있다"고 지적했다.

유럽은 적어도 자동차 산업에 있어서는 글로벌 대표 브랜드를 다

수 보유하고 있었는데, 자율주행차 기술에 있어서는 세계 시장에 명함도 내밀지 못하고 있다. 자율주행 기술까지 갈 것도 없이 유럽 자동차사들은 전기차 사업에서도 미국이나 중국을 뒤따라가는 처지다.

고용 유연성이 높은 미국 경제는 대기업의 대규모 감원 같은 위기도 새로운 기회로 만들 수 있는 선순환 구조를 갖추고 있다. 2023년 미국 빅테크 기업들은 직원들을 대거 내보냈다. 이는 고용시장에는 다소 충격이 있었지만, 이들 직원을 채용한 기업들은 우수한 기술자들을 손에 넣을 수 있는 좋은 기회였다. 세계 최대 농기계 업체 존디어가 이 사례의 대표격이다. 1837년 창업한 존 디어는 현재 자율주행 농기계 개발에 심혈을 기울이고 있다. 이를 위해서는 기술 인력이 중요한데, 빅테크의 감원은 존 디어가 필요한 소프트웨어 인재를 확보하는 데 큰 도움이 됐다. 고용 유연성이 높아 쉽게 잘릴 수 있다는 건 유럽식 사고방식으로는 위험하다고 볼 수 있다. 하지만 존 디어 사례에서 보듯 인력 배치를 효율적으로 하고 새로운 산업 변화에 빠른 대처를 할 수 있는 장점이 있다.

3부

자본시장

11

〔 애플 한 종목으로
독일 증시 누르는 미국 〕

주식 시장이 처음 생긴 건 1600년대 초 네덜란드 암스테르담에서다. 세계 최초의 IPO(기업 공개, 기업이 최초로 외부투자자에게 주식을 공개하는 것으로 공식상장하는 것을 말함_편집자주)는 네덜란드 동인도 회사였다. 유럽에서 최초의 주식 시장이 등장한 이후 미국에 주식 시장이 생기기까지는 200년 가까운 시간이 걸렸다. 1792년 24명의 주식 중개인과 상인들이 미국 뉴욕에서 '플라타너스buttonwood tree 협약'를 체결한다. 미국 최초의 증권거래소를 설립한 것이다. 당시 뉴욕 맨해튼에서 가장 키가 큰 존재가 플라타너스 나무라 붙여진 이름이다.

1896년에는 대표지수인 다우존스산업평균이 등장했다. 뒤이어 1923년에는 S&P500 지수가 산출되기 시작했고 1971년에는 나스닥 거래소가 설립됐다. 이처럼 미국은 주식 시장 태동이 유럽보다

국가별 증시 시가총액

(단위: 달러)

국적	2000년	2022년
미국	15조 1100억	41조 610억
영국	2조 5800억	2조 9110억
프랑스	1조 4500억	2조 8750억
독일	1조 2700억	2조 1300억

자료: 세계은행, 블룸버그

글로벌 시가총액 상위 기업과 유럽 각국 증시 전체 시가총액

(단위: 달러)

기업 혹은 국가	시가총액(세계 순위)
영국	3조 30억(국가 5위)
애플	2조 7610억(기업 1위)
프랑스	2조 6480억(국가 7위)
마이크로소프트	2조 6220억(기업 2위)
독일	2조 660억(국가 9위)
스위스	2조 150억(국가 10위)
사우디 아람코	2조 1400억(기업 3위)
알파벳(구글)	1조 6240억(기업 4위)
아마존	1조 4320억(기업 5위)
네덜란드	1조 1130억(국가 13위)
엔비디아	1조 1110억(기업 6위)

※2023년 11월 4일 기준

자료: 컴퍼니스마켓캡

늦은 후발주자였지만 이제는 세계를 좌지우지하는 거대한 자본시장을 갖고 있다. 규모면에서 유럽과 비교하기 어려울 정도로 성장했다. 맨해튼의 건물들은 이제는 대부분 플라타너스 나무보다 키가 더 크다.

주식으로 기업의 크기를 비교한다면 한 회사의 모든 주식의 가치를 합친 시가총액이 가장 직관적인 잣대가 된다. 증시정보업체 컴퍼니스마켓캡의 집계에 따르면, 2023년 11월 초 기준으로 상장된 미국 기업들의 시총 합계는 45조 1010억 달러에 달한다. 2위인 중국(6조 1370억 달러)을 압도적으로 누른다. 유럽과 비교해 보자. 달러로 환산한 주요국 상장사들의 시총 합계를 보면 영국 3조 30억 달러, 프랑스 2조 6480억 달러, 독일 2조 660억 달러다. 쉽게 말해 자본시장 규모가 미국이 영국의 15배, 프랑스의 17배, 독일의 21.8배에 달한다는 얘기다.

개별 기업의 시총을 살펴보면 전 세계를 통틀어 압도적인 시가총액 1위 기업은 미국의 애플이다. 2023년 11월 초 애플 시총은 2조 7610억 달러 수준인데, 한때 3조 달러를 넘길 때도 있었다. 중국에서 '아이폰 금지령'이 내려졌다는 소식 때문에 주가가 단기로 상당한 조정을 받았지만, 그래도 세계 시총 1위는 끄떡없이 지키고 있다.

이미 애플 시총은 유럽 주요국 가운데 한 나라의 주식시장의 시총과 맞먹는다. 자본시장의 원조라고 할 수 있는 영국 증시 전체 시총보다는 다소 작지만 프랑스 전체보다는 많다. 독일은 적지 않은 차이로 누른다. 애플만 그런 게 아니다. 마이크로소프트의 시총도

2조 6220억 달러로 독일 증시보다 크고, 프랑스에 근접한다.

그렇다면 유럽 주요국의 시총 1위 종목과 애플을 비교해 보면 어떨까. 2023년 10월 중순 기준으로 영국 시총 1위는 2218억 달러인 로열더치셸이다. 애플의 10분의 1도 안 되는 수준이다. 프랑스 시총 1위 LVMH는 3800억 달러로 애플의 7분의 1에 못 미친다. 독일 1위 SAP는 1534억 달러로 애플의 15분의 1도 안 될 정도다. 비만 치료제 위고비 열풍으로 2023년 LVMH를 누르고 유럽 시총 1위로 올라선 덴마크의 노보노디스크는 4322억 달러인데, 애플의 6분의 1에도 미치지 못한다.

미국 주식 시장에서는 애플과 마이크로소프트 외에도 알파벳(구글), 아마존, 엔비디아 순으로 시총 1조 달러가 넘는 기업이 모두 5곳이다. 시총으로 미국 주식 시장에 유럽 주요국 시총 1위를 대입해 보면 순위가 어떻게 나올까. 유럽 1위인 노보노디스크가 미국에서는 12위 엑손모빌(4400억 달러)과 13위 월마트(4273억 달러) 사이에 들어간다. 프랑스 1위 LVMH는 14위 JP모건체이스(4132억 달러)와 15위 존슨앤드존슨(3776억 달러) 사이에 있다. 독일 1위 SAP는 미국에 가면 39위 나이키(1562억 달러)에 이어 40위가 된다.

흔히 말하는 황제주도 단연 미국이 최고다. 세계에서 가장 비싼 주식은 바로 '투자의 귀재' 워런 버핏이 이끄는 버크셔해서웨이의 주식이다. 2023년 8월 8일 기준 버크셔해서웨이 주식(A주)은 55만 3101달러를 기록했다. 우리 돈으로 7억 원이 넘는다. 한 주만 팔아도 집을 한 채 살 수 있는 수준이다.

　미국에서 시총 최상위권을 빅테크들이 점령하듯 미국과 유럽 주식 시장 규모의 엄청난 격차는 테크 기업의 차이가 벌린다. 골드만삭스가 2023년 6월에 낸 보고서는 "유럽은 미국에 비해서 테크 회사가 적고, 다른 섹터 주식들도 미국의 동종 업계 회사에 비해 '디스카운트' 되어 있다"고 지적한다.

　이 보고서에서 골드만삭스는 일단 미국의 상장된 테크 회사들이 전체 규모 면에서 유럽의 10배 수준이라고 분석한다. 더 충격적인 것은 아마존, 메타, 테슬라 같은 거대한 회사들은 미국 상장 테크 회사에 포함되지도 않았다는 점이다. 골드만삭스가 아마존은 유통, 테슬라는 자동차 같은 다른 산업으로 분류했기 때문이다.

　신생 테크 회사 주식을 우리는 보통 '성장주'라 부른다. 일명 꿈을 먹고 자라는 기업이다. 주식은 당장의 실적이 중요한 것이 아니다. '저 회사는 나중에 엄청나게 커질 거야'라는 기대가 주가에 반영된다. 글로벌 금융위기를 극복하는 과정에서 저금리가 이어졌는데 테크 회사에 풍부해진 유동성은 축복이었다. 반면 금융회사의 비중이 높은 편이었던 유럽에는 딱히 좋은 소식이 아니었다.

　주식 시장에서 호령하는 미국 기업은 빅테크에 국한돼 있지 않다. 산업별로 세계 기업을 분류해 시총 순위를 매겨도 미국 기업이 1등이나 상위권을 대거 차지하고 있다. 예를 들어 자동차 기업 중에서는 테슬라가 1위다. 항공사 중에서는 델타 항공의 시총이 가장 크다. 은행업의 1등은 JP모건이고, 2등은 뱅크 오브 아메리카다.

미국 기업이 기를 못 펴는 분야는 주류 산업 정도다. 중국 구이저우마오타이의 시총이 가장 높고, 벨기에의 앤하우저부시(버드와이저, 스텔라 아르투아 등의 맥주 브랜드 보유)가 2위, 영국의 디아지오(조니워커와 기네스)가 3위다. 미국 기업 중에서는 컨스텔레이션 브랜드의 시총이 주류 기업 중 8위에 올라 있다. 이 회사는 코로나 맥주의 모기업으로서 미국 내 히스패닉계를 사로잡은 맥주 '모델로'를 바탕으로 최근 빠르게 성장하고 있다.

흥미로운 부분은 '글로벌 분산 투자'의 관점에서는 유럽 주식이 유리하다는 점이다. 여기서 분산 투자라는 것은 여러 나라, 여러 업종, 여러 기업 주식에 나눠서 투자한다는 이야기가 아니다. 유럽 기업들은 매출의 거의 60%가 유럽 외 지역에서 나오는 진짜 의미의 글로벌 기업이다.

반면 미국도 글로벌 대표 기업이 수없이 많지만, 거대한 내수 시장의 수혜를 입는 것도 사실이다. 미국 기업 수익 가운데 29%만 미국 외 지역에서 발생된다. 그러니까 유럽 기업은 특정 국가나 특정 지역의 경기 침체에 덜 취약하다는 의미다. 물론 코로나 팬데믹 여파, 미·중 갈등, 러시아·우크라이나 전쟁 등이 무역의 세계화에 타격을 끼쳐 유럽 기업들에 미친 충격이 적지 않다는 점을 감안해야 한다.

12

[버핏이 유산의 90%를 미국에 투자하는 이유]

'오마하의 현인'이라 불리는 전설적인 투자자인 워런 버핏은 1930년생으로 93세다. 2019년 CNBC와의 인터뷰에서 그는 "내 유산을 관리하는 신탁 관리인에게 내가 사망하면 아내에게 물려줄 유산의 90%는 S&P500 지수에 투자하라고 지시해 뒀다"고 밝혔다.

버핏은 또한 이렇게 덧붙였다.

"미국에 투자하는 것보다 더 나은 베팅은 없다."

이는 미국 경제와 산업에 대한 강력한 믿음을 보여주는 방증이다. 버핏은 정기 주주 총회에서도 "미국의 기업에 돈을 붓고 그것이 자라나도록 하면 된다"고 강조했다. 1941년 이후 다우평균이 100달러에서 3만 달러가 넘는 수준까지 커진 것을 언급하면서 한 말이다.

각국 증시 대표지수 최근 5년간 상승률

국가	지수	상승률
미국	S&P500	54.9%
범 유럽	스톡스600	21.1%
독일	DAX 40	31.3%
프랑스	CAC 40	37.4%
영국	FTSE 100	2.7%

※2018년 9월 이후 5년 상승률

5년간 미국과 유럽의 수익률을 비교해 보면 역시 버핏의 조언은 틀리지 않았다. 미국의 수익률은 유럽을 압도한다. 2018년 9월 이후 S&P500 지수는 54.9% 오른 반면, 유럽의 스톡스600 지수는 같은 기간 21.1% 상승하는 것에 그쳤다. 개별 국가로 볼 때 독일과 프랑스의 대표 지수는 각 30% 이상 상승했지만, 미국 증시의 상승세는 따라갈 수 없는 수준이다. 최근 5년간 독일 DAX 40지수는 31.3% 올랐고, 프랑스 CAC 40지수는 37.4% 상승했다. 영국 FTSE 100 지수는 2.7% 상승하는 데 그쳤다.

최근 미국 증시의 수익률은 주로 테크 기업이 견인하고 있다. 미국을 대표하는 기업들을 묶어 부르는 신조어도 계속 등장했는데 대표적인 것이 'FAANG'이다. 경제 전문 방송 CNBC의 주식 해설가 짐 크레이머가 2013년 페이스북Facebook(현 메타), 아마존Amazon, 넷플릭스Netflix, 구글Google(현 알파벳)을 묶어서 'FANG'라는 새로운 단어를 만들었다. 2017년은 애플이 추가돼 'FAANG'가 됐다. 페이스북

미국 증시 대표 종목 주가 추이　　　　　　　　　　　　　　　　(단위: 달러)

기업	2010년 1월초	2023년 10월말
알파벳	15.61	125.30
아마존	6.70	133.09
메타	38.23(2012년 5월 상장일)	301.27
애플	6.49	170.77
테슬라	1.59(2010년 6월 상장일)	200.84

이 이름을 메타로 바꾸자 'FAANG' 대신에 'GAMMA'라는 말이 나오기도 했지만 크게 이슈가 되지는 못했다. 이는 구글, 애플, 메타, 마이크로소프트, 어도비, AMD를 묶어서 부르는 말이다.

　2023년에도 미국 증시를 지켜낼 정의의 사도가 나타났다. '매그니피센트 7'이다. 이는 애플, 마이크로소프트, 구글, 아마존, 엔비디아, 페이스북, 테슬라를 묶어서 부르는 용어다. 2023년 AI 열풍에 힘입어 엄청난 상승률을 기록한 엔비디아와 한국 투자자들이 가장 좋아하는 주식인 테슬라가 드디어 이름을 올린 것이다.

　'매그니피센트 7'은 '황야의 7인'이라는 제목으로 1960년대 국내에 방영됐던 서부영화를 리메이크한 영화의 제목이다. 원작은 1954년 구로사와 아키라 감독의 영화 '7인의 사무라이'로 7명의 정의의 사도들이 악당들로부터 마을을 지켜주는 내용을 담고 있다. 영화 속 7명의 영웅들이 마을을 지켰던 것처럼 2023년에는 7개 기업이 세계에서 가장 큰 규모의 증시를 그럭저럭 지켜냈다.

영화에서 주인공들은 정말 강력하다. 총을 한 발 쏘고, 칼을 한 번 던질 때마다 악당들이 픽픽 쓰러져나간다. 그만큼 매그니피센트 7을 구성하는 종목들 역시 엄청난 주가 상승률을 기록한 종목들이다. 기드온 라크만 파이낸셜타임스FT 칼럼니스트도 "미국은 테크 부문에 있어서는 명확하게 유럽에 앞서 있다"며 "7개의 가장 거대한 테크 기업들이 모두 미국 기업"이라고 언급했다.

2010년초 대비 2023년 10월말 주가를 비교해 보면 알파벳은 15달러 정도에서 125달러로, 아마존은 6달러에서 133달러로 뛰어 엄청난 수익률을 기록했다. 메타는 2012년 5월 상장 이후 2023년 10월 말까지 수익률이 688%에 이른다. 이 기간 동안 유럽에서는 주식시장을 대표하는 상위 종목 중에 이런 압도적인 수익률을 보여준 기업을 찾기 어렵다.

물론 미국 빅테크 주식도 영원히 지금 같은 지위를 지켜내지는 못할 것이다. 매그니피센트 7 영화 말미에 주인공들 중 일부도 목숨을 잃는다.

1960년대에는 미국 주식 중에 '니프티 피프티nifty fifty'라는 주식들이 있었다. 니프티는 '훌륭한' 등의 뜻을 가진 단어다. 원래 '니프티 피프티'는 13개 식민지주로 시작한 미국이 50개 주로 구성된 나라로 발전했다는 내용이 담긴 노래의 제목이다. 주식 시장에서의 니프티 피프티는 제록스와 GE, 코카콜라, IBM을 포함한 대략 50개의 대형주를 의미하고 이러한 주식들이 1970년대 초 상승장을 주도했다. 니프티 피프티 주식들은 현재도 미국을 대표하는 기업이지만, 빅테크 만큼 주식 투자자들이 선호하는 종목은 아니다. 그만큼 미국 주식 시장을 대표하는 주식은 늘 새로운 영웅에게 자리를 내어줄 수밖에 없다.

중요한 건 신생 기업이 '최대 시총 기업'이라는 왕좌를 애플로부터 빼앗더라도 그 기업이 미국 기업일 가능성이 높다는 것이다. 애플을 누르고 시총 세계 1위에 오를만한 후보 종목은 죄다 미국 기업이다. 미국 투자은행 니드햄의 로라 마틴 애널리스트는 2023년 9월 아마존이나 알파벳, 마이크로소프트 등이 애플의 시총을 넘어설 수 있다고 전망했다. 생성형 AI 기술이 미디어나 인터넷 산업의 판도를 바꿀 수 있기 때문이다.

미국의 'MZ세대 기업'들은 빠른 속도로 성장했는데 이는 1990년 이후 탄생한 젊은 기업들을 일컫는다. 이코노미스트지가 〈포천〉 글로벌 500 기업을 조사해 봤더니 52개 기업이 1990년 이후에 탄생한 기업이었다고 한다. 알파벳, 아마존, 메타도 나이로 따지면 MZ세대 기업들이다. 이런 회사들의 증시 수익률이 높다는 건 두말 하면 잔소리다.

미국 빅테크는 이런 신생 기업들이 언제든 자신의 자리를 차지할지 모른다는 위기감을 갖고 있다. 그래서 방심하거나 자만하고 있지 않다. 알파벳, 아마존, 애플, 메타, 마이크로소프트는 2022년 연구 개발에 2000억 달러를 썼다. 수익의 80%를 다시 투자한 셈이다.

미국 상장 기업이 쓴 연구 개발비의 30%에 해당하는 수치다. 이러니 애초에 시작이 늦은 유럽은 뒤쫓아가기가 버거울 수밖에 없다.

13

미국을 떠받치는 막강한 달러 헤게모니

이재명 더불어민주당 대표가 대선 후보이던 2022년 2월 TV 토론에서 "우리가 곧 기축통화국으로 될 가능성이 매우 높다"는 발언을 했다. 이 대표는 원화가 기축통화가 될 예정이므로 국채 발행으로 나랏빚을 더 내도 무방하다는 취지로 말했지만 적잖은 논란을 불렀다. 원화가 기축통화가 될 확률은 미미하기 때문이다.

'기축통화key currency'란 '여러 국가의 암묵적인 동의하에 국제 거래에서 중심적인 역할을 하는 통화'라고 한국은행이 사전적으로 정의한다. 기축통화의 범위에 대해 명확한 합의는 없다. 다만 국제적으로 달러(미국)만 인정하거나, 달러와 유로화(유럽연합) 두 가지만 기축통화로 보는 경우가 많다. 일부가 엔(일본)과 파운드(영국)까지 포함시켜 4가지를 기축통화라고 하는 경우도 있지만 이보다 범위를 확장하는 경우는 없다고 봐야 한다.

그중에서도 달러는 독보적인 위상을 갖고 있어서 실질적인 기축통화가 달러뿐이라는 의견도 상당하다. 국채를 대량으로 찍어도 화폐 가치나 국가 신인도가 흔들리지 않아야 명실상부한 기축통화로서의 자격을 갖춘 셈인데, 그런 관점에서 보자면 달러는 유일한 기축통화다. 이처럼 미국이 세계 최대 소비국가, 세계 최고 군사강국으로서 위상을 유지하는 발판은 바로 '달러'다.

미국의 국가 채무는 팬데믹 이전인 2019년 말 26조 2600억 달러였다. 코로나 사태 대응을 위해 엄청난 규모의 국채를 찍는 바람에 2020년 말에는 30조 7300억 달러로 늘어났고, 2023년 9월에는 33조 달러를 넘겼다. 달러로 표기해서 그렇지 원화로 환산하면 33조 달러는 4경 3000조 원이 넘는 액수다. 20년 전인 2002년 10조 2100억 달러였던 것과 비교하면 미국의 나랏빚은 20년 사이 3배 넘게 증가했다. 하지만 달러의 위상은 변동이 없고 미국이 세계의 '원톱' 국가라는 점도 달라지지 않았다.

미국은 달러의 힘을 믿고 필요할 경우 거침없이 달러를 찍어낸다. 코로나 팬데믹 때 가계에 현금을 지원하는 재난지원금으로 8610억 달러를 지급했다. 또한 미국은 2022년에만 무역수지 적자가 9481억 달러에 달했다. 원화로 1200조 원이 넘는 막대한 적자인데, 눈 하나 깜짝하지 않는다. 이 정도 무역적자를 견딜 수 있는 나라는 현재 미국밖에 없다.

한때는 미국의 무역적자가 너무 심각해서 달러의 위세도 쪼그라

국제 거래 시 사용하는 통화 비율 순위

순위	통화	사용 비율
1	달러	59.21%
2	유로	13.61%
3	파운드	5.65%
4	엔	5.00%
5	캐나다달러	2.70%

※2023년 7월, 유로존 내부 거래는 제외　　　　　　자료: 국제은행간통신협회(SWIFT)

세계 외환 보유액 통화 구성 비율

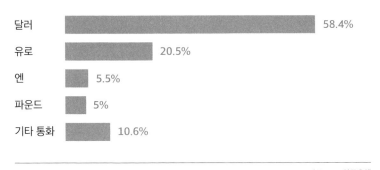

달러 58.4%
유로 20.5%
엔 5.5%
파운드 5%
기타 통화 10.6%

※2022년말 기준　　　　　　　　　　　　　　　　자료: IMF, 한국은행

들고 미국 경제가 어려워질 것이라는 경고가 있었다. 하지만 지금
은 그런 주장에 설득력이 없다는 의견이 적지 않다. 막대한 무역적
자가 계속되고 있지만 그로 인해 달러 가치가 흔들린다는 증거가
나타나지 않고 있기 때문이다.

　오히려 막대한 무역적자가 발생하는 만큼 달러가 전 세계에 뿌

려지는 효과를 낳고 있고, 그 결과 달러의 헤게모니가 더 견고해지고 있다. 전 세계의 달러 가운데 70%가 미국 밖에서 유통되고 있다. 이는 가장 막강한 통화를 가진 1등 국가만 누릴 수 있는 특권이다.

그렇다면 달러가 지구상의 전체 국제 거래에서 차지하는 비율은 어느 정도일까. 국제은행간통신협회SWIFT에 따르면 2023년 7월 국제 결제시 사용하는 통화 비율이 달러 46.46%, 유로화 24.42%였다. 이후 수치가 급격히 떨어져 3위 파운드화(7.63%), 4위 엔화(3.51%), 5위 위안화(3.06%) 순이다. 이런 통계는 유로존(유로화를 쓰는 20개국) 내의 국가 간 거래도 포함한 것이다. 유로존 내 거래를 빼고 국제 결제시 통화별로 차지하는 비중을 집계하면 달러가 59.21%로 월등하고 유로화는 13.61%로 확 쪼그라든다.

세상의 수많은 화폐 중에 달러의 지위에 최대한 가까이 가본 통화가 유로화지만, 유로화가 달러를 넘어설 가능성은 희박하다고 봐야 할 것이다. 1971년 존 코널리 당시 미 재무장관이 유럽 재무장관들에게 "달러는 우리의 통화지만 당신들의 문제(The dollar is our currency, but it's your problem)"라고 말했다. 유럽을 힘으로 누르는 발언이었는데, 50년이 넘게 지난 지금 달러의 힘은 그때보다 더 강해졌다.

국가적 비상사태를 염두에 두고 '비상금'으로 보관해야 하는 화폐로도 달러가 압도적 위상을 갖고 있다. 2022년 말 기준으로 한국은행이 보유한 외환보유액을 통화별로 나눠 보면 72%가 달러이며, 나머지 모든 통화를 합쳐 28%다. IMF에 따르면, 2022년 기준 세계 각국의 외환보유액 가운데 달러 비율은 58.4%인데, 한국은 이를 크게 상회한다.

운영과 조달의 관점에서 보더라도 달러만큼 쉽게 융통할 수 있는 화폐는 없다. 달러는 발행량이 많고 차입도 쉽고 막대한 유동성을 자랑한다. 한마디로 가져다 쓰기 쉽다는 것이다. 미국 증권산업금융시장협회에 따르면, 2021년 전 세계 채권 발행 규모는 119조 달러인데, 그중 미국 시장이 차지하는 비율이 40%에 가까운 46조 달러였다.

넘버원 통화의 위상은 쉽게 흔들리지 않는다

또한 미국은 막강한 군사력으로 달러의 위상을 뒷받침한다. 미국은 세계 80여 국에 약 750개의 군사 기지를 갖고 있다. 미국으로부터 막대한 군사적 뒷받침을 받는 나라가 달러를 제끼고 다른 통화를 최우선하는 외화로 사용할 수 있을까?

물론 달러가 언제까지 막강한 힘을 자랑할 수 있을지는 아무도 장담할 수 없다. 세계 외환보유액 가운데 달러 비율이 2016년에는 65.3%였지만 조금씩 낮아져 2022년에는 58.4%로 떨어졌다. 미국의 막대한 국가 부채를 놓고 여야가 다투면서 불안감을 조성하고 있고, 원유를 비롯한 국제 원자재 거래에서 탈달러 세력끼리 손을 잡으면서 러시아 루블화나 중국 위안화로 거래하는 사례가 조금씩 늘어나고 있다.

그렇다고 하더라도 '넘버원 통화'라는 지위가 쉽게 흔들리기는 어렵다는 게 전문가들의 이야기다. 루블화, 위안화가 중심이 되는 탈달러화는 수십 년 된 국제금융시스템을 송두리째 바꿔야 한다는 뜻인데, 막대한 비용을 발생시키므로 현실적으로 불가능하다는 이야기가 많다.

세계 각국의 외환보유액에서 달러 비율이 조금 낮아지고 있지만 중동과 중국의 탈달러화 시도에 따른 영향일 뿐 유로화가 선전하고 있는 것도 아니다. IMF 집계에 따르면, 세계 외환보유액 가운데 유로화 비율은 2016년 19.2%에서 2022년 20.5%로 1.3%포인트 늘어났을 뿐이다. 이 기간 동안 엔화는 4%에서 5.5%로 유로화보다 늘어난 폭이 더 컸다.

워런 버핏 버크셔해서웨이 회장은 2023년 연례 주주총회에서 이런 질문을 받았다. "중국과 중동에서 탈달러화를 시도하는데 달러가 더 이상 기축통화가 아닌 상황에 직면할 수도 있을까요?" 그러자 버핏 회장은 난칼에 자르듯 대답한다. "우리(달러)가 기축통화이고, 다른 통화가 기축통화가 될 가능성은 전혀 보이지 않는다." 노벨 경제학상을 수상한 폴 크루그먼 뉴욕시립대 교수 역시 '달러 종말론'을 무시하라고 했다.

달러와 유로화의 힘의 차이는 단적으로 코로나 사태 대응 당시 엿볼 수 있었다. 국회 입법조사처 보고서에 따르면, 미국은 코로나 위기가 본격화됐을 때 GDP의 25.4%에 해당하는 재정적 대응을 해서 유럽 주요국 및 선진국 그룹의 재정적 대응 규모를 압도했다.

유로존 국가들도 막대한 재정을 경기 대응을 위해 퍼붓긴 했지만, 경제 규모 대비로는 미국보다 적은 비용을 썼다. 재정 악화를 염려해 조심스럽게 움직인 것이다. 걱정 없이 달러를 찍어내는 미국과 달리 반복되는 재정 위기로 어려움을 겪은 유럽이 보수적인 접근을 한 것으로 볼 수 있다. 이런 차이는 통화의 힘 차이에서 비롯된다.

미국식 강력한 법치주의도 달러의 힘을 떠받치고 미국식 자본주의를 지탱하는 발판이다. 투자 컨설팅사 '720글로벌'의 창립자 마이클 레보위츠는 이렇게 말한다.

"미국의 법치주의rule of law는 미국 시민과 기관의 인권, 재산, 계약 및 절차적 권리를 보장하는 데 도움이 된다. 다른 많은 국가에서도 유사한 법적 절차가 있다고 주장할 수 있다. 하지만 미국 기준에 부합하는 국가는 거의 없다. 미국의 법률 시스템은 미국에서 경제적 이해관계를 가진 외국인을 동등하게 보호한다."

이런 이야기는 미국식 법치주의가 외국인을 차별하지 않기 때문에 신뢰도를 높이고 그와 연동해 달러의 가치를 안정적으로 보호한다는 뜻이다. 이런 법률적 보호는 막대한 액수의 달러 관련 차입과 투자 수요를 끌어오기 위해 미국이 당연히 선택해야 하는 길이기도 하다.

720글로벌 창립자 레보위츠는 이렇게 묻는다.

"(자국 화폐를 기축통화로 만들기 위해 시도하는) 중국, 러시아, 사우디아라비아가 정말로 기축통화 보유국이 될 수 있다고 생각하는 사람들은 자문해 보자. 만약 여러분이 한 국가의 지도자라면 그런 국가들의 은행 시스템에 자금을 맡길 수 있을까? 더 중요한 점이 있다. 과연 그런 국가들끼리 서로를 신뢰하고는 있을까?"

14

증시로 크는 미국,
대출에 의존하는 유럽

맥킨지 글로벌연구소에 따르면 유럽 기업들은 2014~2019년 미국 기업에 비해 R&D 분야에 40%가량 적은 돈을 썼다. 그만큼 투자에 소극적이었다는 것이다. 유럽국제정치경제센터ECIPE는 "(유럽의 소극적인 투자는) AI 기술처럼 원래 미국이 앞서 나가는 분야에서 미국이 더 많은 특허를 획득하게 만든 것은 물론이고, 친환경기술이나 소재 분야 등 원래 유럽이 앞서 있던 분야에서조차 미국 기업에 역전을 허용하는 결과로 이어졌다"고 했다.

첨단 기술에 대한 투자는 특히 선진국 경제가 침체로 빠지지 않고 새로운 활로를 찾는 데 핵심적인 역할을 하는데, 이 분야에서도 유럽과 미국의 격차가 벌어지기 시작한 셈이다. 단순히 투입되는 노동과 자본의 규모로만 좌우되는 경제가 아니라 기술 발전과 이를 견인하는 연구 개발 노력이 경제를 이끌고 나간다.

미국과 유럽의 증시 시가총액과 대출

	GDP 대비 증시 시총 비율	GDP 대출 비율
미국	170%	85%
유럽	68%	300%

자료: 미래에셋증권 김성근 애널리스트

그렇다면 유럽 기업들이 기술 개발에 미국만큼 막대한 자금을 투입하지 못하는 이유는 뭘까. 그 원인은 자금 조달 방식의 차이에서 찾아볼 수 있다. 미국 기업은 자본 시장을 활용하는 반면, 유럽 기업은 은행 같은 금융기관에서 돈을 빌린다.

미국에서는 자본 시장이 큰 역할을 수행한다. 공모 주식시장도 있고, 사모펀드의 규모도 거대하다. 2023년 기준으로 보면 미국 GDP 대비 시가총액은 170%에 달했는데, GDP 대비 은행대출이 85%인 것을 고려하면 자본 시장의 규모가 큰 편이다.

반면 유럽은 주식 시장 시총이 GDP의 68%이고, 은행 대출은 300% 정도다. 미래에셋증권 김성근 애널리스트는 "수익이 발생하기까지 시간이 필요한 신생 테크 기업들 입장에서는 은행 대출보다는 자본시장에 기대는 것이 더 유리하다"고 했다. 신생 기업 입장에서는 하늘과 땅 차이이다. 막대한 대출 이자를 물어야 하느냐 마느냐의 여부 때문이다.

나스닥 거래소에 상장된 기술 기업들은 사람들의 삶을 바꾸는 혁신을 이뤄내고 있다. 미국의 IT 기업과 바이오 기업, 자동차 기업은 세상에 없던 제품과 서비스를 탄생시킨다. 필 맥킨토시 나스닥 수석 이코노미스트는 2023년 위클리비즈 인터뷰에서 "소비자들이 빅테크 기업들의 제품과 서비스를 사랑하게 되면서 이들 기업들의 몸값은 수조 달러까지 치솟았다"고 했다.

그런데 주식 시장이 없었다면 이런 기업의 존재는 찾기 어려웠을 것이다. 구글이나 테슬라는 모두의 삶을 바꿀 비즈니스 모델을 가지고 있었지만, 처음부터 자금이 많았던 것은 아니다. 이들은 상장한 이후 투자자들의 투자로 자본을 확보한 다음 사업을 키워나갔다. 테슬라는 공장을 짓고 생산을 확장했고, 구글은 검색 엔진과 다른 서비스를 포함한 종합 서비스로 글로벌 시장을 공략할 수 있었다.

유럽처럼 기업에 대출을 해주는 건 투자의 관점에서 안전하다. 반면 자본 시장을 통한 투자는 위험천만하다. 전설적인 펀드 매니저 피터 린치가 만든 말 중에 '텐 배거ten bagger'라는 단어가 있다. 배거는 야구의 1루타, 2루타를 칭하는 '루타'를 의미하는데, '텐 배거'는 10루타로 투자 원금의 10배 이상 수익률을 가져다주는 종목을 말한다.

반대로 10배 이상 수익률을 가져준다는 것은 그만큼 손실을 볼 가능성도 감수해야 한다는 의미다. 예를 들어 미국 전기차 기업 리비안이 주식 시장에 데뷔한 직후 투자에 나선 투자자라면 큰 손실을 봤을 가능성이 크다. 테슬라의 대항마로 주목을 받았던 기업이었지만, 이후 금리 상승 국면에서 주가는 크게 하락했다.

막대한 수익과 거대한 손실은 동전의 양면이다. 미국 신생 테크 기업에 투자했다가 손실을 본 투자자들이 많다고 해서 미국 자본시장이 '투기판'이라고 할 수 있을까. 위에서 이야기했듯 모험 자본의 과감한 투자가 없었다면 세상에는 스마트폰이나 자율주행차가 등장하는 시점이 훨씬 늦춰졌을 것이다.

미국에서 상장하는 유럽 기업이 늘고 있다

유럽 증시에는 개인 투자자도 적어서 자금 흐름이 적다는 점도 기업 입장에서 보면 골칫거리다. 유럽 사람들은 미국인에 비해 주식 투자에 관심이 낮다. 대신 주택이나 다른 투자처에 자산을 묶어두는 사람이 많은 편이다. 반면 미국인들은 개인 자산 중 주식의 비중이 꽤 높은 편이다. 노후자금인 연금에도 주식이 많이 포함돼 있다. 그래서 일부 금융 전문가들은 "미국인들의 자산, 특히 노후자금이 주식과 많이 연동돼 있기 때문에 미국 정부는 주가 부양을 위해서 노력한다"고 말한다. 미국 연금 제도 중 하나인 401K는 회사가 계좌에 주기적으로 일정 금액을 넣어주면, 근로자가 알아서 불리는 제도다. 우리나라 퇴직연금 제도 중 확정기여형DC 연금과 비슷한 방식이다. 이는 개인 투자자가 주식이나 펀드 투자에 익숙해지는 구조다.

유럽의 금융 규제가 영향을 주고 있다는 분석도 나온다. 코로나 사태 이후 미국에서는 매우 낮은 수수료로 주식을 편리하게 거래할 수 있는 '로빈후드' 같은 플랫폼이 주목받았다. 유럽에서도 비슷한 서비스들이 나오고 있지만 금융당국이 '수수료 무료' 같은 정책에 회의적이다. 수수료 없이 수익을 내려면 소비자들에게 최적의 가격을 제공하는 서비스가 아닐 것이라는 우려 때문이다.

물론 코로나 사태로 유럽에서도 개인 투자자의 비중이 늘긴 했다. 유럽 여러 나라에서 증권거래소를 운영하는 유로넥스트에 따르면 2020년 중반 개인 투자자의 투자 비중은 7%로 코로나 사태 이전인 2019년의 2%에 비해서 크게 늘었다. 그 이후로는 5% 정도로 안정됐다. 그렇다고 해도 이런 개인 투자자 비중은 미국 25%, 중국이 60%인 것과 비교하면 차이가 크다.

유럽 증시가 규모 면에서 성장이 더디다 보니 자금 조달에서조차 유럽 기업들이 미국에 의존해야 하는 상황까지 생겼다. 특히, 유럽 증시를 피해 일부러 미국에서 상장하는 경우가 나타나고 있다. 대표적인 사례가 코로나 백신을 화이자와 공동 개발한 독일의 바이오엔테크다. 이 회사는 2019년 나스닥에 상장했다.

바이오엔테크뿐만이 아니다. 영국 경제의 '히든 카드'인 반도체 설계업체 ARM도 2023년 9월 나스닥에 상장했다. ARM은 소프트뱅크의 손정의 회장이 2016년 320억 달러에 인수한 회사다. 영국 언론들은 ARM이 겉으로 밝히지 않았지만 일찌감치 미국에 상장하기로 내부적인 결정을 내렸다고 했다.

이미 적지 않은 유럽 기업들은 투자를 이끌어내기에 미국 주식시장이 훨씬 매력적이라고 판단하고 있다. 폴 아흘라이트너 도이치방크 글로벌 자문 위원회 의장은 파이낸셜타임스 인터뷰에서 "유럽은 현재 미국 자본 시장에 의존하고 있는 상태"라며 "(유럽에서) 기업 인수나 기업 공개IPO를 하려면 결국 미국 투자자들을 찾아가야 하는 상황"이라고 했다.

정부도 기업에는 증시만큼 '젖줄' 역할을 한다. 그런데 정부가 기업에 지원할 수 있는 보조금 규모도 미국과 유럽에서는 차이가 있다. 이는 '달러의 힘'에서 기인한다. 유럽의 한 기업가는 파이낸셜타임스에 "미국은 신용카드를 긁으니까요"라는 말을 했다. 달러가 기축 통화인 덕분에 미국은 정부 적자를 감수하더라도 막대한 보조금을 지급할 수 있고, 이로 인해 미국과 유럽의 첨단 산업 육성 속도에 차이가 생길 수밖에 없다는 얘기다.

신용카드를 동원한 비유는 유럽이 미국처럼 대규모 보조금 지급 정책을 펼치기에는 근본적으로 한계가 있다는 의미도 담고 있다. 신용카드를 긁을 수 없기 때문에 은행에서 돈을 빌려 써야 하는 사람과 비슷하다는 신세한탄이다.

영국의 반도체 디자인 기업 그래프코어를 창업한 나이젤 툰은 2023년 10월 블룸버그 테크놀로지 서밋에서 "신기술에 충분히 투자하지 않으면 영국과 유럽은 '굴욕의 세기Century of humiliation'를 맞이할 것"이라고 경고했다. 그는 직설적으로 "더 많은 투자와 정부 지원을 받기 위해서는 대서양을 건너가서 (미국에서) 사업하는 게 낫다"고까지 말했다.

유럽과 미국의 경제적 격차에 대한 고찰

켄 피셔

피셔인베스트먼트 회장

비밀이 아니다. 최근 몇 년 사이 미국과 유럽 간 부의 격차는 더욱 커졌다. 어쩌면 이는 당연한 결과다. 규제와 사회경제적 요인의 영향으로 인한 자본시장의 구조와 깊이의 차이는 미국이 유럽보다 앞서 나가게 한다. 흥미롭게도 이는 한국 시장 전망에 대한 긍정적인 신호로도 볼 수 있다.

미국과 유럽의 자본시장은 중요한 차이점을 보이는데, 이를 통해 현재 커지고 있는 격차를 설명할 수 있다. 우선 규모로 본다면, 유로존 주식의 시가총액은 6300조 원, 영국의 FTSE 100은 3400조 원이다. 코스피 시가총액인 1800조 원과 비교하면 큰 수치처럼 보이지

켄 피셔

• 1950년 미국 샌프란시스코 출생
• 1972년 훔볼트대 졸업
• 1977년 피셔인베스트먼트 창립
• 운용자산 2110억 달러
• 개인 재산 67억 달러

만, 미국 S&P500의 시가총액은 4경 8200조 원으로 유럽의 7배에 달한다. 풍부한 유동성과 재투자가 미국의 성장을 견인하고 있는 것이다.

섹터별 차이(특히 테크 분야)도 이러한 격차를 설명하는 데 도움이 된다. 금융 섹터는 유로존 시가총액의 17.8%를 차지하고, 임의 소비재(16.4%)와 산업재(16%)가 그 뒤를 잇는다. 테크 및 이와 유사한 커뮤니케이션 서비스 섹터의 주식은 총 11.9%에 불과하다. 영국 시장에서는 단 2.2%만이 테크 및 커뮤니케이션 서비스에 해당한다.

미국은 다르다. S&P500은 테크가 27.8%, 커뮤니케이션 서비스가 6.1%로 미국 주식시장의 3분의 1을 차지한다. 테크주가 2010년대 미국 증시의 강세장을 주도했고 지금도 상황은 변함이 없다. 그러니 유럽은 오랫동안 테크주의 큰 혜택을 얻지 못했다. 게다가 유럽의 높은 금융섹터 의존도는 2008년 금융위기 때 급락세를 심화시켰고, 은행들의 높은 국채 보유도 유로존 채무위기의 고통을 가중시켰다.

이러한 섹터 구조뿐 아니라, 미국은 주식투자도 훨씬 일반화되어 있다. 미국 가계 자산의 43%는 투자를 장려하는 개인퇴직계좌IRA, 401K 같은 형태의 주식으로 구성되어 있다. 이는 독일(12.6%), 이탈리아(23.8%), 스페인(30.3%), 프랑스(23.6%), 영국(11.2%)보다 훨씬 높은 수준이다. 대형 선급 연금펀드도 유럽은 미국에 비해 매우 적다.

월가의 전설
켄 피셔 피셔인베스트먼트 회장
출처:조선일보

미국의 보다 민주화된 시장 경제는 단지 퇴직 연금 덕분만은 아니다. 1970년대의 개혁은 소액 투자자들의 경쟁을 강화했는데, 이로 인해 거래비용과 투자수수료는 빠르게 낮아졌고, 뮤추얼 펀드와 상장지수펀드ETF는 크게 증가했다. 이러한 요인들로 인해 투자는 미국의 주류가 되었다.

반면 유럽의 가계들은 채권이나 현금 저축 형태의 수단을 선호한다. 미국의 역동적인 환경에는 은행, 중개인, 할인 중개인, 우리와 같은 투자 자문 회사가 존재하지만, 유럽에서는 아직도 은행이 주요 투자 주체로 남아 있다. 그래서 유럽은 자본비용이 더 높고, 접근은 더 어려우며, 소매업에 대한 경쟁도 제한적이다.

파편화된 시장은 유럽의 어려움을 가중시킨다. 서로 단절되고 분산된 거래소, 클리어링 하우스, 세틀먼트 장소는 국가증권법이 그런 것처럼 관료주의적인 투자환경을 만든다. 반면 미국은 간소화되어 있다. 미국 증권거래위원회SEC는 전체 증권시장을 규제하고, 중앙예탁결제원DTCC은 청산과 결제를 담당한다.

미국 공공 시장의 이면에는 민간 시장이 자리 잡고 있다. 사모펀드PE와 벤처캐피탈VC은 큰 리스크를 동반하는 새로운 사업과 아이디어에 투자하며 혁신을 촉진한다. 많은 경우가 실패했지만 성공적인 경우 괄목할 만한 성장을 가져오는데, 지난 30년간 새롭게 등장한 대형 기업들이 이를 보여준다.

그리고 투자 은행은 기업의 인수, 합병, 상장을 돕는다. 자본의 대부분은 미국에 아주 많은 대규모 보험사와 연기금에서 조달된다. 2022년 기준, 상위 10대 사모펀드 중 8곳은 미국 기업이었다. 유럽은 단 한 곳도 없었다. 유럽에도 보험사가 있지만, EU가 보험사에 적용하는 건전성 규제인 솔벤시 IISolvency II는 사모 투자를 제한하고 있다. 영국 금융감독청FCA의 민간 가치 평가에 대한 감시는 사모 투자 시장을 더욱 저해한다. 미국에서는 보험사와 연기금이 민간 부문에 상대적으로 쉽게 투자해 기업의 성장을 도울 수 있다. 이는 결국 캘리포니아의 실리콘 밸리와 같은 지역에 충분한 시드 투자를 가능하게 한다.

자본시장의 차이에는 그에 상응하는 현실에서의 격차가 반드시 존재한다. 규제 측면의 차이를 생각해 보자. 미국은 한국과 마찬가지로 규칙 중심의 규제 방식을 취하기에 넘지 말아야 할 선이 분명하다. 규칙 중심의 접근 방식은 규제 준수를 위해 명확하게 정의된 용어, 지표, 타임라인을 사용하며, 기업들이 명확한 선을 알기 때문에 이를 바탕으로 위험을 감수할 수 있다.

반면 유럽은 모호한 원칙 중심의 규제 방식을 취한다. EU와 영국의 원칙 중심(질적) 접근 방식에서는 '합리적인', '명확한', '공정한'과 같은 모호한 용어를 사용하고 규칙의 의도와 결과에 중점을 둔다. 이는 회색 지대를 유발하고 끊임없는 평판 리스크를 야기해 기업들로 하여금 위험 감수를 꺼리게 한다. 이는 혁신과 투자에 중대한 영향을 미친다. 새로운 비즈니스, 제품, 서비스를 만드는 것은 위험 부담이 높은 일이다. 따라서 미국이 혁신의 중심지인 것도 놀라운 일은 아니다. 현재의 수익성을 증명할 부담도 적으며, 무엇보다 미국인들은 성장을 위해 이를 기꺼이 감수한다. 아마존만 하더라도 사업 초기 오랫동안 수익을 내지 못했다.

의료 시스템의 차이 또한 미국이 자유 시장의 영향력을 바탕으로 혁신을 촉진할 수 있게 한다. 예를 들어, 미국 식품의약국FDA은 최근 몇 년간 의약품 허가에 대해 상당히 관대한 입장을 취해 왔다.

부의 또 다른 핵심 요인은 바로 에너지다. 미국은 이제 세계 최대의 석유 및 가스 생산국으로 에너지 집약 산업이 유럽보다 쉽게 성장하고 수출도 증가하고 있다. 에너지 공급에 크게 기여하고 있는 프래킹fracking은 미국이 숨겨진 자원을 발굴하기 위해 다양한 기술을 실험한 노력의 산물이다. 소유권 역시 개발을 촉진한다. 미국의 토지 소유자는 광물권을 갖지만 유럽과 영국에서는 그 권리를 국가가 갖는다. 국가의 이익을 위해 자신의 땅에서 개발하는 것을 누가 달가워하겠는가? 결과적으로 유럽의 산업들은 미국보다 세 배에서 네 배 더 많은 에너지 비용을 지불한다.

다수의 설문조사에 따르면, 미국에서는 기업가 정신과 개척 정신을 더 쉽게 찾아볼 수 있다고 한다. 2019년 퓨리서치센터 조사에서, '성공이 개인이 통제할 수 있는 요인에 의해 결정되는가?'라고 묻는 질문에 동유럽과 중앙유럽 응답자의 43%, 서유럽 응답자의 47%가 그렇다고 답했는데, 미국 응답자는 그 수치가 69%였다.

근로 시간도 살펴보자. 2022년 OECD 데이터에 따르면 미국인들의 연간 평균 근로 시간은 1811시간으로, OECD 평균인 1752시간보다 길었다. 유럽연합과 영국의 근로자들은 각각 1571시간과 1532시간으로 훨씬 적게 일했다. EU 내 경제 대국 중에서는 이탈리아와 스페인이 각각 1694시간과 1644시간으로 높은 수준을 보였다. 그러나 프랑스는 1511시간, 독일은 1341시간에 불과했다.

짧은 근로 시간과 이에 따른 생산량은 시간이 지날수록 심화되는데, 그 생산성을 고려한다면 더욱 그렇다. 이는 연간 평균 근로 시간이 1901시간으로 미국보다도 높은 한국에게는 긍정적인 신호다. 낮은 임금과 높은 세금으로 이러한 편차를 일부 설명할 수 있다. 2019년 이후 미국의 실질 임금은 6% 오른 반면, 독일은 3%, 이탈리아와 스페인은 각각 3.5% 감소했다.

미국과 유럽 간 부의 격차가 갈수록 벌어지는 것은 우연이 아니다. 이는 미국이 테크, 공공 및 민간 시장, 규제 및 사회경제적 차이에서 가진 강점이 시간이 갈수록 증대된 결과다. 한국도 미국과 같은 특성을 많이 가지고 있기에, 희망을 가져도 좋을 것이다.

4부

경제 체질

15

글로벌 금융위기로
은행 465개를 날려버린 미국

지금까지는 미국과 유럽의 경제적 격차가 얼마나 벌어졌는가를 구체적이고 입체적으로 살펴봤다. 켄 피셔 회장의 진단을 시작으로 이제부터는 왜 미국과 유럽의 차이가 커지고 있는지 원인과 이유에 대해 고찰해 보고자 한다. 폭넓게 들여다보기 위해 이제부터는 경제는 물론 사회, 정치, 교육, 지정학적 차이까지 논의의 폭이 크게 확대된다. 경제를 운용하는 시스템과 문화와 관습의 차이도 주목할 필요가 있다.

리먼 브러더스가 파산한 건 2008년 9월 15일이다. 세계적인 투자 은행이 무너진다는 것 자체가 생경한 일이었다. 하지만 그건 시작에 불과했다. 미국에서 월스트리트가 진앙이 돼 금융위기가 터지자 충격은 그야말로 일파만파였다. 2007년 말부터 2009년 사이 미

글로벌 금융위기 5년 사이 파산한 미국 은행의 수

연도	2008	2009	2010	2011	2012	5년 합계
파산한 은행	25	140	157	92	51	465

자료: 연방예금보험공사(FDIC)

국 주식시장에서 증발해버린 주식 가치가 거의 8조 달러(약 1경 원)에 가까웠다. 주택 가격이 폭락하고 은퇴 계좌에 담긴 자산 가치가 급락하면서 미국인들이 잃은 부의 합계는 9조 8000억 달러에 달했다. 미국은 무너지는 듯 보였다.

그러나 미국은 쉽게 무릎을 꿇지 않았다. 역사적 관점에서 볼 때 미국은 상당히 빠른 속도로 정상 궤도로 되돌아왔다. 세계를 선도하는 '넘버원 국가'의 지위에 흔들림이 없었다. 오히려 글로벌 금융위기 이전보다 미국의 헤게모니는 더 강화됐다.

미국은 어떻게 엄청난 규모로 구멍이 터진 금융시장을 복구하고 경제를 회복시킬 수 있었을까.

연방예금보험공사FDIC 집계에 따르면, 미국은 2008년에만 25개 은행이 파산했다. 그중에는 한동안 미국에서 역대 최대 규모 은행 실패 사례로 지목된 워싱턴뮤츄얼 파산이 포함돼 있었다. 그뿐 아니라 2008년에서 2012년까지로 시간 범위를 넓히면 미국에서는 모두 465개의 은행 및 저축은행이 파산해 문을 닫거나 다른 은행에 인수됐다.

혼란이 가중되지 않도록 미국 정부는 2008년 '긴급경제안정화법'을 제정해 예금자 보호 한도를 10만 달러에서 25만 달러로 높여 예금 고객들을 보호했다. 국민은 보호했지만, 은행을 비롯한 금융회사는 적극 보호하지 않았다. 자생이 안 되는 은행은 무너지는 걸 방치하다시피 했다. 정부가 모두 살려내기에는 워낙 피해 규모가 컸기 때문이다. 아무리 달러를 계속 찍어낼 수 있는 미국이라도 쓰러지기 일보 직전인 은행을 살리느라 재정을 무작정 축낼 수는 없는 노릇이었다.

2008년부터 5년 사이 사라진 465개의 은행 및 저축은행 가운데 2009년에 140개, 2010년에 157개가 없어졌다. 이 무렵 산술적으로 한 달에 10개 이상의 은행이 쓰러진 셈이다. 은행 직원들이 실업자가 되는 경우가 많았지만 정부 차원의 구호 조치는 꼭 필요한 경우에만 취했다. 부실이 많아 곪아 터진 은행들은 다른 은행에 의해 인수됐다. 또는 빚잔치를 끝낸 후 청산됐다.

미국 정부는 고통과 혼란이 길게 야기되는 터널 속에서도 시장에서 금융산업이 자생적으로 재편되도록 내버려 두는 편이다. 살이 썩으면 도려내고 새살이 돋아나게 하는 방식이다. 시장의 자율적인 회복에 신뢰를 갖고 지켜보는 가치관이 위기 상황에서도 구현된다.

2010년을 넘기면서 쓰러지는 은행은 줄어들기 시작했다. 2011년 92개, 2012년 51개로 미국에서 파산한 은행의 숫자는 점차 감소했다. 2013년에는 24개로 급감했다.

미국은 위기 상황에 정부가 개입하더라도 가급적 시장 원칙을 지키려고 애쓴다. 외형은 민간 기업이지만 위기 때 공공기관 역할도 하는 주택금융회사인 패니매Fannie Mae와 프레디맥Freddie Mac은 글로벌 금융위기 때 돈을 벌어 미국 정부에 넘겼다. 2008년 주택 시장이 무너져 손실이 커지자 정부가 두 회사의 경영권을 장악했다. 이 과정에서 막대한 정부 재정이 투입됐지만, 결과적으로 미국 정부는 손실을 입지 않고 오히려 돈을 벌었다.

패니매와 프레디맥은 위험도가 높아진 주택담보대출 채권을 인수한 다음, 이를 주택저당채권MBS 형태로 증권화해서 판매했다. 이 과정에서 패니매는 정부로부터 지원받은 구제금융용 자금 1198억 달러를 웃도는 1673억 달러를 재무부에 돌려줬다. 조금 더 규모가 작아 716억 달러의 구제금융 자금이 투입된 프레디맥은 1124억 달러를 정부에 반납했다. 자본시장이 발달한 덕분에 MBS 발행과 유통이 용이해 출구를 뚫기 쉬웠던 측면이 있었다.

물론 글로벌 금융위기가 워낙 큰 사태였기 때문에 미국 정부는 TARP라는 부실 자산 구제 프로그램을 통해 금융회사와 자동차 제조업체 등에 4120억 달러의 막대한 구제금융을 투입했다. 하지만 이 비용은 2017년 말까지 모두 회수됐다. 원칙대로 받아냈다는 데 의미가 있다. 미국의 구조조정은 국가적으로 위급한 상황에 처하더라도 계약으로 만들어진 채권·채무 관계 보호를 중시하는 방식이다.

위기 때도 시장 원칙을 가능한 대로 유지하는 미국과 달리 유럽은 정부가 개입하는 수위가 더 높은 편이다. 특히, 실직자가 늘어나지 않도록 정부가 적극적으로 시장에 개입해야 한다는 기류가 훨씬 강하다. 노조의 사회적 영향력이 강하기 때문이다. 그래서 부실 기업이더라도 공적 자금을 투입해 일자리를 보호하는 데 방점을 둔다. 이런 방식은 영업이익으로 빌린 돈의 이자도 내지 못하는 일명 '좀비 기업'을 늘리는 결과를 초래했고, 이로 인해 미국에 비해 재정 투입이 더 많이 필요하게 되었다. 바로 이것이 프랑스와 남유럽 국가들의 재정이 악화된 주요 이유 중에 하나다.

2021년 9월 유럽중앙은행ECB이 내놓은 'EU 국가의 생산성 추이를 결정하는 주요 요인들'이라는 보고서에는 좀비 기업에 대한 우려가 담겨 있다. 2008년 글로벌 금융위기를 극복하는 과정에서 금리를 낮추자 생산성이 크게 없는데도 살아남는 좀비 기업이 늘었다. 미국에서는 글로벌 금융위기 때 부실기업이 많이 퇴출됐지만 유럽은 부실을 떠안은 채 연명한 사례가 많았다는 얘기다.

정부가 적자 기업의 부실을 메워주는 걸 '연성 예산 제약Soft Budget Constraints'이라고 한다. 정부와 공공 부문의 지출이 느슨한 제약으로 증대되면 공공 사업을 따내거나 보조금을 받으며 버티는 좀비 기업이 늘어날 수 있다. 당장에는 일자리가 급감하는 걸 막을 수 있지만 길게 보면 사회에 썩어가는 부위가 커지게 된다.

문제는 좀비 기업이 건강한 기업의 경영 성과까지 끌어내릴 수 있다는 점이다. 투자나 대출, 정부 지원을 두고 좀비 기업과 수익성이 있는 회사가 경쟁을 하게 된다. 한정된 자원이 불필요한 곳으로 잘못 배분될 수 있는 가능성이 생기는 셈이다. 우수한 인력 확보를 경쟁하는 고용 시장에서도 같은 일이 벌어질 수 있다. 이런 문제가 미국보다 유럽에서 훨씬 많이 발생한다는 건 두말할 필요가 없다.

위기가 오면 과감하게 '썩은 부위' 도려내는 미국 경제

위기 시 미국은 개인을 중시하고, 유럽은 기업을 중시하는 경향을 보인다는 건 코로나 사태 대응 때 단적으로 드러났다. 미국은 기업들을 지원하기도 했지만 국민들에게 직접 재난지원금을 지급하는 데 보다 중점을 뒀다. 미국 정부는 중소기업 및 개인사업자 지원금으로 4차례에 걸쳐 1747억 달러를 지급했다. 하지만 이보다는 가계에 현금을 직접 지원하는 재난지원금 규모가 4차례에 걸쳐 모두 8610억 달러로 훨씬 많았다.

미국도 고용 보호를 위해 기업에 대한 지원을 하기는 했다. 코로나 피해가 큰 중소기업에 종업원 급여 지급을 위한 돈을 정책적으로 대출해주고, 사전에 정한 조건을 충족하면 대출금의 전부나 일부의 상환을 면제하는 급여보호프로그램을 가동하며 고용 유지를 위해 노력했다. 하지만 그건 보조 수단이었고 기존 실업보험 제도를 확대해 대응하는 것이 원칙이었다. 따라서 미국에서는 실업률의 단기 급등을 피하지 못했지만 가능한 대로 기존 원칙을 지키려는 편이었다.

반면 유럽 국가들은 기존의 조업단축지원금 제도를 활용해 기업에 주는 돈을 늘려 실업자 증가를 축소하는 데 비중을 뒀다.

결과적으로 미국 방식이 코로나 사태가 어느 정도 마무리된 이후 소비 진작에 더 나았다는 평가가 많다. 유럽 방식은 부실 기업에 돈을 붓는 것에 가깝기 때문에 미국 방식보다 재정은 더 나빠지고 경기 회복 효과는 적었다는 분석이 나온다.

2023년 3월 파산을 선언한 실리콘밸리은행을 처리할 때도 미국 정부는 고객이 예치한 예금은 한도와 무관하게 전액 보호한다고 선언해 심리적 동요를 막았다. 그러나 실리콘밸리은행 자체에 대해서는 시장 원리대로 처리하는 쪽을 택했다. 이 은행의 영국 법인을 HSBC는 단돈 1파운드에 인수했다. 미 연방예금보험공사FDIC는 실리콘밸리은행 본사의 자산을 압류하고 매각을 시도했고, 경쟁 입찰을 거쳐 중소은행인 퍼스트시티즌스은행이 165억 달러에 예금과 대출을 모두 인수했다.

물론 정부 개입을 일정한 선에서 자제하는 미국식 위기 대응 방식이 매정한 신자유주의적인 처방이라는 비판도 있다. 그러나 유럽에 비해 미국이 위기에서 탈출하는 회복 속도가 빠르다는 것만큼은 분명하다. 부실을 계속 안고 가기보다는 털어버리려는 경향이 강해서 미래 세대에 부담이 덜 가는 것이다. 유럽에서는 공동체와 오래

된 사회적 가치를 지켜야 한다는 이유로 재정을 무리하게 투입해 부실한 공공기관이나 기업을 억지로 끌고 가는 사례가 적지 않다.

미국은 또한 유럽에 비해 노동시장의 유연성이 훨씬 높다. 그래서 글로벌 금융위기 당시 숱한 해고 도미노가 벌어졌지만 그만큼 기업들이 서둘러 비용 지출을 줄일 수 있어 회복하는 속도가 빨랐다. 이렇게 미국의 높은 고용 유연성은 해고가 어려운 유럽에 비해 산업계 전체를 놓고 볼 때 인력 자원 배치를 효율적으로 할 수 있는 장점도 있다. 각광 받는 신산업에 인력이 빨리 이동하게 되기 때문이다.

물론 근로자 입장에서는 안 잘리면 좋은 것 아니냐며 유럽식으로 고용 유연성이 낮은 쪽이 좋다는 반론을 제기할 수 있다. 그런 시각은 개인의 입장에서는 충분히 수긍이 간다. 그러나 사회 전체적으로는 이직이 줄어들고 전통적 산업 보호에 치중하게 돼 활력을 떨어뜨린다는 단점을 감수해야 한다. 고용 유연성이 낮으면 세상의 변화에 의해 없어져야 마땅할 직장과 직업이 존속하게 돼 사회 전체적으로 손해가 될 수 있다. 그러다 보면 글로벌 산업계의 빠른 변화를 따라가기 어렵게 된다. 지금 유럽이 딱 그렇다.

게다가 '회사가 어려워져도 해고할 수 없다'고 경영자가 경계하게 되면 경기가 좋을 때도 추가 고용을 망설이게 된다. 역시 유럽이 대체로 이렇다. 해고가 쉽기 때문에 경기가 좋아지면 고용을 대거 늘리는 미국과 체질적으로 다르다.

미국과 유럽은 경제 운용 원칙과 고용 유연성에서 상당한 차이가

있다. 가치관이 반영돼 있어 어느 쪽이 우월하고 열등하고의 문제
는 아닐 수 있다. 다만, 미국 시스템이 훨씬 역동적이며, 성장에 유
리하다는 것만큼은 부인하기 어렵다.

16

"주 35시간제는
2차대전 이후 최악의 입법"

로랑 브롱스키 씨는 에르보Ervor라는 프랑스 중소기업을 운영하는 경영자다. 그는 500개가 넘는 기업 경영자들의 네트워크인 '크루아상스플뤼스CroissancePlus'라는 중소·중견기업 연합체의 회장을 맡고 있는데, 프랑스의 경제 관련 TV 프로그램에 패널로 자주 얼굴을 내비친다.

파리 서북쪽 근교에 있는 브롱스키 씨의 회사 에르보를 찾아간 적 있었다. 이 회사는 선박용 공기 압축기를 만들어 생산량의 90%를 수출하는 강소기업이다. 브롱스키 씨에게 프랑스의 주 35시간 근무제가 어떻게 적용되는지 물어봤다. 그는 대뜸 "주 35시간 근무제는 2차대전 이후 프랑스가 만든 법률 중 가장 바보 같은 법"이라고 했다.

"우리 직원들은 제때 수출 물량을 맞추려고 39시간을 일합니다.

로랑 브롱스키
출처:로랑 브롱스키 링크드인

정치인들은 적게 일하고 일자리를 나누라고 했지만 그건 이론 속 이야기죠. 우리 같은 기술 기업은 초보자를 고용해서 일을 시킬 수 없어요. 그러니 정규 시간 임금보다 25% 비싼 초과근무수당을 주고 기존 숙련공들의 근로 시간을 늘릴 수밖에 없죠." 브롱스키 씨는 이와 같은 현장의 목소리를 이야기하며 "35시간 근무제로 일자리가 늘어납니까? 천만에요"라고 말했다.

80년 역사에 가까운 에르보는 그래도 체계가 잡힌 편이다. 1만 곳에 이르는 프랑스 스타트업에서 35시간제는 유명무실하다. 파리 남쪽 근교 몽루즈에서 컴퓨터 주변 기기 업체를 창업한 슬로바키아 이민자인 S 씨를 만난 적 있다. S 씨는 자신이 범법을 저지르고 있어서 실명을 공개하지는 말아 달라고 부탁했다.

S 씨는 이렇게 말했다. "창업자들은 제가 그렇듯 매주 60시간은 일합니다. 당연한 것 아닌가요? 우리 직원들이 그렇듯 스타트업 직

원들도 회사 성공을 위해 대개 40시간 이상 일하죠. 하지만 회사는 초과근로수당을 줄 여력이 부족해요. 근무 일지를 35시간만 일한 것처럼 거짓으로 꾸며 놓죠. 다들 그래요. 35시간제를 모든 직장에 일률적으로 강제하다 보니 범법자만 양산되고 있어요."

프랑스의 주 35시간 근무제는 노동단체를 핵심 지지세력으로 삼는 유럽식 중도좌파 정당이 근로자 권익을 끌어올린 가장 상징적인 제도라고 볼 수 있다. 1998년 사회당 주도로 프랑스 의회를 통과해 지금까지 시행되고 있다. 이전에는 주당 39시간 근로제였다. 35시간 근무제를 도입하면서 근로자들이 과도한 업무를 하지 않고 소위 '워라밸'을 잘 맞출 수 있게 됐다. 단기간에는 정책 효과도 있었다. 1998년부터 5년간 프랑스에서 일자리가 35만 개 추가됐다고 프랑스 통계청INSEE은 집계했다.

그러나 브롱스키 씨나 S 씨의 이야기에서 보듯 비현실적인 탁상 공론이라는 비판도 많다. 무엇보다 고비용 사회를 만드는 주범이며 그로 인해 국가 경쟁력을 갉아먹는다는 지적이 계속해서 나오고 있다. 임금은 그대로 지급하지만 근로 시간이 줄었기 때문에 생산성이 하락한 것이다.

그럴 수밖에 없는 것이 35시간 근무로는 목표로 하는 업무량을 달성하지 못하는 경우가 적지 않다. 어쩔 수 없이 종업원들에게 일을 계속 시키면 막대한 초과근로수당을 지출해야 한다. 이로 인해 인건비가 늘어나게 되고, 인건비 증가액에 비례해 정부와 기업이

'미스터 35시간'으로 불린 이브 바루 씨
출처:AFPA 홈페이지

사회보험료를 더 부담해야 한다. 일간지 르피가로에 따르면, 이 비용 부담이 연간 200억 유로(약 26조 원)나 되는 것으로 추산된다.

그렇다 보니 프랑스의 시간당 인건비는 2022년 기준으로 40.8유로로서 EU 평균(30.5유로)보다 33.7% 더 높다. 이는 신규 고용을 꺼리고, 인건비가 싼 해외로 생산 시설을 옮겨가는 결정적 이유가 되고 있다. 일자리를 늘리기 위해 도입한 제도가 일자리를 없애는 역설을 낳고 있는 것이다. 35시간 근무제가 단기적으로는 근로자들에게 적게 일해도 되니까 이익이라고 볼 수 있지만, 장기적으로 생각해 보면 일자리 감소로 근로자들에게 오히려 손해가 될 수 있다.

이제는 35시간제를 만든 주인공마저 주 35시간제를 수정해야 한다고 말한다. 1990년대 후반 프랑스 노동부 국장으로 재직하면서 주 35시간제 도입의 실무 책임자였던 이브 바루 씨는 '미스터 35시간'으로 불린다. 파리 동쪽 근교 뱅센에 사는 그를 만난 적이 있다. 바루 씨는 "모든 기업에 35시간제가 정답이 될 수 없다. 업종별, 직종별로 여건에 맞는 최적의 근로 시간을 찾는 기업이 좋은 실적을 내게 될 것"이라고 했다.

바루 씨는 "35시간제를 유지하되 유연하게 적용해야 한다"고 강조한다. 그는 세계적인 색소폰 제조회사 셀메르Selmer를 예로 들었다. 이 회사는 크리스마스 시즌에 제품이 주로 팔리는 점을 감안해 9월부터 12월 사이에는 주당 42~43시간, 수요가 적은 상반기에는 주당 32~33시간을 일하고 있다는 것이다.

에마뉘엘 마크롱 대통령은 '프랑스병病'의 근원이라며 35시간제를 뜯어고치려고 애썼다. 그는 2017년 취임 첫해 50인 미만 중소기업에서는 노사 합의를 전제로 35시간제에 구애받지 않고 자체적인 근로 시간을 정할 수 있게 했다. 20인 미만 기업에서는 근로자 각자가 사측과 협상해 근로 시간을 정하도록 했다.

여기에 그치지 않고 마크롱 대통령은 2019년부터 지방직 공무원 중 주 35시간은 무조건 일하도록 강제하라고 지시했다. 프랑스 감사원 조사에 따르면 지방직 공무원 중 주 35시간을 채워서 일하는 비율은 20% 수준에 그친다. 나머지는 업무 시간이 35시간에도 못 미친다는 얘기다.

이런 일이 발생하는 이유는 공무원이 너무 많기도 하고 공무원 노조의 힘이 강하기 때문이다. 지자체별로 공무원 노조가 각기 따로 단체 협약을 맺고 있어 지역 축제 기간이나 경조사 때 특별 휴가를 추가로 받는 경우가 많다. 이런 관행이 쌓이면 생산성과 국가 경쟁력은 낮아질 수밖에 없다.

저성장 국면에서의 '주 4일제'라는 독

다른 유럽 국가들도 크게 다르지 않다. 이미 유럽 최대 철강회사인 독일 티센크루프가 주 33시간에서 35시간 사이를 선택할 수 있고, 다른 철강회사인 아르셀로 미탈에서도 32시간 근무가 가능하다. 또한 독일의 IT업계에서도 부분적으로 주 32시간제를 도입하고 있다.

이런 기업들을 비롯해 기존에 독일에서 주 35시간 미만 근로제나 주 4일 근무제를 도입한 회사들은 줄어든 근무 시간만큼 임금을 낮췄다. 그러나 2023년 봄부터 독일의 금속노조 IG메탈은 주 4일 근무 및 32시간 근무를 요구하면서 주 5일 근무와 비교해 임금을 낮추지 말 것을 요청했다.

IG메탈의 주장도 일리는 있다. 근로자들의 건강과 삶이 원만하게 유지돼야 한다는 것이다. 또한 기후 친화적인 생산 체제를 갖추려면 주 4일만 일하는 게 합리적이라고 한다. 그리고 젊은이들에게 철강 기업을 매력적인 일터로 인식시키기 위해서는 짧은 근로 시간은 무척 중요하다. 그러나 앞서 살펴봤듯이 독일은 심각한 저성장

프랑스의 높은 시간당 인건비 (단위: 유로)

EU	30.5
유로존	34.3
프랑스	40.8

※2022년 기준

자료: 유로스타트

국면에 접어들고 있다. 핵심 산업인 자동차산업은 전기차 개발에서 한 박자 늦어 그야말로 위기다. 이런 상황에서 근로 시간을 줄이는 건 자살골이 될 가능성도 없지 않다.

IG메탈은 주 4일제를 철강산업에서 시작해 독일 내 다른 산업 분야까지 확산시켜야 한다고 주장한다. 만약 독일에서 자동차산업까지 임금 축소가 없는 주 4일제를 실시하게 되면 국제 무대에서 경쟁력이 더 떨어질 확률이 커진다. 개별 근로자가 주 4일 근무를 하더라도 공장은 주 5일 이상 가동시켜야 하니 인건비가 추가로 들어갈 수밖에 없기 때문이다. 2020년 폴크스바겐은 주4일 근무제가 필요하다는 노조의 요구를 일축한 적이 있다.

물론 근무 시간 제도는 사회적 합의의 결과물이다. 유럽인들은 확실히 여가를 소중히 여긴다. 여론조사회사 IFOP이 2022년 9월 프랑스인들을 대상으로 조사한 결과에 따르면, 응답자의 61%는 '소득이 줄어든다고 하더라도 일을 덜하고 싶다'고 답했다. 반면 '자유 시간이 줄어도 돈을 더 벌고 싶다'는 응답은 39%, '노동이 삶에서 매우 중요한 요소'라는 응답은 24%에 그쳤다.

　모든 사회적 제도는 그 나라의 현실을 반영한다. 유럽인들은 많은 소득보다는 충분한 휴식을 원한다. 하지만 지금보다도 근로 시간이 더 줄어들면 갈수록 벌어지는 미국과의 경제적 격차를 좁히는 일은 요원해질 것이 분명하다.

17

[한 달간의 휴가를 즐기는 유럽인, 일은 누가 하나]

유럽에서는 7월 중순이 넘어가면 도무지 일을 할 수 없다. 누군가에게 이메일을 보내면 1~2분 만에 '00일까지 휴가를 떠납니다'라는 자동 답신이 날아오는 경우가 많다. 파리 시내는 한산해지고 신문에 기삿거리가 없어서 자잘한 사건 사고 소식이 많아진다. 물론 미국에서도 여름 휴가는 한국보다는 길지만 유럽만큼 길지는 않다.

여름에 휴가가 집중되는 이유는 날씨와 연관이 깊다. 한국에서도 겨울에 해가 짧고 여름에 길지만 유럽은 그 차이가 극단적이다. 파리의 겨울은 오후 5시를 넘기면 어두워지기 시작한다. 반면 여름에는 9시가 넘어도 해가 지지 않아 환하다. 북유럽의 겨울은 해가 훨씬 짧다. 영국은 가을부터 봄까지 특유의 우중충한 날씨가 오래 지속된다. 해가 긴 여름에 길게 휴가를 가는 문화가 생길 수밖에 없는 여건이다.

유럽에서 여름에 긴 휴가를 보내는 건 확실히 삶의 질을 높인다. 프랑스인들은 여름 한 달 휴가를 위해 나머지 11개월을 일한다고 이야기한다. 이들은 오랫동안 세계인들의 부러움을 샀다. 그런데 요즘은 좀 달라졌다. 과거에 유럽이 떵떵거리고 잘 살 때는 남들이 가지지 못한 여유였지만 경제적 수준이 상대적으로 조금씩 가라앉기 시작하면서 슬슬 짐이 되고 있다. 유럽에서도 우파들은 "일을 너무 적게 한다"는 지적을 하고 있다.

EU 통계기구인 유로스타트 조사에 따르면 2022년 기준으로 일주일에 49시간 이상을 일하는 유럽의 경제 활동 인구가 7%에 그쳤다. 이 수치도 더 따져볼 필요가 있다. 7%라는 건 자신의 가게를 책임지느라 오래 일해야 하는 자영업자를 포함해 산출한 수치이며, 월급 생활자로 범위를 좁히면 49시간 이상 일하는 사람이 4%에 그친다. 또한 49시간 이상 일하는 이들을 업종별로 분류하면 조업 시간이 원래 길 수밖에 없는 농업, 임업, 어업 분야 종사자가 28%를 차지한다.

OECD 집계를 보면 같은 서구 사회에서도 미국은 일을 많이 하고 유럽은 일을 덜 한다는 걸 알 수 있다. 2022년 기준으로 연평균 근로 시간이 미국은 1811시간이었다. 이는 한국(1901시간)보다는 짧지만, OECD 평균치(1752시간)보다는 길다. 전체 OECD 회원국 가운데 근로 시간이 가장 짧은 나라는 1341시간인 독일이었다. 평균적인 근로자로 볼 때 미국인이 독일인보다 연간 470시간이나 일

국가별 근로 시간

국가	연간 근로 시간	국가	연간 근로 시간
미국	1811	OECD 평균	1752
이탈리아	1694	스페인	1644
영국	1532	프랑스	1511
스웨덴	1440	네덜란드	1427
노르웨이	1425	덴마크	1372
독일	1341		

※2022년 기준　　　　　　　　　　　　　　　　　자료: 경제협력개발기구(OECD)

을 더 많이 한다는 얘기다. 더 잘사는 미국에서 일도 더 많이 하니까 부의 격차는 커질 수밖에 없다.

독일의 근로 시간이 OECD에서 제일 짧은 이유는 고용률을 끌어올리기 위해 '미니잡'이라는 저임금 단시간 일자리를 정책적으로 장려하기 때문이기도 하고, 노동단체의 사회적 영향력이 크기 때문이기도 하다. 독일만 근로 시간이 짧은 게 아니다. 영국(1532시간), 프랑스(1511시간), 이탈리아(1694시간), 스페인(1644시간)까지 유럽 5대국이 모두 OECD 평균(1752시간)보다 적게 일한다. 이탈리아, 스페인이 그나마 유럽의 큰 나라들 가운데 근로 시간이 긴 이유는 늦게까지 일해야 하는 관광업 종사자가 많기 때문이다.

이외에 덴마크(1372시간), 노르웨이(1425시간), 네덜란드(1427시간), 스웨덴(1440시간)도 근로 시간이 짧다. 이런 북유럽 국가들은 경제 규모가 작고 1인당 GDP가 유럽에서 최상위권이며, 생산성이 높기 때문에 근로 시간을 적게 유지해도 비교적 잘 굴러가는 편이다.

전체적으로 EU 27회원국의 연평균 근로 시간은 1571시간으로 OECD 회원국 평균치(1752시간)와 큰 차이가 난다. 이때 OECD 38회원국 가운데 22개국이 EU회원국이라는 걸 감안해야 한다. 많은 EU 회원국들이 OECD의 평균 근로 시간을 대폭 낮춰도 OECD 평균치와 EU 평균치 차이가 크다는 얘기다. 그만큼 유럽의 근로 시간은 다른 대륙에 비해 두드러지게 짧다.

OECD에 가입된 EU 회원국 가운데 미국보다 근로 시간이 긴 나라는 폴란드(1815시간), 키프로스(1837시간), 몰타(1882시간), 그리스(1886시간)까지 4개국뿐이다. 그중 폴란드는 아직 경제구조가 개발도상국에 가깝고, 우크라이나 등에서 넘어온 외국인 근로자들의 근로 시간이 긴 나라다. 키프로스, 몰타, 그리스는 모두 경제 규모가 작고 지중해에서 관광업 위주로 굴러가는 나라라는 공통점이 있다.

이상의 연간 근로 시간 통계는 자영업자도 포함된 근로 시간이다. OECD는 자영업자를 빼고 남에게 고용돼 일하는 사람들, 즉 월급 생활자의 연간 근로 시간도 따로 집계한다. 이런 기준으로 보면 미국과 유럽의 일하는 시간 차이는 더 벌어진다.

자영업자를 제외한 월급 생활자 기준으로 2022년 미국인의 연간 근로 시간은 1822시간이다. 자영업자를 포함할 때보다 11시간 늘어난다. 자영업자를 빼고 계산하면 미국보다 근로 시간이 더 긴 유럽의 OECD 회원국은 단 하나도 없다. 유럽은 미국과 반대로 자영업자를 빼면 근로 시간이 줄어든다.

프랑스의 경우 전체 연간 근로 시간은 1511시간이지만 자영업자를 빼면 1427시간으로 큰 폭으로 줄어든다. 같은 기준으로 독일은 1341시간에서 1295시간으로 감소한다. 미국인 월급 생활자가 독일인 월급 생활자보다 연간 500시간 넘게 일을 더 한다는 것이다.

결론적으로 미국인이 유럽인보다 일을 더 많이 하고 있는데, 월급 생활자끼리만 비교하면 그 차이가 더 벌어진다는 얘기다. 이런 현상은 유럽의 노동단체 힘이 강해서 월급 생활자에 대한 권익 보호가 미국에 비해 잘 이뤄지기 때문이라고 볼 수 있다. 보는 각도에 따라 유럽에서 노조의 보호를 받는 이들이 워라밸이 조화로운 안락한 삶을 누리고 자영업자는 방치된다고 볼 여지도 있다.

미국과 유럽의 이런 근로 시간의 차이는 시간이 갈수록 커지고 있다. OECD의 주당 근로 시간으로 보더라도 미국인은 평균 34.5시간을 일하고 있는데, 이는 최근 20년 동안 거의 변하지 않았다. 하지만 유럽에서는 시간이 갈수록 근로 시간이 큰 폭으로 줄어들고 있다. 2001년과 2021년을 비교하면 독일은 28시간에서 25.9시간으로, 이탈리아는 35.6시간에서 32.1시간으로, 프랑스는 29.6시간에서 28.7시간으로 눈에 띄게 줄었다.

일각에서는 근로 시간이 줄어들면 그만큼 생산성이 높아지거나 일자리를 나눌 수 있어 고용 지표가 호전된다고 주장한다. 그러나

OECD의 노동 분야 이코노미스트인 안드레아 가르네로 등 유럽의 경제학자 3명은 1995년에서 2007년까지 유럽에서 진행된 근로 시간 단축이 생산성 향상이나 일자리 추가 창출에 도움이 된 증거를 발견할 수 없었다는 내용의 보고서를 2022년 발표했다.

이 책을 읽는 이들 중에서는 '나라가 어찌되든 개인은 일을 적게 하면 좋은 것 아니냐'는 의문을 품는 이들이 있을 것이다. 이런 독자에게는 단순한 근로 시간 통계에는 잡히지 않는 '숨은 그림'을 보라고 말하고 싶다.

유럽에서는 더 오래 일해 돈을 더 벌고 싶어도 여건이 허락되지 않아 어쩔 수 없이 짧은 시간만 일하는 저소득 파트타임 근로자들이 적지 않다. EU 집행위원회의 2021년 12월 보고서에 따르면, 파트타임 근로자 가운데 더 오랜 시간을 일하고 싶어하지만 그럴 수 없다고 답한 이들의 비율이 이탈리아, 스페인, 그리스에서 절반을 넘었고, 프랑스에서도 3분의 1에 가까웠다.

이런 현상이 발생하는 이유는 남유럽을 중심으로 연이은 저성장과 경제 위기로 정규직이 줄어들어 비자발적으로 시간제 근로를 선택하는 이들이 많아지고 있기 때문이다. 월스트리트저널은 정규직 일자리를 찾을 수 없어서 시간제 근무를 하는 이들이 미국은 전체 근로자의 0.6%인데, 이탈리아에서는 10%나 된다고 했다. 독일의 근로 시간이 짧은 이유도 앞서 이야기했듯 파트타임으로 일하는 '미니잡'을 갖고 있는 이들이 적지 않기 때문이다.

악화된 경제 사정으로 일자리가 부족해 근로 시간이 적을 수밖에 없다는 증거는 곳곳에서 발견된다. 이탈리아 정부에 따르면, 2021년 상반기 이탈리아에서 창출된 일자리 330만 개 가운데 3분의1 이상이 주당 30시간 미만인 파트타임 일자리였는데, 이는 대부분 근로자의 선택이 아니라 기업의 비용 절감 차원인 것으로 조사됐다. 즉, 유럽에서 근로 시간이 짧은 이유가 '근로자의 천국'이기 때문만은 아니라는 것이다. 경기가 좋지 않아 일을 더 하고 싶어도 못하는 이들이 적지 않다는 점이 반영돼 있다는 점을 간과할 수 없다.

유럽의 짧은 근로 시간은 과거처럼 떵떵거리고 잘 살 때라면 아무런 문제가 되지 않을 것이다. 오히려 높은 삶의 질을 누리는 것으로 볼 수 있어 귀감이 될 수 있고, 실제로 2차대전 이후 오랫동안 그래왔다고 볼 수 있다. 그러나 요즘 유럽에서는 적게 일해도 괜찮은가에 대한 의문이 커지고 있다.

마크롱 프랑스 대통령은 2021년 팬데믹 도중에도 "우리 자신을 보면 다른 나라보다 확실히 일을 덜 하고 있으며, 그것은 엄연한 사실"이라고 했다. 크리스티안 린드너 독일 재무장관도 러시아 대 우크라이나 전쟁으로 경제적 타격이 크자 "독일인들이 전쟁 중에도 더 오래 일해서 취약한 국가 경제를 지원할 수 있을 것"이라고 촉구했다. 일을 더 해달라고 요구한 것이다. 그는 X(옛 트위터)에 "지금 우리에게 필요한 것은 번영을 보장하기 위해 더 많은 성장 추진력, 더 많은 스타트업, 더 많은 초과 근로 시간입니다"라고 썼다.

18

프랑스의 캐비어 좌파, 영국의 샴페인 좌파

토마 피케티 파리경제대 교수는 2013년 『21세기 자본』이란 책으로 일약 세계적인 스타 경제학자가 됐다. 그는 '자본주의가 뿌리를 깊게 내릴수록 경제적 불평등도 심각해졌다'는 누구나 알고 있는 새삼스럽지 않은 현상을 수많은 데이터를 활용해 입체적으로 보여줬다.

그런 피케티를 2020년 6월 직접 만날 기회가 있었다. 피케티는 『21세기 자본』 후속편 격인 『자본과 이데올로기』를 펴냈고, 한국어판 출간을 앞두고 있었다. 그는 파리의 한국 특파원들과 간담회를 갖고 신간을 알리고 싶어했다. 『21세기 자본』이 불평등의 기원을 파헤친 경제 서적이라면 『자본과 이데올로기』는 불평등의 해법을 찾는 정치 서적의 정체성을 갖고 있다.

파리경제대에서 만난 피케티는 1300쪽에 달하는 『21세기 자본』

토마 피케티 파리경제대 교수와
손진석 조선일보 파리특파원
2020년 6월

출처:손진석

한국어판을 들어 올리며 "1980년대 이후 불평등이 심각해진 이유
로 좌파와 우파 모두에게 책임이 있다"고 강조했다. 피케티는 "많은
자산을 소유하고 지키려는 '상인 우파'와 교육 수준이 높은 엘리트
로서 사회적 위치를 잃지 않으려는 '브라만 좌파'가 권력 투쟁을 전
개하는 사이 많은 사람이 소외되고 있다"고 진단한다.

　그는 "교육 엘리트(브라만 좌파)와 자산 엘리트(상인 우파) 간의 공
생이 이뤄지고 두 진영이 담합을 통해 정치 체제를 나눠 가지고 있
다"고 강조했다. 정치 권력을 쥔 이들이 진영으로 갈려져 있는 것처
럼 보여도 실질적으로 한통속이라는 것이다. 특히, 피케티가 "좌파
엘리트 계층이 부를 재분배하고 서민층의 이해를 대변하는 원래의
기능을 더 이상 수행하지 않는다"고 꼬집는 장면이 인상적이었다.

출간 직후 파리 시내 대형 서점 지베르 죈에 진열된 토마 피케티의 『자본과 이데올로기』

출처:손진석

길게 보면 우파든 좌파든 유럽에서 엘리트 지배 집단은 수백 년 전 귀족의 후손들이란 공통점을 갖고 있는 경우가 많다. 그들이 우파로 또는 좌파로 갈라졌지만 결국은 양쪽 모두 기득권층이며, 서로 간에 권력 경쟁에 몰두한다. 피케티는 이런 문제를 지적한 것이다.

이는 귀족 사회 없이 이민자들이 넘어와 일찌감치 시민 사회를 건설한 미국과는 역사적으로 국가의 생성 과정상 다른 부분이다. 중국, 일본, 한국과 같은 아시아 주요국의 사회 구조와도 상이한 대목이다. 이런 식으로 엘리트끼리 좌우충돌하는 현상은 국가 경쟁력을 높이거나 조금씩 추락하는 유럽의 위상을 다시 제고하는 것과는 거리가 멀다는 점에서 걸림돌이 되고 있다.

유럽 전반에서, 특히 프랑스에는 피케티가 꼬집는 '부유한 집안의 잘 배운 좌파'들이 많다. 이런 사람들을 가리켜 '캐비어 좌파'라고 부르며 조롱한다. 서민은 엄두도 못내는 비싼 음식을 먹으면서 좌파를 자처한다는 얘기다. 이런 사람들이 자신들의 이익을 위해 우파와의 권력 투쟁에 탐닉하면서 평범한 이들의 삶을 개선시키려는 노력을 등한시하기 때문에 불평등이 커진다고 피케티는 지적한다.

영국이나 프랑스에서는 우파는 물론이고 좌파 부유층도 자녀들을 어린 시절부터 학비가 비싼 사립학교에 보낸다. 공립학교에서 평범한 아이들에 섞여 공부시키고 싶지 않기 때문이다. 이렇게 자란 이들이 좌파 지배 계층이 되면 선민의식을 앞세우는 경우가 많다. 하지만 '부유한 좌파 엘리트'들은 민초들의 삶을 개선시키려고 노력을 하더라도 자신들이 어릴 때부터 특별한 삶을 살았기 때문에 현실을 모르는 경우가 적지 않다. 대표적인 인물이 2012년부터 2017년까지 프랑스 대통령을 지낸 사회당의 프랑수아 올랑드다. 올랑드는 이비인후과 의사이자 부동산 개발업자로 큰돈을 번 사업가의 아들로 태어나 파리 근교의 부촌인 뇌이쉬르센에서 어린 시절을 보낸 '금수저 중의 금수저'다.

올랑드는 그랑제콜 중 경영학 분야 랭킹 1위 학교인 HEC와 최고 엘리트들을 육성하는 국립행정학교ENA를 나와 교수, 고위 공무원을 지냈다. 하원 의원에 당선됐을 때가 34살이었다. 올랑드는 평범한 이들과는 상당히 다른 삶을 살았고, 피케티가 말하는 교육 엘리트인 '브라만 좌파'의 전형이라고 할 수 있다.

올랑드는 대통령이 되자 부유세를 도입했고, 부유층을 억누르며 정의를 실현했다고 자부했다. 하지만 현실은 의도치 않게 굴러갔다. 부자와 기업이 해외로 도피하는 바람에 경기가 시들고, 그에 따라 저소득층이 일자리를 잃는 흐름이 도미노처럼 벌어졌다. 이외에도 올랑드의 실정은 계속 이어졌다.

어찌나 처참했는지 올랑드는 2017년 대선에서 현직 대통령인데도 재선을 일찌감치 포기했다. 지지율이 최저 4%까지 떨어지자 재출마를 엄두 내지 못했다. 그를 대신해 사회당 후보로 대선에 나선 베누아 아몽은 6.36%라는 처참한 득표율을 기록하며 5위로 낙선했다. 집권 여당 후보가 대선에서 5위를 한다는 건 전 세계를 통틀어 현대 정치사에서 전례를 찾기 어렵다.

'브라만 좌파'에 대한 피케티의 지적은 꽤 타당할뿐 아니라 이들이 경제적인 측면에서 국가 경쟁력도 좀 먹게 만드는 측면이 있다는 관점으로 확장시켜 볼 수 있다. 유럽에서도 우파들은 더 늦기 전에 미국을 빨리 따라잡아야 한다며 개혁을 이야기하지만, 좌파 엘리트주의자들은 신자유주의에 대한 반감을 드러내며 미국화에 강하게 반발한다.

피케티의 지적대로 이들은 민초들의 삶을 개선시키려는 직접적인 노력을 기울이기보다는 우파들이 쥐고 있는 부를 깎아내리려는 데 집중하는 경향이 있다. 그리고 이들은 자국 내에서의 헤게모니 다툼에 관심이 집중돼 있다. 유럽에서 이런 식의 정치적 아웅다웅이 벌어지는 사이 앞서 달리는 미국과의 거리가 점점 멀어지고 있다.

영국에서도 프랑스의 '캐비어 좌파'와 비슷한 '샴페인 좌파' 또는 '샴페인 사회주의자'라는 표현이 있다. 노동당은 당명에서 볼 수 있듯 근로자들의 권익 보호가 최우선 지향점이었다. 그러나 좌파 엘리트들이 자신들의 기득권 보호와 우파와의 권력 다툼에 집중하면서 원래의 목적지를 잃어버렸다.

노동당의 출발은 '공단에서 일하는 노동자'를 위한 정당이었는데 어느 순간 '대도시에 사는 반골 기질의 먹물 지식인'을 위한 정당으로 바뀌었다는 비판이 적지 않다. 역시나 엘리트주의가 묻어 있다. 독일의 중도좌파 정당인 사민당 역시 비슷한 궤도를 걷고 있다.

다시 피케티의 이야기로 돌아간다. 피케티는 지배 계급의 이데올로기와 담합 체계를 깨뜨려 사회적 부富를 평등하게 나눠야 한다고 주장한다. 하지만 '기본소득'의 틀에 갇히면 곤란해질 수 있다고 경고했다. 피케티는 "기본소득은 생존을 유지하는 기초 생활비 정도에 그친다"고 말한다.

피케티가 내놓는 해법은 '기본소득'이 아닌 '기본자산' 지급이다. 젊은이들에게 집을 마련하거나 창업할 수 있는 종잣돈을 주자는 것이다. 프랑스를 예로 들면 성인 평균 자산의 60%에 해당하는 12만 유로(약 1억 6000만원)를 만 25세가 된 모든 젊은이에게 주는 방식이다.

그렇다면 막대한 재원은 어떻게 마련할까. 피케티는 "소득세로는 효과가 제한적이라서 반드시 자산에 매우 높은 누진 과세를 해야 한다"고 했다. 부유세의 필요성을 강조한 것이다. 그러나 이런 해법은 부유층과 기업의 해외 탈출을 초래할 것이다. 피케티와의 간담회에서 '기본자산 재원을 주기 위해 부유세를 무겁게 물리다가 부자와 기업의 탈출이라는 부작용을 낳으면 어떻게 하느냐'고 직접 질문을 던졌다.

그러자 피케티는 "여러 나라가 참여하는 '국적이탈세Exit tax'를 도입하면 된다"며 "도망가려는 부자를 모든 나라가 함께 세금으로 저지하면 된다"고 설명했다. 이는 곧 수많은 나라가 '세금 담합'을 해야 한다는 얘긴데, 전 지구적으로 치열한 세금 인하 경쟁이 벌어지는 현실을 외면하고 있는 발언이다.

피케티는 엘리트주의에 빠져 있는 '브라만 좌파'의 맹점을 비판했다. 하지만 그런 피케티도 사회를 바꾸기 위한 해법으로 비현실적인 처방을 내리고 있다. 실제로 '브라만 좌파'가 집권 세력으로 등장해 법률과 정책을 주무르기도 하는 유럽은 경제 체질상 미국을 따라잡기가 버거워 보인다. 이들 좌파 정치세력이 내놓는 정책은 기회 균등과 사회적 연대를 지향하고 있어 훨씬 인본주의적이지만 비현실적인 경우도 적지 않다. 게다가 주로 규제를 늘리는 쪽으로 정책을 집행하기 때문에 경제의 걸림돌이 되기 십상이다.

19

[미국 민주당과 유럽 중도좌파 정당은 어떻게 다른가]

경제 체질은 대체적으로 정치 시스템이 만든다. 우파는 기존의 흐름을 이어가기를 바라고 자본주의에 친화적인 성향을 보이는 반면, 좌파는 기존의 메인스트림을 기득권이라 보고 흔들어 놓는 게 정의에 부합한다고 본다. 이렇게 대치된 가치관을 가진 좌우가 번갈아 집권하면서 역사가 발전하고 사회가 균형을 잡아가는 것이다. 어차피 우파는 시장 친화적이기 때문에 어디나 비슷하고 정책상 대동소이하다. 국가적인 역량의 차이는 기존 기득권 체제를 바꾸려고 노력하는 좌파가 집권했을 때 어떤 지향점을 갖고 기존 질서를 얼마나 바꾸느냐에 따라 달라진다. 그런 점에서 미국과 유럽의 집권 경험이 있는 중도좌파 정당의 차이를 유심히 살펴 볼 필요가 있다.

미국은 민주당이 집권 중이다. 조 바이든 행정부가 내놓은 인플레이션감축법IRA이나 반도체법CHIPS Act은 강경한 미국의 국익 지키기 법률이다. IRA는 노골적으로 배터리 공급망에서 중국을 배제하고 테슬라 같은 미국 전기차를 우대하는 법률이다. 전기차 구매 시 보조금을 받기 위해서는 중국의 배터리 부품과 광물을 일정 비율 이하로 사용해야 한다는 내용이 핵심이다. 반도체법은 미국의 산업 발전과 기술적 우위 유지를 위해 2800억 달러를 미국 반도체 산업에 투자하는 것이 골자인데, 이 또한 철저한 중국 배제의 원칙이 담겨 있다.

이 두 가지 법률은 미국의 경제적 이득을 위한 우격다짐이다. 유럽과 비교해 눈여겨봐야 하는 건 이런 대외적인 강공인 동시에 경제적 이득을 강조하는 법률을 우파인 공화당이 만든 게 아니라 중도좌파 성향의 민주당 정부가 만들었다는 것이다. 미국 민주당은 유럽의 중도좌파 정당들에 비해 보다 경제 성장에 친화적이다. 또한 미국의 국익을 지키려는 노력도 공화당과 비교해 결코 미온적이지 않다.

특히, 통상과 관련해서는 공화당보다 오히려 민주당이 대외적으로 더 강경하다는 이야기도 있다. 미국과의 통상 현안을 협상한 경험이 있는 한국 정부의 한 고위 관료는 "공화당 정부는 안보상 동맹국에는 좀 더 여유있고 너그럽게 '큰 형님'처럼 접근하는 경향이 있는 반면, 민주당 정부는 동맹들한테도 이익을 양보하라는 요구를 강하게 한다"고 했다.

미국에서는 정치판이 막대한 기부금으로 굴러간다. 정치자금이

민주당으로도 유입되는 데서 알 수 있듯이 유럽의 중도좌파 정당에 비해 미국 민주당은 반기업 정서가 보다 약한 편이다. 피케티가 지적한 엘리트주의적인 면모도 유럽보다 약하다. 이는 미국이 비교적 신생 국가 측에 속해서 귀족들의 상류 문화가 오래 지속된 유럽과 다르기 때문에 나타나는 면모라고 할 수 있다.

또한 미국의 민주당은 유럽의 중도좌파 정당보다 시야가 넓다. 특히, 중국을 견제하는 데는 공화당이나 민주당이나 별다른 차이가 없다. 미국에서는 집권 정당과 무관하게 '세계 넘버원 국가'로서 패권을 유지하기 위해 칼같이 냉철한 모습을 보인다. 그래서 미국에서는 공화당이 집권하나 민주당이 집권하나 국력이나 위상에 별다른 차이가 없다.

유럽은 다르다. 유럽의 중도좌파 정당은 국력의 제고라는 가치나 지향점에 대해서는 상당히 관심이 적은 편이다. 피케티가 지적한 것처럼 좌파 엘리트 계층의 시야가 나라 안에서의 우파와의 권력 다툼에 집중된 측면이 있다. 즉, 국내용 정당의 느낌이 강하다.

또한 유럽에서는 우파를 포함해 대부분의 정치 세력들이 국가적 위상이나 유럽의 힘을 유지해야 한다는 압박을 느끼지 않고 느슨하게 풀어져 있는 편이다. 오랫동안 유럽이 세상의 중심이었고, 미국보다는 처져 있지만 여전히 선진국의 위상을 갖고 있기 때문이다. 이걸 좋게 보면 미국처럼 대외적 헤게모니를 유지하겠다며 권력을 행사하지 않는 착한(?) 성향이라고 볼 수 있다. 하지만 국력의 관점에서는 도움이 안 되는 자세다.

그리고 유럽에서는 좌파 성향 정부가 들어서면 연대와 상생의 기치를 내걸고 재정 지출을 늘리는 포퓰리즘 성격이 강한 정책이 많아진다. 그리고 이런 무리한 정책이 뒤탈이 나서 국가적 역량이 무너지는 경우가 잦다. 대표적으로 남유럽 재정위기에서 여실히 목격했다.

미국의 민주당은 다르다. 프랑스 사회당이 부유세를 만들어 프랑스인 부자들과 기업들을 해외로 나가게 만든 전력이 있지만, 미국의 민주당은 그런 단계까지는 나아가지 않고 법인세를 인상하는 정도에 그친다. 또한 민주당은 공화당에 비해 재정 지출을 늘리는 측면은 있지만, 유럽의 중도좌파 정당들처럼 포퓰리즘이라는 비판을 들을 정도로 퍼주기 정책을 고집하지는 않는다.

이런 맥락에서 유럽의 3대국 중에서도 독일과 영국에 비해 프랑스가 국력이 조금 더 처지는 편이라는 점을 유심히 볼 필요가 있다.

좌파가 집권했을 때 국가별 노선상의 차이를 살펴보자. 영국에서는 노동당의 토니 블레어 전 총리가 '제3의 길'을 주창하며 온건한 개혁을 하면서 영국식 자본주의를 유지하려는 노력을 했다. 독일에서도 게르하르트 슈뢰더 전 총리가 지지세력의 반대를 무릅쓰고 노동개혁을 했다.

반면 프랑스에서는 상황이 달랐다. 1958년 현행 프랑스 헌법이 시행된 이후 중도좌파인 사회당이 두 차례 집권했다. 프랑수아 미테랑(1981~1995년)과 올랑드(2012~2017)가 대선에서 승리한 좌파 대통령들이었다. 이들은 중도적이라고 보기 어려운 강한 좌파 정책을 밀어붙였다.

미테랑은 은행과 민간 기업을 대거 국유화시켜 경쟁력을 잃게 만들었다. 올랑드는 부유세라는 폭탄을 설치해 경제적으로 자해를 가했다. 프랑스에서 만난 기업인들 중에서는 국가적 위상이 예전만 못한 이유에 대해 "미테랑 집권기가 너무 길었다"고 말하는 이들이 있었다. 당시 프랑스 대통령은 임기 7년에 중임이 가능해 미테랑이 14년간 집권했다.

미테랑이 큰 혼란을 부른 정책 중 하나는 1983년 연금 수령 개시 연령을 갑자기 낮춘 것이다. 높은 청년 실업률을 해결하지 못한다는 비판에서 벗어나기 위해 미테랑은 연금 수령 나이를 65세에서 60세로 대폭 낮췄다. 장년층을 한꺼번에 퇴직시키고 빈자리에 젊은층을 밀어 넣으면 해결된다는 책상 위 아이디어를 우격다짐으로 밀어부친 것이다.

그 결과 갑자기 늘어난 은퇴자들을 먹여 살리느라 나라가 휘청거리기 시작했다. 이때 생긴 막대한 나랏빚으로 아직도 휘청거리고 있다. 이후 2010년 연금 수령 나이를 60세에서 62세로 소폭 끌어올리기까지 27년이 걸렸다. 이를 다시 마크롱 대통령이 62세에서 64세로 끌어올렸고 이는 큰 마찰을 일으켰다. 적어도 미국의 민주당은 이런 미테랑식 급진 정책을 시도하지는 않는다.

좌파와 우파란 말이 프랑스 의회에서 시작된 것처럼 유럽은 좌우 대립의 역사가 깊다는 점에서 스스로 자부심이 강하다. 그런 역사적 배경을 이해할 수는 있지만 현재를 살아가는 데 있어서 국력을 키우는 것과는 거리가 멀다. 유럽의 중도좌파 정당은 21세기 들어 유권자들의 선택을 받지 못한 기간이 제법 길다. 미국의 민주당이 공화당의 카운터 파트너로서 오랫동안 명맥을 유지하고 수권 정당으로서 위상에도 큰 변화가 없는 것과는 다르다.

특히 프랑스 사회당은 거의 형해화됐다. 2022년 프랑스 대선 1차 투표에서 사회당 후보 안 이달고는 불과 1.74%를 득표하는 데 그쳤다. 두 명의 대통령이 19년간 집권한 정당이고, 이달고가 현직 파리 시장이라는 점을 감안하면 처참하다는 말로는 부족할 정도로 버림을 받았다.

독일 사민당도 예전만큼의 위상은 갖고 있지 않다. 앙겔라 메르켈 전 총리가 이끄는 기민·기사당 연합의 중도우파가 16년에 걸쳐 장기간 집권하자 염증을 낸 독일 유권자들은 2021년 총선에서 사민당의 손을 들어줬다. 하지만 올라프 숄츠 총리는 전임자 메르켈보다 카리스마나 리더십이 부족하다는 지적을 받고 있다.

게다가 숄츠 행정부는 정권 출범 후 3개월 만에 터진 러시아·우크라이나 전쟁의 유탄을 맞아 에너지난을 겪으면서 우왕좌왕하고 있다. 독일 여론조사에서는 사민당이 총선에서 승리한 지 불과 7개월이 지난 2022년 4월부터 기민·기사당 연합이 줄곧 지지율 1위 정당을 유지하고 있다. 이대로 가면 사민당은 2025년 10월 총선에서는 4년 만에 다시 정권을 내주게 된다.

영국에서는 보수당이 2010년 이후 13년 넘게 장기 집권을 하면서 유권자들의 피로감이 커진 탓에 노동당 지지율이 높다. 폴리티코의 2023년 9월 조사에서 노동당 지지율은 45%로 보수당(26%)보다 20%포인트 가까이 앞섰다. 보수당은 브렉시트 과정에서 국정 혼란을 많이 일으켰고, 부패와 추문도 잇따랐다. 노동당이 잘해서라기보다는 반사 이득의 성격이 크다.

영국 총선은 2024년에 실시될 예정이다. 차기 총리에 가까워진 키어 스타머 노동당 대표는 법인세를 대폭 인상하고 2030년까지 화석연료를 없애겠다고 약속하고 있다. 성장보다는 분배와 환경보호에 무게를 두는 노동당 정책들이 브렉시트 이후 저성장에 빠져 있는 영국 경제에 어떤 결과를 가져올지 지켜볼 필요가 있다.

20

공무원만 567만 명 프랑스, 행정 절차 하세월

미국에서 살다 온 한국인들 대부분이 이구동성으로 하는 말이 있다. 미국의 행정 시스템이 얼마나 느리고 한국은 얼마나 빠른가이다. 그러나 미국에서 체류했던 사람들은 진짜 '지옥'을 경험하지 못했다.

미국은 유럽에 비하면 그래도 빠른 편이다. 특히, 유럽에서도 느려 터졌다는 프랑스와는 비교 못할 만큼 빠르다. 우리는 관찰자로서 남의 나라 이야기라 에피소드처럼 이야기하지만, 여기에서 우리는 유럽식 공공 부문 비효율성이 국가 경쟁력을 갉아먹는 고질병이라는 사실을 발견할 수 있다.

파리특파원 시절이던 2019년 9월 제롬 마랭이라는 프랑스 기자를 만난 적 있다. 당시 프랑스 경제지 '라 트리뷴La Tribune'의 기자였던 제롬은 라 트리뷴의 뉴욕 특파원으로 2년, 르몽드의 실리콘밸리 특파원으로 7년 등 모두 9년간 미국 특파원 생활을 하고 귀국해서 다시 라 트리뷘 기자로 일하기 시작한 지 3개월이 지났다고 했다.

제롬의 아내는 미국인이다. 외국인용 체류증을 받기 위해 기다리는 중이라고 했다. 제롬은 "미국에선 길어야 몇 주면 될 일이 프랑스에서는 몇 달이 걸려도 안 된다"며 "워낙 느리니까 고국에 돌아왔다는 게 실감난다"고 했다. 프랑스의 느린 일 처리에 대해서는 프랑스인들 스스로도 답답해한다. 민간도 민첩하지 않은 편이지만 그래도 공공 분야에 비하면 양반이다.

2017년 12월 프랑스에 특파원으로 건너가기 전에 입국 후 3개월 안에 정식 체류증을 신청하는 조건으로 비자를 받았다. 그렇게 입국한 뒤 2018년 2월 파리경찰청을 찾아가 체류증을 달라고 신청했다. 여권, 비자, 가족관계증명서, 출생증명서, 프랑스 내 거주 증명서 등 갖가지 서류를 번역·공증해 제출하느라 땀을 뺐다. 5개월이 지나 7월이 되자 플라스틱으로 된 체류증이 나왔다. 파리에서 10년 넘게 근무 중인 일본 방송사 특파원이 "5개월 만에 나왔으면 옛날보다 많이 빨라진 것"이라며 웃었다.

정식 체류증이 나오자 다음 절차를 서둘렀다. 체류증이 나온 지 일주일 만에 서류를 잔뜩 준비해 한국 운전면허증을 제출하고 프랑스 면허증을 받는 교환을 신청했다. 하지만 연말이 다가오고 2019년으로 해가 바뀌어도 아무런 응답이 없었다. 이웃 프랑스인들에게 물어보니 한결같이 "기다리는 수밖에 없다"고 했다. 아예 잊

프랑스와 한국 공무원 조직 규모

구분	프랑스(2021년 기준)	한국(2022년 기준)
인구	6545만 명	5163만 명
공무원	567만 4000명	117만 1413명
인구 대비 공무원 비율	8.67%	2.27%

※프랑스는 2021년, 한국은 2022년 기준   자료: 프랑스 재정정보사이트 피페코, 행정안전부

고 살다가 드디어 2019년 8월 파리경찰청에서 연락이 왔다. 신청 후 13개월 만이었다.

왜 이렇게까지 행정 프로세스가 느릴까. 다들 어릴 때부터 천천히 일하는 게 몸에 배어 있기 때문이라고 했다. 몇몇 프랑스 기자는 "칼같이 빨리 일하는 걸 영미식 문화로 여기고 심리적으로 저항하는 이들이 있다"고 했다. 유럽인들이 컴퓨터보다 종이 문서로 일하는 걸 유독 좋아한다는 설명도 나왔다.

그러나 이런 건 문화적 배경이고, 이보다 가장 크게 작용하는 요인은 공공 부문이 비대하다는 것이다. 파리에 살 때 미카엘 마스라는 스타트업 경영자와 알고 지냈는데, 미카엘의 설명은 이랬다. 그는 "일을 빨리 하면 그 많은 공무원이 필요 없다는 걸 확인시켜주는 셈이 되니까 자리보전을 위해 어떻게 해야 하는지 다들 알고 있다"고 했다. 일부러 천천히 일한다는 얘기다.

프랑스 공공 부문은 과연 얼마나 비대할까. 프랑스 재정 정보 사이트 피페코Fipeco에 따르면 2021년 기준으로 프랑스 인구는 6545만

명이며, 그중 공무원은 567만 4000명에 달한다. 국가 단위 조직의 공무원 인력이 251만 9000명이며, 지방 공무원이 194만 2000명이다. 공공 의료 시스템 소속 인력은 121만 3000명이다. 이를 수치로만 이야기하니 와닿지 않을 것이다. 비율로 따져보자. 인구 대비 전체 공무원 비율이 8.67%다. 한국의 공무원이 2022년 말 기준으로 117만 1413명으로서 전체 인구(5163만 명)의 2.27%에 불과한 것과 비교해 보면 엄청난 차이다.

방만함은 나태를 부른다. 프랑스 중앙부처에 근무하는 엘리트 공무원에게 물어봤더니 "프랑스인은 월급 받은 만큼만 일하자는 생각이 강해서 민원 업무를 하는 하급 공무원 사이에는 '천천히 일하자'는 암묵적 약속이 있다"고 했다. 여름 휴가를 한 달씩 가고 병가_{病暇} 사용이 쉬워 업무가 자주 끊긴다는 것도 한몫한다. 여기에 더해 공무원 노조가 강성이라는 것도 빼놓을 수 없다.

프랑스의 비대한 공공 부문 문제는 해소되는 게 아니라 오히려 심각해지고 있다. 피페코 통계에 따르면, 2021년 기준 567만 4000명인 프랑스 공무원은 1997년과 비교해 102만 5000명이나 늘어난 수치다. 이 기간 동안 프랑스 인구는 13% 늘었는데 공무원은 22% 증가했다.

프랑스에서는 좌파 정부가 들어섰을 때 공무원 숫자가 크게 늘었다. 정부가 효율성 제고보다는 고용 책임에 더 중요한 철학을 갖고 있기 때문이다. 또한 좌파 정부는 국민들을 위해 재정을 더 많이 투

OECD 주요국 공공부문 일자리 비율

국가	전체 고용 중 공공부문 비율	국가	전체 고용 중 공공부문 비율
스웨덴	28.7%	덴마크	27.6%
프랑스	21.2%	OECD 평균	17.9%
영국	16%	미국	14.9%

※2019년 기준 　　　　　　　　　　　　　　　　자료: OECD(경제협력개발기구)

입하는 게 당연하다는 관점에서 공무원 숫자를 대폭 늘린다. 이렇게 되면 비생산적인 분야에 나랏돈이 많이 쓰이고, 공공부문 비대화로 사회의 활력이 낮아진다. 규제가 늘어나 민간의 경제 활동을 억누를 확률도 높아지게 된다.

유럽의 공공 부문이 얼마나 방만한지 비교할 수 있는 지표가 있다. OECD가 집계하는 '전체 고용 가운데 공공 부문이 차지하는 비율'을 보면 된다. 이 통계에 따르면 미국에서는 확실히 민간 부문이 고용을 창출하는 경향이 강하다는 걸 알 수 있다. 2019년 기준 OECD 회원국 평균으로 전체 고용에서 공공 일자리 비율은 17.9%인 것으로 나타났는데, 미국은 이런 평균치보다 낮은 14.9%였다. 반면, 프랑스는 21.2%로서 상당히 높았으며, 인구 2000만 명 이상인 나라 중 최고치였다.

전체 고용 가운데 공공부문 비율이 가장 높은 나라 1, 2위는 스웨덴(28.7%), 덴마크(27.6%)였다. 그다음으로도 아이슬란드(24.9%), 핀란드(24.2%)까지 1~4위가 모두 북유럽 국가였다. 이런 나라들은 국가 규모가 작다는 게 특징이다. 이상의 네 나라 가운데 가장 인구가 많은 나라가 1042만 명(2021년)인 스웨덴이다.

이처럼 공공 부문에서 고용을 많이 하는 사회 모델은 세금을 많이 거둬야 유지가 가능하다. 공공 부문 고용 비율이 높은 북유럽 국가들은 부가가치세율이 유독 높은 편이다. 2023년 기준 스웨덴과 덴마크 25%, 핀란드 24% 등으로 한국(10%)과 비교해 2배 이상이다. 공공 부문 고용 비율이 높으면 고용 안정성이 높다는 장점은 확보할 수 있다. 그러나 사회 전반에 역동성을 불어 넣기에는 한계가 있다.

물론 유럽에도 변화를 요구하는 목소리가 제법 크다. 마크롱 행정부가 들어선 이후 프랑스에서는 스타트업 창업 붐이 일어나는 것과 맞물려 정부도 효율적이어야 한다는 목소리가 과거 어느 때보다 높다. 공무원을 감축하겠다는 마크롱의 개혁에 찬성하는 사람들도 제법 많고, 업무 평가를 강화해 상벌賞罰을 분명하게 해야 한다는 이들도 나타나고 있다. 결국 제도를 바꿔야 사람의 행동도 바꿀 수 있다.

스웨덴 경제학자가 진단한
유럽의 쇠락 원인

프레데릭 에릭손
유럽국제정치경제센터(ECIPE) 소장

"유럽은 혁신 기술의 적용이라는 부분에서 확실히 뒤처져 있습니다."

브뤼셀에 있는 싱크탱크인 유럽국제정치경제센터ECIPE 프레데릭 에릭손 소장은 유럽 경제가 미국 경제를 쫓아가지 못하는 이유로 우선 "혁신 기술에 따른 산업 재편이 더디다"고 했다. 에릭손 소장은 이어 "유럽 대기업의 전문성 부족, 유럽의 제조업 우선주의, 노동조합에 끌려가는 정당, 단일 서비스 시장 구축 실패 등이 이러한 결과로 이어진 것"이라고 했다. 그는 "이제는 노동시간이나 사회적 안전망, 안전한 생활 환경에 있어서도 반드시 유럽 국가들이 미국

프레데릭 에릭손

- 1973년 스웨덴 외스테르순드 출생
- 웁살라대 졸업·런던정경대 경제학 석사
- JP모건 거시경제 애널리스트
- 2006년 유럽국제정치경제센터(ECIPE) 설립
- 파이낸셜타임스 선정 '브뤼셀에서 가장 영향력 있는 30인'

에 앞서있다고 보기 어렵다"고 지적했다.

스웨덴 출신 경제학자인 에릭손 소장은 세계은행과 JP모건에서
일했다. 또한 스웨덴(칼 빌트 전 총리)과 영국(토니 블레어 전 총리) 정
부에서도 근무한 경력이 있다.

노조와 결부된 정치세력, 전통산업 보호에 치중한다

에릭손 소장은 기술 변화와 이에 따른 생산성 향상의 속도라는
관점에서 미국과 유럽 경제의 격차를 이렇게 설명한다.

— 미국과 유럽의 격차는 언제부터 본격적으로 벌어지기 시작했을까요.

2차 대전 이후 유럽의 재건과 인구 구조의 긍정적인 전환에 따라 미국과
유럽 모두 경제적인 성장을 누렸습니다. 그러다 1970년대 고물가와 높은
실업률을 경험하게 됐죠. 1980년대 미국이 인플레이션에 잘 대처하면서
좀 더 나은 모습을 보이긴 했습니다. 1990년대 미국에서 ICT 붐이 시작됐
을 때도 유럽도 나름 선전하고 있었습니다. 본격적으로 격차가 벌어지기
시작한 건 2008년 글로벌 금융위기 이후부터였습니다.

글로벌 금융위기가 터지기 1년 전인 2007년에 아이폰이 처음 출
시됐다. 이후 급격한 모바일 세상이 펼쳐졌고, 유럽이 뒤떨어지는
속도가 빨라지는 전환점이 되었다.

— 유럽 기업들이 기술 변화를 빠르게 쫓아가지 못한 이유가 있을까요.

첫째로 전문화의 문제입니다. 지멘스라는 유럽의 대기업을 아실 겁니다. 에너지부터 교통, 인프라, 의료 기술 등 사업 분야가 매우 다양하죠. 유명한 기업이지만 한 분야에서 아주 특출나다는 느낌을 받지는 않아요. 반면 미국의 대기업들은 특정 상품이나 서비스에 특화되어 있다는 인상을 주죠. IT 빅테크 기업과 바이오 기업들이 그렇습니다.

— 다른 요인이 있다면요.

유럽의 제조업 우선주의입니다. 서비스업보다 제조업이 더 중요하다는 생각이 깔려 있습니다. 노동조합의 힘이 강하다고 반드시 문제가 되진 않습니다. 북유럽의 스칸디나비아 국가들은 노조 조직율이 높은 국가지만, 유럽 국가 중에서는 기술 혁신을 잘 달성하고 있기도 하죠.

문제는 노조와 강하게 결부된 정당이 정권을 잡았을 때의 문제입니다. 이들은 전통적인 산업을 우선시하는 태도를 취하면서 디지털, 서비스 섹터가 발전할 기회를 잃게 만듭니다. 독일의 사민당이 그렇죠. 이들은 고루한 제조업 우선주의를 신봉합니다. 기술 혁신에 따른 산업 구조 변화에 저항하고, '디지털 경제'의 성장을 저해합니다.

— 유럽의 스타트업들이 초기 성장단계에서 미국에 인수되는 경향도 있는데요.

유럽 내에서 단일 시장 구축이 수월하지 않은 측면이 있습니다. 일단 언어라는 장애물 때문이고요. 국가별 정책 차이라는 인공적인 장벽도 있죠. 디지털 기업들은 큰 시장을 기반으로 하는 것이 영업에 유리합니다. 그러다 보니 스카이프처럼 미국 기업에 인수되거나, 영업의 거점을 미국으로 옮겨버리는 유럽의 IT 기업들이 많죠.

자본 조달 환경 차이도 있습니다. 개인의 투자나 저축 패턴이 달라요. 유럽에서는 대체로 연금을 국채 같은 안전한 자산에 넣어두는 경우가 많습니다. 이렇게 되면 미국처럼 개인들의 자금이 성장 단계에 있는 기업으로 흘러가기 어렵습니다.

— 에너지 문제도 유럽에서 더 심각한 것 같습니다.

러시아에 대한 에너지 의존도가 높았던 독일에서는 문제가 심각합니다. 독일 내에서도 에너지 사용량이 많은 산업이 타격을 입었죠. 물가의 문제도 쉽게 해결되기 어렵다고 봅니다. 유럽중앙은행이나 IMF 등이 전망하는 것보다 유럽의 고물가 현상은 장기화될 것이라고 생각합니다.

복지도 이제는 유럽이 미국에 크게 앞서지 않아

유럽은 일과 삶의 균형에 있어서는 미국에 앞서 있다는 평가를 듣는다. 사회적 안전망 역시 마찬가지다. 그러나 스웨덴 출신인 에릭손 소장은 "반드시 그렇지는 않으며, 유럽의 상황도 많이 바뀌었다"고 강조했다.

— 근로 시간은 미국이 확실히 길지 않나요?

미국은 점점 스칸디나비아 국가와 비슷해지고, 반대로 북유럽 국가들은 미국을 닮아가는 측면이 분명 존재합니다. 스칸디나비아 국가에서는 점점 근로 시간이 길어지는 경향이 있습니다. 반대로 미국인들은 그들의 부모 세대에 비해서는 근로 시간이 짧은 편입니다. 반면 근로 시간, 휴가 기간 등에 있어서는 미국이 유럽과 비슷해지는 측면이 분명히 있습니다.

— 한국에서는 스칸디나비아 국가의 복지모델을 이상적이라고 평가합니다.

스칸디나비아 국가의 복지모델은 장기간 일을 하지 않는 사람에게 인센티브를 제공해왔습니다. 이 덕분에 조기 은퇴도 가능했죠. 그런데 이제는 이것이 지속가능하지 않다고 여겨지고 있습니다. 실제로 복지 지출이 줄고 있습니다. 1990년대 세금 부담이 GDP의 51~52%에 달했지만 지금은 45%에 못 미칩니다. OECD 평균인 40%와 크게 차이가 없죠.

에릭손 소장은 이민 정책에 따라 북유럽 국가 내부의 동질성이 희미해진 점도 복지모델의 변화를 불러왔다고 했다. 그는 "예전과 달리 다문화 사회가 되면서 더 이상 예전과 같은 수준의 사회적 연대의식을 유지하기는 어려워졌다"며 "중산층들은 지나치게 관대한 사회적 안전망을 그대로 유지하는 것에 대해 반발하기 시작했다"고 밝혔다.

— 미국의 총기 사고나 마약으로 인한 사망자를 고려하면 적어도 유럽이 더 안전해 보입니다.

이 역시 국가별로 차이가 있습니다. 예를 들어서 내 모국인 스웨덴에서는

남성 살인율이 증가세에 있습니다. 높은 수준의 이민과 낮은 사회적 융합에서 기인하는 사회적 불안정성의 문제가 유럽에도 있는 것이죠. 내가 말하고 싶은 것은 스웨덴뿐만 아니라 다른 유럽 국가들도 그들이 원래 가지고 있는 이미지들을 잃어가고 있다는 점입니다.

사회적 안전망 차원에서는 미국이 분명 문제는 있다. 의료보험이 탄탄하지 못하다는 점은 미국의 경쟁력에도 악영향을 미칠 수 있다고 에릭손 소장은 지적했다. 직장을 잃으면 의료보험 혜택도 상실할 것을 걱정할 것이고, 그러면 미국에서도 기술 혁신에 대한 저항이 커질 수 있기 때문이다. 하지만 그는 의료의 영역에서조차 유럽이 항상 더 낫지는 않다고 했다. 그는 "실제로 미국에서는 유럽에서 받을 수 없는 치료가 가능하고, 사용할 수 있는 약의 종류도 더 다양합니다"라고 덧붙였다.

핀테크 영역에선 유럽이 강하다

에릭손 소장은 유럽이 모든 분야에서 미국에 밀리는 것은 아니라고 했다. 그는 핀테크 기업들을 예시로 들었다. 그는 "아일랜드와 미국에 동시에 거점을 두고 있는 핀테크 기업 스트라이프나 스웨덴의 핀테크 회사인 클라르나Klarna 등을 보면 유럽이 핀테크 분야에서는 강점이 있다는 걸 보여준다"며 "기술 진보에 맞춰서 정책이 유연하게 바뀐다면 핀테크처럼 유럽 기업들도 첨단 서비스업에서 선전할 수 있다"고 했다.

— 유럽은 정책적인 차원에서 핀테크 육성을 위해 어떤 노력을 했나요.

EU는 2010년대 초부터 핀테크 기업들이 성장할 수 있도록 노력해왔습니다. 적어도 이 분야에 있어서만큼은 변화를 주도했다고 볼 수 있습니다. 신산업에 대한 적절한 규제의 틀을 갖추는 것이 중요합니다.

— 유럽이 산업 경쟁력을 회복하고, 미국을 추격하려면 어떤 노력이 필요한가요.

우선 유연한 정책 변화가 필요하겠고, 신산업 진입을 막는 정책적 장벽을 없애야 합니다. R&D(연구 개발)를 강화한다던가, 대학에 더 투자하는 등의 노력도 필요하죠. 세금 제도의 개선도 중요합니다. 과거 구소련의 영향력 아래 있었던 국가들에서 오히려 경제 구조 개선이 더 원활하게 이뤄지고 있습니다. 에스토니아나 폴란드, 체코의 사례를 보면 다른 유럽 나라들도 경쟁력을 끌어올릴 수 있다고 봅니다.

5부

교육

21

연 수입 7조 원대 하버드대 vs. 나랏돈에 의지하는 유럽 대학

미국과 유럽의 실력과 운명을 가르는 중대한 요소 중 하나는 교육 시스템이다. 한 명의 천재가 수천 명의 부가가치를 능가하는 시대를 맞아 인재 양성에 있어서 미국과 유럽의 차이가 커지고 있다. 기드온 라크만 파이낸셜타임스 칼럼니스트는 "최고의 테크 기업 7곳(매그니피센트7)이 미국에 있다는 건 그만큼 미국 대학과 스타트업 사이의 인재 공급 '파이프라인'이 잘 갖춰져 있다는 것을 보여준다"고 했다. 반면 유럽은 미국만큼 신산업에 필요한 인재를 효율적으로 키워내지 못하고 있다. 지금부터는 미국과 유럽의 교육의 격차를 짚도록 한다.

파리에 특파원으로 부임한 두 달째인 2018년 1월이었다. 당시 문정인 대통령 외교안보특보가 파리에 와서 특강을 했다. 장소는 '시앙스포Sciences Po'라고 하는 파리정치대학이었다. 이곳은 마크롱 대통

2018년 10월 시앙스포(파리정치대학)에서 한국어 교양 수업을 수강하는 학생들에게 한국의 미디어 시장에 대해 특강을 하는 손진석 조선일보 파리특파원

령의 모교이자 프랑스에서는 손꼽히는 명문이다. 프랑스에 있는 대학에 처음 가보는 것이라 어느 정도 기대를 했다.

그러나 기대는 곧 실망으로 바뀌었다. 워낙 캠퍼스가 협소했다. 좁은 거야 파리가 워낙 오래된 도시이고 시앙스포가 역사가 깊으니 그러려니 했다. 하지만 내부 시설이나 기자재가 한국의 대학과 비교하기 어려울 정도로 부실했다.

한국학과가 있는 파리 7대학에 취재를 갔을 때도 마찬가지였다. 오래돼 고풍스럽다는 느낌보다는 낡고 후졌다는 느낌이 강했다. 2018년 10월 시앙스포에서 졸업 필수 과목인 제2외국어를 한국어로 선택한 학생들을 상대로 한국 언론에 대한 특강을 한 적이 있다.

그때도 학교 시설이 너무 낙후되었다는 걸 다시 느꼈다. 시앙스포의 한국어 강의를 맡던 한국인 강사는 나의 표정을 읽었는지 "한국 대학 생각하시면 안됩니다"라고 했다.

학생들의 이야기를 들어보니 그럴만했다. 대학에 투입하는 돈을 놓고 생각하는 방식이 영미권이나 한국과는 많이 다른 듯했다. 프랑스 정부가 교육 재정을 넉넉하게 투입하지 않는다는 불만이 컸다. 대학도 무상교육이라 등록금을 내지 않기 때문에 정부가 투입하는 예산으로만 운영하는 나라의 특징이 여실히 드러나는 대목이었다.

프랑스에서는 교육이 '무상'이어야 하고 '평등'해야 한다는 두 가지 원칙이 강조된다. 먼 옛날 왕정 시대의 라트랑 공의회(1179년)가 천명한 '무상교육의 원칙'에 입각한 것이다. 전공이나 과정에 따라 다르지만 2023년 기준으로 학부생 학비는 연 170유로(약 24만 원)이다. 석사가 243유로, 박사가 380유로 정도에 불과하다. 아무리 많이 들어도 연간 100만 원도 채 안 드니 무상교육이라 할 수 있다.

대학까지 무상교육을 실시하는 건 독일도 프랑스와 거의 마찬가지다. 독일은 등록금을 받지 않다가 2006년 대학 등록금 제도가 잠시 도입돼 니더작센, 바이에른 등 5개 주에서 학기당 500유로 정도의 저렴한 등록금을 받았다. 하지만 8년만인 2014년에 다시 대학 등록금 제도를 폐지했다. 사민당과 녹색당이 집권한 주 정부가 등록금을 없애자 형평성 차원에서 모든 주에서 등록금이 사라졌다.

외국인 학생들에게도 마찬가지로 적용된다. 독일의 대학들은 학교 운영비를 학생들로부터 걷지만 학기당 250유로를 넘지 않는 수준이다.

이런 무상교육 시스템은 서민이나 저소득층의 가계에 큰 도움이 됐다. 뿐만 아니라 외국 학생에게도 환영을 받는다. 포용적이고 차별하지 않는 진정한 교육적 가치를 실현하는 것으로 여겨지기 때문이다. 한국 학생 중에서도 서방국가에 유학은 하고 싶지만 영미권으로 갈 때의 비용이 부담되는 경우에 독일이나 프랑스를 찾는 이들이 있다.

이런 고등교육 정책은 인류애를 실현하는 면모가 있고 따뜻한 정책으로 볼 여지가 충분하다. 평등이나 인간 존중과 같은 유럽의 오랜 사상적 전통이 여실히 묻어난다. 하지만 다른 시각으로 볼 수도 있다. 외국 학생들에게까지 무상교육을 실시하는 것은 자신들이 강조하는 가치를 필요 이상 과시하는 일종의 오지랖으로 볼 수도 있다. 그리고 대학 무상교육은 유럽 국가들의 힘이 강하고 재정적으로 여유가 있을 때 빛났던 정책이다. 요즘 유럽 주요국의 국력은 예전만 못하다.

지불하는 만큼 이득이 큰 미국의 유상교육

이와 달리 미국은 고등교육이 돈을 지불하고 대가를 받아가는 방식으로 굴러간다. 사립대의 경우 집안에서 금전적인 지원을 해주지 않으면 진학하기가 쉽지 않다. 또는 막대한 액수의 대출을 받아 취업한 이후 오랫동안 갚아야 한다. 하버드대가 공개한 2023~2024년 신입생의 등록금은 연 5만 4269달러로 7000만 원이 넘는다. 학교의 의료지원, 식대, 기숙사비 등을 합치면 7만 9450달러로 1억 원을 초과한다.

사립대 보다는 주립대가 상대적으로 학비가 저렴하지만 무상에 가까운 독일·프랑스 대학과는 비교하기 어려울 정도로 비싸다. 미국 주립대 가운데 명문으로 통하는 UC버클리의 경우 2022~2023년 학부 신입생의 등록금이 캘리포니아 주민인 경우 1만 71달러로 1만 달러를 살짝 넘었고, 주민이 아닌 경우 2만 6358달러에 이른다.

이런 차이는 어떤 결과를 가져올까? 미국 대학이 민간 기업에 가까운 효율성을 추구하는 반면 유럽에서는 거의 나랏돈으로 대학을 운영하다 보니 교육 인프라를 끌어올리는 데 한계가 있을 수밖에 없다. 프랑스에서는 무상교육을 실시한다는 데 대한 자부심이 크다. 그러나 등록금을 내지 않고 유학이 가능하다는 장점치고는 다른 대륙에서 온 외국 유학생들이 그다지 많지 않다. 즉, 대학 교육 자체가 매력적이지 않다는 얘기다. 전 세계의 유수의 인재들은 학비가 비싸더라도 양질의 교육을 실천하는 미국으로 향한다.

결국 막강한 자금을 운용하는 미국의 명문 사립대들에 눌려 유럽 대학들은 갈수록 초라해지고 있다. 세계 최고 수준의 대학인 미국의 하버드대를 보자. 하버드의 학교 기금은 약 500억 달러로 60조 원을 넘는다. 학교 기금으로는 세계 최대 규모다. 이 기금을 운용하는 곳은 하버드매니지먼트컴퍼니HMC라는 회사다. HMC는 주로 기부금을 받고 다양한 자산에 투자해 수익을 얻은 다음에 학교 측에 운영비로 쓸 수 있게 매년 일정액을 넘겨주는 식으로 운영된다. 다른 미국 주요 대학의 기금 운용도 이와 비슷하다.

하버드대 기금이 가장 크긴 하지만 미국에서는 다른 대학의 기금도 규모가 상당하다. 2022 회계연도를 기준으로 미국에서 100억 달러 이상의 기금을 굴리는 대학만 하버드대를 필두로 16곳이나 된다. 텍사스대 시스템(426억 달러), 예일대(413억 달러), 스탠퍼드대(363억 달러), 프린스턴대(357억 달러), MIT(247억 달러), 펜실베이니아대(207억 달러), 텍사스A&M대 시스템(182억 달러), 미시건대(173억 달러), 노트르담대(167억 달러), 캘리포니아대 시스템(154억 달러) 노스웨스턴대(141억 달러), 컬럼비아대(132억 달러), 워싱턴대(122억 달러), 듀크대(121억 달러), 밴더빌트대(102억 달러) 등이다. 기금이 1억 달러 이상인 대학으로 넓히면 미국 내에서 약 130개 학교에 이른다. 대학 기금들은 활발한 투자를 하고 높은 운용 수익을 추구하기 때문에 미국의 자본시장을 활성화하는 촉매제 역할도 수행한다.

하버드대의 2022년 회계보고서를 보면 연간 수입이 7조 원을 훌쩍 넘는 58억 달러에 달했다. 그중 하버드매니지먼트컴퍼니HMC가 기부금 및 기금을 운용한 수익으로 하버드대에 21억 달러의 운영

100억 달러 이상 기금을 운용하는 미국 대학 16곳　　　　　(단위: 달러)

순위	대학	운용 자산
1	하버드	494억
2	텍사스대 시스템	426억
3	예일	413억
4	스탠퍼드	363억
5	프린스턴	357억
6	MIT	247억
7	펜실베이니아	207억
8	텍사스A&M대 시스템	182억
9	미시건	173억
10	노트르담	167억
11	캘리포니아대 시스템	154억
12	노스웨스턴	141억
13	컬럼비아	132억
14	워싱턴	122억
15	듀크	121억
16	밴더빌트	102억

※2022회계연도 기준　　　　　　　　　자료: 전미대학재정책임자연합(NACUBO)

예산을 지급했다. 이 액수가 하버드대 연간 수입의 36%를 차지했다. 뒤를 이어 등록금 수입은 21%였다. 즉, 대학기금이 준 돈과 등록금이 하버드대 전체 수입의 57%를 차지하고 액수로는 4조 원이 넘을 정도인데, 무상 평등교육을 실시하는 프랑스나 독일의 대학에

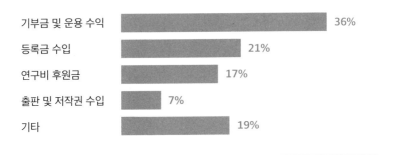

하버드대 수입 구조

항목	비율
기부금 및 운용 수익	36%
등록금 수입	21%
연구비 후원금	17%
출판 및 저작권 수입	7%
기타	19%

※2022회계연도, 총 수입 58억 달러   자료: 하버드대

서는 이런 수입이 거의 없는 것과 마찬가지다.

이러니 연구시설을 마련하는 것을 비롯해 석학을 스카우트하는 것과 같은 '대학 내 규모의 경제'에서 유럽은 미국과 비교조차 할 수 없고 대학 경쟁력에서 큰 차이를 보일 수밖에 없는 것이다. 또한 말할 것도 없이 키워내는 인재의 수준 차이도 불을 보듯 뻔하다.

22

'무상교육' 곳간에
쌀이 떨어지기 시작한 유럽

미국을 중심으로 대학이 연구기관으로서 역할이 커지고 고등교육 경쟁력이 화두가 되고 있지만 여전히 유럽 본토는 대학을 둘러싸고 '평등과 무상'을 중요한 가치로 여기고 지키고 있다. 미국에서는 대학이 국가 경쟁력을 뒷받침할 수 있는 지원부대가 되도록 육성하고 있지만, 유럽에서는 대학 교육을 혜택으로 여기고 공평하게 나눠줘야 한다는 데 방점을 두고 있다. 그러다 보니 대학의 질적 발전이 더디다.

이런 차이는 세계 대학 순위를 보면 여실히 드러난다. 영국 일간지 '더타임스'가 발행하는 교육 매거진 'THE Times Higher Education'의 대학 순위를 보자. 'THE'는 논문 인용 32.5%, 교육 수준 30%, 연구 수준 30%, 국제화 5%, 산학 협력 2.5%의 비율로 대학을 평가한다. 대체로 영국과 영연방국가의 순위가 지나치게 높고 유럽 본토 대학

'THE'가 선정한 세계 톱30 대학

순위	대학	국가	순위	대학	국가
1	옥스퍼드	영국	16	칭화	중국
2	하버드	미국	17	베이징	중국
공동 3위	스탠퍼드	미국	18	토론토	캐나다
	케임브리지	영국	19	싱가포르국립	싱가포르
5	MIT	미국	20	코넬	미국
6	캘리포니아공과	미국	21	UCLA	미국
7	프린스턴	미국	22	UCL	영국
8	UC 버클리	미국	23	미시건	미국
9	예일	미국	24	뉴욕	미국
10	임페리얼칼리지	영국	25	듀크	미국
공동 11위	컬럼비아	미국	26	노스웨스턴	미국
	취리히 연방 공과	스위스	27	워싱턴	미국
13	시카고	미국	28	카네기멜런	미국
14	펜실베이니아	미국	29	에든버러	영국
15	존스홉킨스	미국	30	뮌헨공과	독일

※2023년 순위

자료: THE(타임스 하이어 에듀케이션)

순위도 높은 가운데, 미국 대학을 너무 낮춘 것 아니냐는 비판을 듣는다. 하지만 그런 평가 속에서도 상위권은 미국 대학들이 휩쓸고 있다.

2023년 1~30위 순위에는 미국 대학이 19곳, 유럽이 7곳, 기타 4곳이 포함됐다. 1위는 옥스퍼드대였고 2위는 하버드대였다. 이어서 스탠퍼드대와 케임브리지대가 공동으로 3위였다. 그다음으로는 MIT(5위), 캘리포니아공대(6위), 프린스턴대(7위), UC버클리(8위), 예일대(9위), 임페리얼칼리지(10위) 순이었다. 그나마 영국은 독일·프랑스와 달리 대학에서 무상교육을 실시하지 않고 미국식 고등교육 시스템에 보다 가까운 편이다.

THE 톱30에 유럽 대학은 7곳이지만 자세히 뜯어볼 필요가 있다. 이 중 영국대학이 옥스퍼드대, 케임브리지대, 임페리얼 칼리지를 포함해 UCL(22위), 에든버러대(29위)까지 5곳이다. 그리고 스위스의 취리히공대가 11위에 포진했다. 톱30 이내의 유럽 7개 대학 가운데 EU 바깥에 있는 대학이 6곳이라는 얘기다. 유일한 EU 내 톱30 대학은 30위에 턱걸이한 독일의 뮌헨공대 하나뿐이었다. 뮌헨공대는 독일에서 대학 평준화가 유지되는 가운데 독일 정부가 지속적으로 일류 공대를 육성하려고 애쓴 결과물이다.

30~50위에는 유럽 대학이 8곳이 들어 있다. 순위대로 뮌헨대(33위·독일), 킹스칼리지 런던(35위), 런던정경대(37위·이상 영국), 로잔공대(41위·스위스), 뢰번가톨릭대(42위·벨기에), 하이델베르크대(43위·독일), PSL(파리과학인문대학연합·47위·프랑스), 카롤린스카대(49위·스웨덴)다. 이런 결과도 'THE'가 전반적으로 유럽 대학에 후한 평가를 했다는 의심을 받기 쉽다. 뢰번가톨릭대나 카롤린스카대는 유럽 밖에서 인지도가 매우 낮은 학교들이기 때문이다.

'THE'와 별개로 영국의 글로벌 대학 평가기관 QS Quacquarelli Symonds

에서도 유럽 대학들이 미국 대학들에게 밀린다. QS 평가 역시 영국과 영연방국가 대학의 순위가 비교적 높게 나온다는 점을 감안하고 봐야 한다. QS의 2023년 대학 순위에서 1위는 MIT, 2위는 케임브리지대, 3위는 옥스퍼드대였다. 이어 하버드대가 4위, 스탠퍼드대가 5위였다.

QS 순위에서도 영국대학을 제외하면 유럽 대학은 상위권에 드문 편이다. 30위 이내에서 영국 외의 유럽 대학은 스위스의 취리히 공대(7위)와 프랑스의 PSL(24위)뿐이다. 'THE' 순위와 마찬가지로 상위 30대 대학 중에 EU 회원국 소재 대학은 PSL 하나뿐이다. QS의 31~50위 대학 중에서 EU 내 대학은 공동 37위를 차지한 뮌헨공대(독일), 파리폴리테크닉연구소(프랑스), 46위인 델프트공대(네덜란드) 등 3곳이었다.

유럽에서도 대학이 국가 재정에만 유지하는 시스템에 변화가 필요하다는 주장이 있다. 특히, 마크롱 프랑스 대통령은 변화를 주고 싶어한다. 마크롱 행정부 초기인 2018년부터 프랑스에서는 EU 지역 학생과 EU 이외의 나라에서 온 유학생을 구분해 학비를 차등 적용하기 시작했다. 그래봐야 EU 밖에서 온 외국인 유학생이 내는 학비는 2022~2023학년도 기준으로 학사는 2770유로(한화 386만 원), 석사는 3770유로(한화 525만 원)로 한국의 사립대 등록금의 절반 정도에 그친다.

마크롱 행정부는 "EU 학생의 부모들은 세금을 내기 때문에 무상교육을 적용할 수 있지만, 세금을 내지 않은 외국인 학생들에게 무상교육의 혜택을 주는 것은 불공정하다"는 논리를 내세웠다. 이런 결정은 어쩌면 영미식 관점에서는 당연한 이야기이지만 프랑스 사회 일각에서는 큰 불만을 샀다. 수백 년 이어온 평등한 무상교육의 철학을 깨뜨린 데다, 이것이 시발점이 돼 결국은 모든 학생들에게 등록금을 올려받을 것이라는 주장이 비등했다.

독일에서도 변화가 시작됐다. 2017년 바덴뷔르템베르크주에서는 비EU 국가 학생들에게 유상교육을 다시 도입하기로 결정해서 학기당 약 1500유로를 내도록 하고 있다. 연 400여만원 정도의 액수라 큰 부담이 된다고 보기는 어렵다.

독일이나 프랑스마저도 대학 무상교육에 대한 회의감이 커져 조금이라도 등록금을 받는 쪽으로 변화를 모색하기 시작했다는 점을 주시할 필요가 있다. 물론 마크롱 행정부가 외국 학생들부터 시작해 등록금을 징수하려는 이유는 재정이 나빠져서 계속 무상교육에 쏟아 넣을 실탄이 모자라기 때문이기도 하다.

23

유럽식 평등 교육 뒤에 감춰진 '귀족 교육'

파리 서북쪽 17구에 가면 '에콜42'란 특이한 학교가 있다. 현장에 즉시 투입이 가능한 실무형 IT 인재를 길러내는 학교인데 이는 프랑스 교육부가 인가한 정식 학위 과정이 아니다. 제도권 바깥에 있는 사설 학교인데도 취업이 잘 돼서 지원자가 몰려든다. 이 학교의 학생들을 만나봤더니 의대나 법대를 다니다 중퇴한 학생들이 많아 의외였다. 파리 시내 식당이나 카페 종업원 중에서도 법대나 의대를 다녔었다고 말하는 이들을 가끔 만날 수 있다. 왜 이런 일이 생긴 걸까?

프랑스에서는 대학입학자격시험인 '바칼로레아'를 합격하면 누구나 대학에 들어갈 수 있다. 바칼로레아는 20점 만점에 10점만 넘으면 되는 절대 평가로 치러진다. 문제는 합격률이 지나치게 높아지고 있다는 것이다. 이것 자체가 교육 포퓰리즘이라는 비판이 적

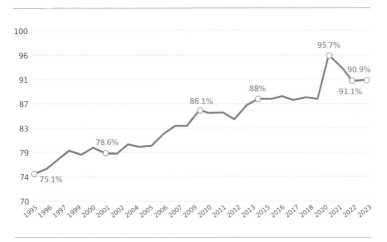

프랑스 대입자격시험 바칼로레아 합격률

지 않다.

바칼로레아 합격률은 1980년만 해도 64%였지만 계속 꾸준히 높아져 2000년대 들어 80%대를 넘어섰고, 근년에는 90%대가 나오고 있다. 2023년의 경우 전국에서 67만2300명이 합격해 응시자 대비 합격률이 90.9%였다. 그나마 합격률이 93.8%였던 2021년이나, 91.1%가 합격한 2022년에 비해 소폭 낮아진 것이다.

바칼로레아 합격자가 넘쳐나면서 평등교육을 구현하기가 쉽지 않아졌다. 특정 대학이나 특정 전공에 지원자가 대거 몰리는 현상이 나타나 난감해졌기 때문이다. 프랑스에서는 고등교육에 평준화 원칙을 적용하기 때문에 대학에 들어오면 원칙적으로 원하는 전공을 모두 선택할 수 있게 해준다. 법대나 의대도 마찬가지다. 특정 전공에 많이 몰리면 무작위 추첨을 한다.

그런데 수준 미달의 법조인이나 의사를 대량 배출할 수는 없다. 그래서 시험에서 낙오되는 많은 학생들이 중퇴하거나 다른 과로 옮겨가고 소수만 졸업하게 된다. 대체로 의대의 경우 입학생 대비 졸업생이 20%에도 못 미치는 것으로 알려져 있다.

모든 학생이 대학에 진학하고 원하는 전공을 하게 해준다는 건 공부할 기회를 공평하게 제공한다는 점에서는 분명한 순기능이다. 그러나 중도 탈락자가 너무 많아 사회적 비용이 커지는 역기능의 파장을 무시할 수 없다. 애초에 법대나 의대가 가당치 않은 학생들이 대거 들어갔다가 곧 튕겨져 나온다. 비단 법대나 의대가 아니더라도 프랑스 전체적으로 대학 중퇴자가 지나치게 많다. 이는 젊은 낭인을 많이 발생시켜 청년 실업률을 높이는 요인이 된다.

이런 문제를 인식하고 있는 마크롱 행정부는 변화를 모색해 2018년부터 '파르쿠르스업Parcoursup'이라는 제도를 도입했다. 학생들이 바칼로레아에 응시하기 이전에 '파르쿠르스업'이라는 인터넷 사이트에서 대학을 미리 선택하고, 대학 측은 학생기록부나 성적을 보고 미리 학생별로 조건부 입학을 하거나 불합격 처분을 하도록 했다. 사실상 대학 측에 학생 선발권을 어느 정도 준 것이다. 법대나 의대에 성적이 형편없는 학생이 들어가지 않도록 사전에 차단한다는 의미가 있다.

사실 파르쿠르스업을 통한 학생 선별은 영미권이나 한국의 대학에서 학생들을 선발하는 것에 비하면 훨씬 느슨하다. 하지만 프랑스에서는 거부감을 표시하는 이들이 적지 않다. 고등교육에 대한 관점이 크게 다르기 때문이라고 봐야 한다. 유럽에서는 대학 교육을 경쟁력을 키워야 하는 대상이라기보다는 공평하게 나눠서 시혜를 베풀어줘야 하는 일종의 수확물 개념으로 접근하는 이들이 적지 않다.

프랑스를 이끄는 차별화된 교육의 수혜자들

그렇다고 유럽에서 모든 교육을 완전히 평등하게 실시하는 것도 아니다. 평범한 사람들과 상류층 사람들의 코스는 완전히 다르다. 파리 시내의 부유층은 자녀를 대체로 학비가 필요한 사립 중고등학교에 보낸다. 일반 공립 초중고등학교에 가면 북아프리카계 이민자 자녀들과 섞여야 하는데 이것이 무엇보다 싫고, 수월성 있는 교육을 받게 하겠다는 게 솔직한 이유일 것이다.

일례로 10대를 파리에서 보낸 토니 블링컨 미국 국무장관이 졸업한 파리 15구의 명문 사립학교 에콜 자닌 마뉘엘École Jeannine Manuel은 부유층의 자녀들이 몰리는 학교다. 이 학교에 원서를 낸 다음 다른 학교를 2~3년씩 다니며 대기하는 경우가 부지기수다.

대학도 완전한 평등교육을 실시하지 않는다. 한국에도 알려진 것처럼 몇 군데의 최상위 그랑제콜Grandes écoles은 수재들을 끌어모으기 위해 철저히 학생을 선별한다. 합격자들은 귀족 가문의 후손들이거나 부모가 전문직인 부유층 자녀들인 경우가 많다.

에콜폴리테크니크, 고등상업학교HEC, 파리고등사범학교ENS 등에 들어가려는 최상위권 학생들의 경쟁은 매우 치열하다. 에콜폴리테크니크의 경우 한 학년에 500명가량을 선발한다. 프랑스에서는 에콜폴리테크니크의 선호도가 대체로 의대보다 높은데, 프랑스 인구가 한국보다 30% 더 많은 점을 감안하면 입학 정원이 800명이 넘는 서울대 공대보다 에콜폴리테크니크에 합격하기가 훨씬 어렵다. 이렇게 선발된 최상위권 그랑제콜 출신들이 프랑스를 이끌어간다.

마크롱 대통령의 측근으로 프랑스 디지털경제부 장관을 지낸 한국계 2세 세드릭 오도 HEC 출신이라는 점이 프랑스 주류 사회에 진입하는 데 큰 도움을 줬다.

최상위 그랑제콜 중에서도 프랑스식 극소수 엘리트주의를 상징하는 학교는 역시 국립행정학교ENA다. 소수의 초엘리트가 나라를 이끈다는 개념이 투영된 곳이다.

마크롱 대통령의 모교이기도 한 ENA는 프랑스인 학생은 약 80명만 선발한다. 35개 고등학교당 한 명꼴로 들어가는 셈이니 그야말로 바늘구멍이다. 이곳은 샤를 드골 전 대통령이 1945년 전후戰後 국가를 재건할 엘리트 양성을 목표로 세운 곳으로 1958년 대통령제 시작 이후 마크롱까지 8명 중 4명의 대통령을 배출했다. ENA 졸업생을 '에나르크énarque'라고 부르는데 이들은 끈끈하게 서로 밀고 끌어주면서 프랑스 사회의 핵심 요직을 독차지해왔다. 에마뉘엘 마크롱 대통령이 36세에 재무장관이 될 수 있었던 것도 에나르크였기 때문에 가능했다.

이런 방식으로 일부 최상위 그랑제콜 졸업생들이 엘리트 집단을 형성해 나라를 이끌어 가는데, 사실 이는 지배계급과 피지배계급으로 양분된 유럽 문화의 잔재로 볼 여지가 있다. 미국식 대학과 문화적인 배경이 다르다고 봐야 한다. 그랑제콜을 통해 겉으로는 리더를 양성한다지만 특권층을 만드는 통로의 기능을 하고 있어 많은 비판을 받았다. 결국 마크롱은 모교 ENA를 2022년에 폐지했다.

그렇다면 이렇게 대단한 수재들을 선별함에도 왜 프랑스 그랑제콜은 세계 대학 랭킹 최상위권에 오르지 못하는 것일까? 여기에는 이유가 있다. 먼저 그랑제콜은 특수한 프랑스식 학제라 국제적으로 인정받는 시스템이 아니다. 다른 대학을 2년 이상 다녔거나 고등학교를 졸업한 뒤 그랑제콜을 준비하는 2년간의 '프레파'의 과정을 다닌 학생들에게만 응시 자격을 준다. 이곳은 프랑스식 폐쇄적인 시스템으로 대학인지 대학원인지 불분명하다.

그리고 연구 기능이 약하다는 점을 들 수 있다. ENA의 경우 전임 교원은 딱 2명이다. 대부분의 수업은 연간 1500명에 달하는 외부 전문가를 초빙해 실무 교육으로 진행한다. 특히, 동문 선배인 정부 고위 인사가 와서 정책을 수립하고 집행할 때의 요령을 가르친다. 교수가 학생에게 학문을 가르치는 게 아니라 선배가 후배에게 실무를 전수한다는 얘기다. 요즘 프랑스 그랑제콜들도 변신을 도모해 외국 학생들한테 문호도 개방하고 학제도 외국에 맞추려는 변화를 모색하고 있다. 그러나 '우물 안의 리더'를 기르던 방식에서 크게 벗어났다고 보기는 어렵다.

유럽에서는 크리스틴 라가르드 유럽중앙은행ECB 총재가 ENA에 두 번이나 낙방했다는 사실이 널리 회자된다. 라가르드 총재는 G7 국가 최초의 여성 재무장관, 최초의 여성 IMF 총재, 최초의 여성 ECB 총재다. 라가르드는 프랑스 여성으로는 역사상 국제무대에서 가장 성공했지만 정작 국내에서는 ENA 낙방의 설움을 느껴 미국으로 건너가 성공의 길을 찾았다. 라가르드 총재의 사례는 유럽식 엘리트 교육의 효용성에 의문을 갖게 만든다. 이런 교육 시스템으로는 미국을 넘어서기는커녕 뒤쫓아가기도 버거울 수밖에 없다.

24

월가와 실리콘밸리에 몰리는 유럽 두뇌들

코로나 팬데믹으로 전 세계가 위태로울 때 한국 정부는 백신을 빨리 수급하지 못해 질타를 받았다. 험악해진 여론을 의식해 2020년 12월 문재인 대통령이 미국 모더나의 최고경영자 스테판 방셀과 화상 통화를 하고 이 장면을 청와대가 홍보했다. 당시 적지 않은 국내 언론은 프랑스인 방셀Stéphane Bancel을 미국인으로 여겨 '스티븐 반셀'로 표기했다. 그랬다가 프랑스인이라는 게 알려져 프랑스어식으로 '스테판 방셀'로 표기하고 있다.

방셀은 전형적으로 프랑스가 답답해서 고국을 등진 인재다. 1972년생인 방셀은 파리의 이공계 연구중심 그랑제콜인 ECP(에콜 상트랄 파리)를 나왔다. 그는 ECP 재학 시절 교환학생 방식으로 미국 미네소타대에서 생물공학을 전공해 학사 학위를 미·불 양국에서 받았고, 하버드대 경영대학원에서 MBA(경영학 석사)를 땄다. 이후 방셀이 50세가 넘도록 고국 프랑스에서 직장 생활을 한 건 4년 뿐이다. 프랑스계 바이오 기업 비오메리외의 일본 법인, 미국계 제약사 일라이 릴리의 벨기에 법인 등에서 일하며 바이오 업계에서 경력을 키웠고, 2011년 모더나에 최고경영자로 영입됐다.

백신 성공으로 모더나 주가가 폭등한 덕분에 방셀의 지분 가치는 8조 원에 가까운 58억 달러에 달하는 것으로 추정된다. 방셀의 성공을 두고 프랑스인들은 심경이 복잡하다. 대체로 자랑스러워하지만 꺼림칙한 대목도 있기 때문이다. 방셀과 같은 엄청난 성공은 미국이니까 가능했고, 프랑스에서는 쉽지 않은 일이다. 그의 성공 비결은 프랑스를 떠나 미국에서 유학하고 일자리를 잡았다는 데 있다.

모더나는 미국식 산학 연계의 확실한 성공 사례로 꼽힌다. 2010년 하버드대 의대와 MIT의 여러 교수가 메신저리보핵산mRNA 기술을 갖고 보스턴에 세운 연구형 벤처기업이 모더나의 원형이다. 방셀은 2011년 CEO가 된 이후 2017년까지 벤처캐피털 자금으로 20억 달러를 유치했다. 명문대의 수준 높은 연구 기능과 거대한 자본시장의 규모가 모더나를 빠른 속도로 세계적인 기업이 되도록 이끈 것이다. 유럽에서는 불가능에 가까운 성공 모델이다.

모더나와 함께 mRNA 백신으로 전 세계적으로 큰 수익을 올린 거대 제약사 화이자의 최고경영자 앨버트 불라 역시 유럽에서 미국으로 건너가 성공을 거둔 인물이다. 62세인 불라는 그리스 제2의 도시인 테살로니키에서 태어난 세파르딤(스페인계 유대인)이다. 아리스토텔레스대에서 수의학으로 학사·석사·박사를 쭉 마치고 수의사가 된 불라는 1993년 화이자에 들어갔다. 그는 글로벌 백신·종양사업부장(2014~2016년), 혁신 건강그룹 사장(2016~2017년)을 거쳐 2018년 최고운영책임자COO가 됐고, 2019년 1월 대망의 CEO에 올랐다. 백신과 제약업계만 보더라도 미국에서는 유럽의 인재를 과감하게 받아들인다는 걸 알 수 있다. 사업을 키우는 철저한 비즈니스적 마인드다.

유럽의 인재유출이 만들어낸 참혹한 결과

방셀과 불라는 최근의 사례이며, 역사적으로 거슬러 올라가 보더라도 유럽은 200년 넘게 미국에 수없이 인재를 빼앗겼다. 유럽인들이 미국을 기회의 땅으로 여겨 '아메리칸 드림'을 쫓아 자발적으로 건너가기도 했지만 종교적, 정치적 탄압으로 어쩔 수 없이 쫓겨나듯 대서양을 건넌 경우도 적지 않았다. 대표적으로 프랑스 개신교 신자들을 말하는 위그노Huguenot를 꼽을 수 있다. 신교도이자 테크노크라트(과학적 지식이나 전문적 기술을 바탕으로 사회 또는 조직의 의사결정에 중요한 영향력을 행사하는 사람_편집자 주)였던 많은 위그노들은 로마 카톨릭 중심의 구교도들의 박해를 못견딘 나머지 18~19세기에 대서양을 건너 미국으로 향했다.

미국으로 건너간 위그노의 유명한 후손으로는 역사상 최초의 억

만장자로 불리는 '석유왕' 존 데이비드 록펠러(1839~1937)와 '오마하의 현인'으로 불리는 워런 버핏(1930~) 버크셔해서웨이 회장을 꼽을 수 있다. 록펠러Rockefeller라는 성姓은 프랑스 귀족 가문 로크푀이유Roquefeuilles에서 유래했다. 버핏Buffett도 프랑스 성 뷔페Buffet에서 미국식으로 쉽게 읽히기 위해 스펠링을 약간 바꿨다. 1802년 거대 화학기업 듀폰DuPont을 창업한 엘뢰테르 이레네 뒤 퐁du Pont(1771~1834)도 프랑스에서 미국으로 건너간 위그노였다. 뒤 퐁은 질량 보존의 법칙을 발견한 프랑스 화학자 앙투안 라부아지에의 제자였다. 라부아지에는 대혁명 시대에 형장의 이슬로 사라진 인물이다.

프랑스가 위그노들을 미국으로 쫓아냈다면 독일에서는 나치가 결과적으로 유대인들을 미국으로 내보냈다. 프랑스와 마찬가지로 미국에 좋은 일만 시켜준 셈이다. 대표적인 인물이 물리학자 알베르트 아인슈타인(1879~1955)이다. 미국 민간 싱크탱크인 문화외교연구소에 따르면, 1931년부터 1940년 사이에만 약 11만 5000명의 독일인이 미국으로 옮겨갔다. 이렇게 미국으로 간 독일인은 대부분 유대인이거나 반나치주의자들이었다.

21세기 들어서도 유럽인들은 미국에 건너와 세계적인 기업에서 일하고 있다. 특히, 미국의 자본시장의 번영을 상징하는 월가와 IT산업을 대표하는 실리콘밸리에 영국인, 독일인, 프랑스인들이 대거 넘어와서 일한다는 것은 주지의 사실이다. 뿐만 아니라 세계적으로 명성이 높은 기업 중에서 유럽인이 미국에 건너와 만든 회사가 여

유럽인이 건너와 세운 미국 기업들

회사	업종	창립자	출신 국가
AT&T	통신	알렉산더 그레이엄 벨	영국
왓츠앱	모바일 메신저	얀 쿰	우크라이나
이베이	온라인 소매업	피에르 오미디야르	프랑스
캐피털원	금융	나이절 모리스	영국
콜스	소매	맥스웰 콜	폴란드
컴캐스트	통신	대니얼 애런	독일
듀폰	화학	엘뢰테르 이레네 뒤 퐁	프랑스
허핑턴포스트	미디어	아리아나 허핑턴	그리스
콜게이트	치약	브릿 윌리엄	영국
화이자	제약	찰스 파이저	독일
P&G	생활용품	윌리엄 프록터(영국) & 제임스 갬블(아일랜드) 공동 창업	
리바이스	의류	립 슈트라우스(독일) & 제이콥 데이비스(라트비아) 공동 창업	

럿이다.

20세기 미국의 전화 산업을 독식한 통신회사 AT&T는 스코틀랜드 태생의 영국인 알렉산더 그레이엄 벨이 설립했다. 거대 제약사 화이자도 1849년 독일 출신의 찰스 파이저가 뉴욕에서 세운 회사다. 세계 굴지의 생활용품 기업인 P&G(프록터 앤드 갬블)는 영국 출신의 윌리엄 프록터와 아일랜드에서 온 제임스 갬블이 미국 오하이오주에서 공동 창업했다. 독일 이민자 립 슈트라우스와 라트비아 출신의 제이콥 데이비스는 미국에서 청바지의 대명사 리바이스를 공동 창립했다.

유럽인이 미국에 건너와 세운 기업이 세계를 호령한 건 먼 과거에만 있었던 게 아니다. 2009년 서비스를 개시한 이후 전 세계에서 사용자가 20억 명을 넘긴 모바일 메신저 왓츠앱은 우크라이나 출신의 얀 쿰이 미국에 건너와 프로그래머 브라이언 액튼과 함께 만들었다. 왓츠앱은 2014년 페이스북이 193억 달러를 주고 사들여 얀 쿰은 돈방석에 앉게 됐다. 그는 2023년 포브스 집계로 151억 달러의 순자산을 갖고 있어 미국 부자 명단 44위에 올랐다.

온라인 상거래업계를 이야기할 때 빼놓을 수 없는 회사 이베이도 1995년 프랑스 태생의 이란계 미국인 피에르 오미디야르가 세운 회사다. 피에르의 부모는 이란에서 프랑스로 유학을 간 사람들인데, 아버지는 의사이고, 어머니는 소르본대 출신의 언어학자였다. 피에르가 어렸을 때 이 가족은 다시 미국으로 이주했다. UC 버클리를 졸업한 피에르는 1995년에 '옥션웹'이라는 온라인 서비스를 출시해 이베이로 발전시켰다. 그는 2015년까지 이베이 대표를 지냈으며, 2023년 기준으로 87억 달러의 재산을 갖고 있다.

이외에도 유럽인이 미국에서 설립해 세계적인 기업이 된 사례는 폴란드 출신 맥스웰 콜이 설립한 글로벌 유통업체 콜스를 꼽을 수 있다. 컴캐스트는 독일에서 온 대니얼 애런, 금융회사 캐피털원은 영국 출신 나이절 모리스가 미국에서 세운 회사다. 미디어업계에서 주목을 받은 허핑턴포스트를 세운 아리아나 허핑턴은 그리스 사람이다. 아일랜드 출신의 존 콜리슨과 패트릭 콜리슨 형제가 세운 핀테크 업체 스트라이프, 프랑스인 피지 시모가 설립한 온라인 배송 업체 인스타카트, 스웨덴인 알리 고드시의 빅데이터 기업 데이터브릭스 등도 성장성이 무궁무진한 미국 회사들이다.

유럽에서 대서양을 건너와 미국의 힘을 키우고 자수성가한 집안을 예로 들어 보여준다면 폴란드계 워치츠키 가문이 가장 적합할 것이다. 9년간 유튜브 CEO를 맡아 세계 제1의 동영상 콘텐츠 플랫폼으로 키워낸 수전 워치츠키, 캘리포니아대 의과대학 교수인 재닛 워치츠키, 시가총액 10억 달러가 넘는 유전자 검사 기업 23andMe를 창업한 앤 워치츠키는 친자매다. 이들 셋 모두 여성으로서 탁월한 전문성을 가지고 스템STEM(과학·기술·공학·수학 분야의 학문을 포괄하는 용어) 분야에서 성공했다.

이들의 아버지 스탠리 워치츠키는 옛 폴란드 공산당 정부의 박해를 피해 어머니와 단둘이 밀항선을 타고 스웨덴으로 탈출했다가 미국에 정착했다. 그는 하버드대 물리학과를 나와 UC 버클리에서 물리학 석·박사 학위를 받은 뒤 스탠퍼드대 물리학과 교수가 됐다. 스탠리 워치츠키와 세 딸의 성공은 유럽에 머물러 있었으면 결코 이뤄내기 어려웠을 것이다. 미국에는 이처럼 유럽에서 넘어온 이민자들의 성공 사례가 수없이 많다. 그만큼 유럽은 인재를 오랫동안 미국에 빼앗겨 왔고 지금도 빼앗기고 있다. 이런 인재 유출이 미국과 유럽의 격차를 키우는 하나의 요인으로 작용하고 있다.

자부심 강한 유럽 학생들의
이중 면모를 보다

장진욱
고려대 교수

"이곳 학생들은 프랑스 시스템에 대한 암묵적인 자부심을 가지고 있습니다. 그 안에서 살아남아 엘리트로서의 첫걸음을 내딛은 본인들에게는 더욱 그러하고요. 이로 인해 강의 중에 사례, 특히 미국 기업의 케이스를 언급하는 경우에는 소개되는 사례의 우수함이 프랑스 시스템의 열등함으로 해석되지 않도록 각별히 주의할 필요가 있습니다. 혹시나 그렇게 전달되는 경우 학생들은 강하게 반발하고 이후 교수님들의 강의 운영이 어려워질 가능성이 높습니다."

제가 미국에서 박사 학위를 받고 HEC Paris École des Hautes Études Commerciales de Paris (파리고등상업학교)에 부임한 2015년 신임교원 대상의 교수법 오리엔테이션에서 안내받은 내용 중 하나입니다. 미국과의 비교

장진욱
• 서울대 경제학부 졸업(2007년)
• 미국 카네기멜런대 경영학 박사(2015년)
• HEC Paris 교수(2015년 9월~2020년 7월)
• 고려대 경영학과 교수(2020년 9월~)

를 민감하게 받아들일 수 있으니 주의하라며 학교 측에서 가이드를
한 것이죠.

HEC Paris는 프랑스의 경영학 분야 그랑제콜 가운데 최상위권으
로 평가받는 곳입니다. 실제 강의를 통해 만난 HEC Paris 그랑제콜
과정 학생들은 소문대로 지적 능력과 성실함, 열정 모두 스스로에
자부심을 가질 수밖에 없는 훌륭한 인재들이었습니다. 이들이 갖고
있는 프랑스의 시스템에 대한 자부심과 충성심 역시 소문과 크게
다르지 않았습니다.

그런데 학생들과의 교류가 늘어나고 학교 환경에 대한 이해가
깊어지면서 재미있는 점을 발견하게 되었습니다. 학생들은 프랑스
의 경제 및 교육 시스템에 대해 모종의 우월감을 표현하지만, 본인
들이 받는 교육에 있어서는 미국식의 접근을 원하고 있다는 것입
니다.

HEC Paris가 경영학에 특화된 그랑제콜이기에 어찌 보면 당연한
요구일 수 있겠죠. 그래도 학생들이 자랑스러워하며 지키고자 하는
것과는 다른, 보다 실용적이고 효율적인 것을 찾고 있다는 점은 흥
미로웠습니다.

예를 들어볼까요. 학생들은 프레파(고교 졸업 후 2년간의 그랑제콜
준비 과정)를 통해 순수 학문 분야에 대해 깊이 있게 학습하고, 이를
스스로가 직접 응용할 수 있도록 교육받은 것(프랑스식)에 대해 큰
자긍심을 가지고 있었습니다. 하지만 실제 학습 과정에서는 실전에

바로 활용할 수 있는 실용적이고 실무적인 지식 혹은 기술(미국식)을 전달받기를 원했습니다.

그랑제콜 과정의 본질은 취업이 아닌 전문 역량의 개발이어야 한다는 프랑스식 가치를 이야기하면서도, 학교로부터 면접 준비나 이력서 작성법과 관련된 워크숍 같은, 보다 적극적이고 직접적인 취업 관련 지원은 미국 방식을 요구하고 활용했습니다.

나아가 미국의 효율 중심의 기업 운영 및 사회 환경에 대해 비판적인 태도를 보이면서도, 많은 학생들이 구글(알파벳), 아마존, 맥킨지, 골드만삭스와 같은 미국 기업들에 취업하고자 했습니다. 어떻게 보면 학생들에게 묘한 이중적인 심리가 있다고 볼 수 있습니다.

HEC Paris는 수요자의 니즈에 맞는 교육 서비스를 제공하기 위해 학교 차원에서의 노력을 아끼지 않았습니다. 실제로 HEC Paris는 다른 프랑스나 유럽 교육 기관들에 비해 좀 더 이른 시기에, 그리고 더 적극적으로 미국식 교육 및 운영 모델을 수용한 것으로 알고 있습니다. 그 일환으로 커리큘럼을 정비하고 학생들을 위한 지원 체계를 구축했습니다. 또 특정 분야의 전문성 제고를 위한 세부 트랙과 산학연계활동을 확충했습니다.

교수로 재직하면서 더욱 놀랍고 중요하게 다가왔던 부분은 HEC Paris가 미국 대학들과 동일한 기준과 과정으로 교수를 선발하고 평가한다는 점입니다. 미국 유수 대학들이 강조하는 학술 연구를 기반으로 한 교육이라는 원칙을 그대로 받아들여 연구 활동을 장려하기 위한 여러 제도들이 활용되고 있었습니다. 이를 통해 미국에서 훈련한 혹은 연구 활동을 진행해온 교수들을 지속적으로 채용해왔습니다. 프랑스의 명문 학교로서 명성을 쌓은 비결 중에 하나가 '빠른 미국화'라고 볼 수 있는 대목입니다.

유럽의 교육 기관 중 선도적으로 미국 주도의 연구 및 교육 흐름을 수용하는 전략적 행보를 보인 것이 HEC Paris가 프랑스의 최고 그랑제콜을 넘어 유럽 안에서 가장 선망받는 교육 기관의 하나로 자리매김하는 데 중요한 역할을 한 것으로 보였습니다.

실제로 제가 만났던 영국, 독일, 이탈리아, 스웨덴, 러시아 등지에서 온 학생들은 한결같이 HEC Paris의 교육 및 지원 체계가 본국에서는 경험하기 어려운 것이라고 했습니다. 이것이 자신들이 유학을 결심하게 된 중요한 이유 중 하나라고 강조했습니다. 마찬가지로 교수들도 다른 대부분의 유럽 경영대학에 비해 미국식 인사 및 연구 체계를 구축해 놓은 HEC Paris의 환경에 훨씬 더 큰 만족도를 보였습니다.

하지만 단순히 미국식 운영 체계를 수용하는 방식의 접근은 한계가 뚜렷해 보였습니다. 무엇보다 미국 대학들에 비해 상대적으로 저렴한 학비와 작은 운용 기금의 규모에 따른 재무적 자원의 격차가 분명했습니다. 그로 인한 교원 채용, 학술 및 교육 활동 지원, 학생 지원, 낙후된 시설 등의 불리함을 극복하는 건 현실적으로 쉽지 않다고 느꼈습니다.

이러한 문제의식에서 학교와 재단은 미국 주도의 체계에서 후발 주자로 따라가는 것이 아닌 새로운 전략적 접근 방법을 모색하는 동시에 재원을 확보하기 위해 여러 방면으로 노력하고 있었습니다. 프랑스 고등교육기관 최초로 재정 독립성을 확보한 것이 그러한 노력의 대표적인 예라고 할 수 있겠습니다. 이와 더불어 단과대학으로 운영되는 그랑제꼴 체계의 한계를 보완, 극복하기 위해 여러 연계·융합 프로그램을 운영하고 있고, 최근에는 기술 분야의 최고 그랑제콜인 에콜 폴리테크니크Ècole Polytechnique와 융합 프로그램을 시작하였습니다.

프랑스 엘리트 교육의 정점에 있는 교육 기관 중 하나인 HEC Paris가 미국의 운영 시스템을 적극 수용하고 있다는 점은 한편으로는 이러한 전략적 유연성이 그 지위와 명성을 유지하는 원동력이 되지 않았을까 생각하게 만듭니다.

반면 다른 각도로 보자면 이러한 노력이 콧대 높은 프랑스의 엘리트 교육 시스템도 미국의 주도로 형성된 교육 및 경제 체제에 적응해야만 하는 환경이 됐다는 것을 보여주는 측면이 있습니다. 결론적으로 현대 사회에서 미국식 대학 운영이 지배적인 힘을 갖고 있는 것이 아닌가 하는 생각이 듭니다.

6부

지정학

25

[브레그레트^{Bregret} 탄식에 빠진 대영제국]

21세기 들어 지정학적인 변화가 엄청나다. 중국의 부상과 미·중 갈등, 난민의 대이동, 러시아의 유럽 위협 및 우크라이나 침공, 무슬림의 확산 등 20세기까지 볼 수 없었거나 간과했던 변수들이 수면 위로 올라왔다. 이로 인해 미국과 유럽이 커다란 영향을 받고 있다.

먼저 유럽을 강타한 거대한 변화로 볼 수 있는 브렉시트_{Brexit}(영국의 EU 탈퇴)부터 살펴본다. 왜 영국이 브렉시트를 선택했고, 이후 어떤 일이 벌어지고 있는지를 알아야 최근의 미국과 유럽을 둘러싸고 벌어지는 다양한 현상을 이해할 수 있다.

2020년 1월 29일 벨기에 브뤼셀의 EU 의회 본회의장에서 영국의 EU 탈퇴 협정을 표결에 부쳤다. 683명의 의원이 표결에 참여해 621명(91%) 찬성으로 가결됐다. 영국 의원들은 일제히 일어나 옆자리 EU 의원들과 악수하고 껴안았다. EU 의회 비준으로 브렉시트로 가는 모든 절차가 완료된 것이다.

이에 따라 이틀 후인 1월 31일 자정(런던 시각으로는 밤 11시) 영국은 EU를 정식으로 탈퇴했다. 영국은 즉시 EU 집행위원회와 유럽의회에서 의결권·발언권을 잃었다. EU의 전신인 EEC(유럽경제공동체)에 가입한 지 47년 만이고, 2016년 6월 브렉시트 여부를 묻는 국민투표가 치러진 지 3년 7개월 만이었다. 영국의 탈퇴로 EU 회원국은 28개국에서 27개국으로 줄어들었다. 1993년 출범한 EU에서 탈퇴한 회원국이 나온 첫 사례다.

EU의 탈퇴로 영국은 갖가지 규제에서 해방됐으며 밀려드는 외국인 입국을 제한할 수 있게 됐다. 보리스 존슨 당시 영국 총리가 환희에 찬 성명을 발표했다.

"놀라운 희망의 순간입니다. 위대한 국가 드라마의 새로운 장을 위해 여명이 동트고 커튼이 올라가고 있습니다. 이민을 통제하거나 자유무역항을 만들면서 우리의 이익을 위해 되찾은 주권으로 법과 규칙을 만들 수 있게 됐습니다."

이후 영국은 보리스 존슨의 예고대로 찬란한 미래를 열고 있을까? 채 4년이 지나기도 전인 현재 영국은 그의 기대와는 완전히 반대로 가고 있다. 영국 국민들은 브레그레트Bregret('브렉시트의 결정을 후회한다'는 뜻으로 '브렉시트Brexit'와 '후회한다'의 리그레트Regret를 합쳐 만든 신조어_편집자 주)로 하루하루를 고통 속에 보내고 있다. 대영제국의 부활을 꿈꿨지만 '외톨이 경제'가 된 우울한 그림자가 짙게 드리워진 것이다. 인플레이션, 에너지·식품 공급난, 노동 인력 부족이라는 팬데믹 이후 글로벌 경제의 3대 악재가 영국에서 유독 심각하게 나타나고 있다.

IMF는 2023년 7월 경제전망에서 영국의 2023년 경제 성장률 전망치를 0.4%로 내다봤다. G7 선진국 가운데 심각한 경기 침체에 빠진 독일(-0.3%)보다만 높을 뿐 경쟁국들보다 뒤떨어진다. IMF가 2023년 성장률 전망치로 스페인 2.5%, 캐나다 1.7%, 일본 1.4% 이탈리아 1.1%, 프랑스 0.8%를 제시한 것과 비교하면 영국의 성장 속도가 훨씬 느리다는 걸 알 수 있다. 브렉시트 이후 '고립된 섬'이 될 것이라는 유럽 본토의 저주가 현실이 되었다.

브렉시트의 부작용의 핵심은 EU와의 자유무역을 잃고 통관 절차가 생긴 탓에 수출입에 시간과 비용이 눈덩이처럼 불어났다는 것이다. 이것이 일파만파다. 통관 절차 부활로 무역이 고비용 구조가 되자 불확실성이 커져 무역 감소와 투자 지체가 뚜렷하다. EU 회원국 국민의 자유 왕래를 막았더니 노동력 부족이라는 부메랑이 돌아와 허우적대고 있다.

실제로 영국의 GDP 대비 무역액 비율은 2019년 63%에서 2021년 55%로 떨어졌다. 번거로운 통관 절차가 생기자 바로 악영향이 나타난 것이다. 영국중앙은행BoE 통화정책위원이었던 마이클 손더스는 "브렉시트로 인한 무역 감소로 영국 내 생산성 증가율이 낮아졌

G7의 팬데믹 전후 경제규모 변화

국가	경제규모 증가율	국가	경제규모 증가율
미국	2.6%	캐나다	1.7%
이탈리아	1.1%	프랑스	0.9%
일본	0.6%	독일	0%
영국	-0.2%		

※2019년 4분기 대비 2022년 2분기 GDP 증가율 　　　　　　　　　　　　　　자료: 영국 통계청

다"고 했다. 이 정도는 점잖은 표현이다. 브렉시트 3주년을 맞아 영국의 사모펀드 테라퍼마를 이끄는 가이 핸즈는 "브렉시트는 완전한 재앙이고 정치인들은 거짓말로 일관했다"고 거칠게 성토했다.

　섬나라가 무역이 줄어드니 경제가 원활하게 굴러갈 리가 만무하다. 코로나 팬데믹 전후로 G7 선진국 중 경제 규모가 줄어든 나라는 영국이 유일하다. 영국 통계청은 2019년 4분기와 2022년 2분기 국내총생산GDP을 비교했을 때 영국은 0.2% 줄어들었다고 집계했다. 같은 기간 미국(2.6%), 캐나다(1.7%), 이탈리아(1.1%), 프랑스(0.9%) 등이 전염병의 충격을 딛고 일어섰지만 유독 영국만 뒷걸음치고 있다.

브렉시트는 단순한 '탈출'이 아니다

충격이 크다 보니 지식인들은 브렉시트를 하지 않았다면 어땠을

까 하는 연구를 해보고 있다. 런던의 민간 싱크탱크 CER(유럽개혁센터)은 브렉시트를 하지 않았을 때를 가정한 기존 경제 모델과 비교하면 브렉시트 이후 2022년 2분기까지 영국은 국내총생산GDP 5.5%, 투자 11%, 무역 7%가 각각 감소했다고 분석했다. 블룸버그 이코노믹스는 영국이 브렉시트 국민투표를 실시한 2016년 2분기 이후 브렉시트 탓에 발생한 GDP 손실을 연간으로 환산하면 1000억 파운드(약 167조 원)에 달한다고 계산했다.

팬데믹 이후 세계를 강타한 인플레이션 파도는 유럽 본토보다 영국에 더 강력하게 휘몰아치는 중이다. 섬나라라는 특성이 브렉시트의 부정적 요소와 맞물려 높은 인플레이션이 가져오는 타격이 컸다. 영국은 2022년 7월 10.1%로 40년 5개월 만에 최고 물가를 기록했는데, 2022년 G7에서 처음 나타난 10%대 물가였다.

영국은 식량 자급률이 60%로 낮다. 모자라는 식량은 거의 대부분 EU 회원국에서 수입해온다. EU 회원국일 때는 먹을거리를 들여오는 과정이 자유로웠지만 이제는 통관 절차가 생겼고 시간이 지체되고 있다. 이는 고스란히 비용으로 전가되고 있다. 식품류 가격이 원체 높기 때문에 전체 물가를 끌어올리기도 하고 피부에 와닿는 물가 고통 수위가 높기도 하다.

2023년 7월 물가 상승률을 비교하면 영국이 7.9%로서 독일(6.8%), 이탈리아(6.7%), 프랑스(5.3%)보다 눈에 띄게 더 높다. 애덤 포즌 미국 피터슨국제경제연구소PIIE 소장은 "영국의 물가 상승률이 더 높은 이유의 80%는 브렉시트와 관련돼 있다"고 했다.

브렉시트로 외국인 인력이 줄어들어 인력난을 겪는 것도 큰 충격을 안겨주고 있다. 2022년 3분기 기준으로 EU 회원국에서 영국에 온 근로자는 237만 1000명이었는데, 블룸버그 이코노믹스는 브렉시트를 선택하지 않았다면 EU에서 온 인력이 274만 3000명으로 37만 2000명이 더 많았을 것이라고 추정했다. 식당·호텔·카페들이 종업원을 구하기가 어렵고 운수·물류업체들도 직원 채용에 애를 먹고 있다. 인력을 구하지 못해 휴업을 하는 식당이나 투숙객이 없어 객실을 줄이는 호텔들도 나타났다.

코로나 사태 당시 고국으로 돌아간 동유럽 출신 근로자들이 브렉시트 이후 입국이 까다로워진 영국으로 돌아오지 않고 있다. 특히 농어촌에서 일할 사람을 구하기가 부쩍 어려워졌다. 오랫동안 영국에서는 수확기에 계절 노동자들이 몇 달간 일하고 돌아가는 시스템이 효율적으로 돌아갔다. 하지만 이제는 자유 이동이 어렵고 체류 조건이 까다로워지면서 EU 회원국의 계절 노동자들을 활용하기가 어려워졌다. 이렇다 보니 인건비가 부쩍 올랐고, 이는 인플레이션을 자극하는 원인이 되고 있다. 영국농민연대는 일손 부족으로 수확을 포기한 농산물이 2022년 한해 2200만 파운드(약 330억 원)에 달한다고 집계했다.

에너지난도 유럽 본토보다 심각하다. 신재생에너지로 전환을 서두른 영국은 풍력 발전에 전기 생산의 25%를 의지한다. 석탄 연료 비율은 2%에도 못 미친다. 이렇다 보니 2021년 이후 북해에 예년보다 바람이 덜 부는 탓에 전기 생산량이 낮아졌음에도 단기간에

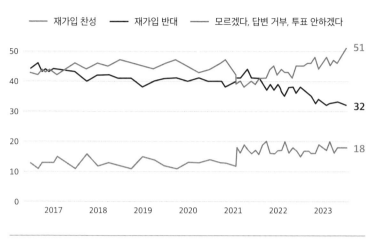

자료: 유고브

전기 생산량을 끌어올릴 수단이 없었다.

이런 상황에서 브렉시트로 EU 단일 에너지 시장에서 탈퇴한 것이 큰 악재로 작용하고 있다. EU 단일 에너지 시장에 들어 있던 시절에는 해저 케이블을 통해 수시로 거의 제약 없이 전기를 수입할 수 있었다. 하지만 이제는 프랑스·벨기에·네덜란드와 개별 협상으로 전기를 끌어오는 비효율적 시스템 탓에 연간 수억 파운드를 추가로 쓰느라 가정용 전기요금을 더 올려야 한다.

영국의 경제난으로 국민들의 생활고가 이어지자 2022년 영국에서는 교사·공무원·철도기관사·버스기사를 비롯해 공공 부문 종사자들이 임금을 올려달라며 지속적으로 파업과 시위를 반복했다. 고물가로 실질 임금이 줄어든 가운데 노동 인구 감소로 업무량이 급

▶ 브렉시트로 4% 감소한 영국 GDP

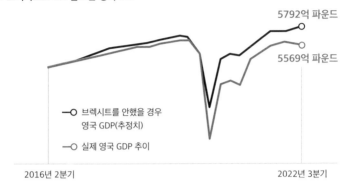

5792억 파운드

5569억 파운드

─○ 브렉시트를 안했을 경우
    영국 GDP(추정치)

─○ 실제 영국 GDP 추이

2016년 2분기   2022년 3분기

▶ 브렉시트 이후 줄어든 영국의 투자
2016년 2분기 투자 규모가 기준선 100

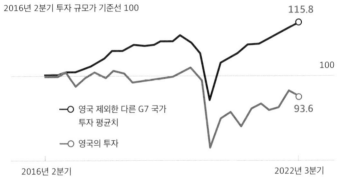

115.8

100

─○ 영국 제외한 다른 G7 국가
    투자 평균치

─○ 영국의 투자

93.6

2016년 2분기   2022년 3분기

자료: 블룸버그

증한 데 따른 불만이 폭발한 것이다.

런던에서 살고 있는 한국 기업의 한 주재원은 "혼자 살고 있는데도 월 전기요금이 260파운드(약 43만 원)가 나오고 있어 심각하다는 말로는 모자랄 지경"이라고 했다. 영국 보건안전청UKHSA이 '전기요금을 아낀다며 냉장고 전원을 꺼버리면 음식이 상할 수 있다'고 경고하는 캠페인을 전개할 정도다.

브렉시트로 무역과 투자가 줄어들자 재정난은 더 심각해졌다. 영국은 GDP 대비 국가 채무 비율이 2000년 36.6%였지만 2020년에는 102.6%로 불어났다. 매년 재정 적자가 발생하느라 나랏빚이 빠른 속도로 늘어났고, 나라 살림의 구멍은 더 커졌다. 민간 싱크탱크 CER의 존 스프링포드 연구위원은 "브렉시트를 하지 않았다면 연간 세수가 400억 파운드(약 60조 원) 더 많았을 것"이라고 분석했다.

게다가 장기 추세로 파운드화 가치가 하락하고 있어 수입 물가 상승으로 가계 부담이 커지고 있다. 글로벌 금융위기가 몰려오기 1년 전쯤인 2007년 10월에는 1파운드당 2.08달러에 달할 정도로 파운드화 가치가 높았다. 하지만 2022년 9월 리즈 트러스 당시 총리의 과격한 감세안 파동으로 파운드당 1.03달러까지 하락했고, 2023년에도 대체로 1.2달러대에 머물고 있다. 런던 킹스칼리지의 조너선 포테스 교수는 파이낸셜타임스 인터뷰에서 "브렉시트 여파로 펑크가 나서 서서히 바람이 빠지는 타이어처럼 영국 경제가 둔화될 가능성이 크다"고 일침했다.

26

왜 영국은 브렉시트란 '자살골'을 넣었나

브렉시트 이후 뭔가 잘못 굴러가고 있다고 여기는 영국인은 부쩍 늘었다. 온라인 매체 언허드와 여론조사기관 포칼다타가 브렉시트 3주년을 맞아 1만 명을 대상으로 실시한 여론조사에서 전국 632개 하원 의원 선거구 가운데 99.5%인 629곳에서 '영국이 EU를 떠난 결정이 잘못됐다'는 데 동의하는 응답자가 반대하는 응답자보다 더 많았다. 일상이 고달파진 영국인들 사이에서 '브레그레트Bregret(브렉시트에 대한 후회)'라는 말이 나오는 것도 무리는 아니다.

2023년 5월 여론조사회사 유고브 조사에서도 브렉시트에 대해 응답자의 62%가 '실패였다'고 답했다. 성공했다는 응답은 9%뿐이었다. 특히, 이 조사에서 국민투표 당시 브렉시트에 찬성한 사람들 중에서도 37%가 실패, 20%가 성공이라고 답해 영국인들 사이에서도 '브레그레트' 기류는 분명하다.

브렉시트 여론조사 결과 변화

	'지금 브렉시트 여부를 묻는 국민투표를 실시한다면 어느쪽에 투표하시겠습니까'	
	2021년 1월	2023년 7월
브렉시트 찬성	37%	31%
브렉시트 반대	49%	55%
모르겠다, 답변 거부, 투표 안하겠다의 합계	13%	13%

자료: 유고브

　브렉시트는 분명 성공적이지 못한 선택이었다. 게다가 전체 유럽의 차원에서도 대륙의 힘을 빼놓는 커다란 악재다. 독일, 프랑스와 함께 유럽의 3대국인 영국이 EU에서 떨어져 나가 미국, 호주 등과 '앵글로 색슨 동맹'을 추구하면서 유럽의 힘이 더 약해졌다. 브렉시트가 거론되기 시작한 무렵부터 EU 탈퇴의 위험에 대한 경고는 차고 넘쳤다. 그럼에도 불구하고 왜 영국인들은 브렉시트를 묻는 국민투표에 찬성해 '자살골'을 넣는 선택을 했을까. 이를 알아야 요즘 미국, 영국, 유럽 본토가 굴러가는 양상을 이해하는 데 도움이 된다.

　브렉시트에 애초부터 반대했던 영국인들은 정치인들의 선동에 넘어갔다는 주장을 많이 한다. 영국에 온 외국인 노동자들은 대체로 런던에 많다. 런던 시내 카페나 식당에 가면 폴란드를 비롯해 동유럽에서 넘어온 종업원들을 쉽게 볼 수 있다. 반면, 시골로 들어갈수록 외국인 노동자를 찾기가 어려워진다.

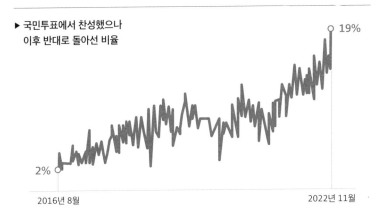

▶ 국민투표에서 찬성했으나
   이후 반대로 돌아선 비율

19%

2%

2016년 8월   2022년 11월

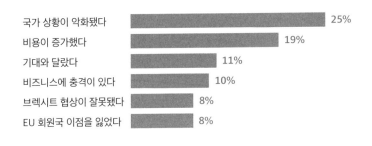

▶ 찬성에서 반대로 생각을 바꾼 이유

국가 상황이 악화됐다	25%
비용이 증가했다	19%
기대와 달랐다	11%
비즈니스에 충격이 있다	10%
브렉시트 협상이 잘못됐다	8%
EU 회원국 이점을 잃었다	8%

※생각을 바꾼 영국인 616명 대상 설문   자료: 유고브

대체로 런던에서 흔히 외국인들을 접촉하고 살고, 나이가 젊은 사람일수록 이민자들에 대한 거부감이 적다. 반대로 외국인들과 만나는 빈도가 낮고, 나이가 든 지방 주민일수록 막연하게 외국인들에 대한 거부감이 크다. 독일에서 오랫동안 외국과 격리된 생활을 했던 옛 동독 지역 고령자들이 활발하게 외국과 교류해온 옛 서독

지역 사람들보다 이민자에 대한 거부감이 크고 극우 정서를 갖고 있는 것과 비슷하다. 이런 사람들을 겨냥한 정치인들의 선동이 통했다.

실제로 2016년 브렉시트 여부를 묻는 국민투표에서 전국 투표자의 51.89%가 찬성했지만, 그레이터 런던(런던과 교외)에서는 찬성률이 40.07%에 그쳐 전국적인 민심과는 크게 달랐다. 영국을 크게 12개 지방으로 나눌 때 EU에 잔류하기를 원한 주민이 더 많았던 지역은 그레이터 런던과 EU와의 자유무역이 중요한 스코틀랜드, 북아일랜드 등 3곳뿐이었다. 잉글랜드의 비非런던 지역은 전부 브렉시트를 원하는 여론이 더 많았다는 뜻이다.

다양한 선동 방식 가운데 보리스 존슨 전 총리의 수법을 소개해본다. 그는 2016년 브렉시트에 대한 국민 투표를 실시하기 직전 "영국은 매주 EU에 3억 5000만 파운드의 분담금을 바친다"는 문구가 적힌 버스를 타고 다녔다. 하지만 당시 영국의 EU 분담금은 일주일에 1억 9000만 파운드였다.

존슨 전 총리는 2019년 7월 보수당 대표를 뽑는 선거를 앞두고 유세할 때 포장된 훈제 청어를 꺼내 흔들며 이렇게 말했다. "맨섬Isle of Man에 사는 청어 판매인이 단단히 화가 났다. 브뤼셀의 EU 관료들이 훈제 청어를 판매할 때 플라스틱 냉장용 아이스팩을 붙여야 한다는 규제를 가해 이 사람이 수십 년간 어마어마한 비용을 치러야 했다. 영국은 이런 규제의 사슬에서 벗어나야 한다." 빠른 브렉시트를 단행하기 위해 자신을 지지해달라는 주장이었다.

하지만 이는 허무맹랑한 거짓이었다. EU집행위원회는 "생선 유통에 대해 EU는 선어鮮魚에만 규제를 적용하고 가공 생선에는 규제가 없다"고 했다. 가디언 등 영국 언론들은 "영국에는 있고 EU에는 없는 규제"라고 보도했다. 심지어 영국 내 자치령인 맨섬은 EU에 속하지도 않아 애당초 EU 규제와는 무관한 지역이다. 영국이 EU에 가입할 때 맨섬은 자체 결정에 따라 EU에 들어가지 않았기 때문이다. 브렉시트를 두고 이런 식의 허위 선동이 넘쳤다.

브렉시트가 실패로 나타나면서 특히 영국 중동부 링컨셔주州가 비판과 조롱의 대상이 되고 있다. 2016년 국민투표 때 링컨셔주 도시들은 70%대의 브렉시트 찬성표가 쏟아져 EU 탈퇴를 가장 열망했던 지역이다. 외국인 노동자들이 대거 몰려와 반감이 컸던 탓이다. 그러나 이후 링컨셔주는 브렉시트 후폭풍으로 지역 경제가 위축돼 주민들이 동요하고 있다.

2022년 말 링컨셔주를 대표하는 어항 그림스비의 대형 수산물 가공공장인 '파이브 스타 피시'가 폐쇄돼 400여 명이 일자리를 잃었다. 수입한 생선을 가공하는 공장이었지만 팬데믹과 러시아·우크라이나 전쟁이 겹쳐 매출이 줄어든 데다, 브렉시트 이후 수산물 수입과 통관을 위한 서류 작업이 지나치게 복잡해지자 공장을 없앴다.

2023년 들어서는 글로벌 식품 제조기업 바카보르Bakkavör가 비용절감을 위해 링컨셔주 공장을 폐쇄하기로 했다. 졸지에 300여 명이 일자리를 잃게 됐다. 영국의 소셜미디어에서 링컨셔주 주민들은 브렉시트를 외친 정치인들한테 속은 '아둔한 사람들'이라는 조롱을 받고 있다.

링컨셔주의 보스턴은 국민 투표때 도시 단위로는 EU 탈퇴 찬성률이 75.6%로 전국에서 가장 높아 '브렉시트 수도'라고 불리는 곳이다. 하지만 이제는 분위기가 사뭇 다르다. 유튜브에서 구독자 35만 명을 소유한 '정치 유튜버 조PoliticsJoe'는 2022년 말 보스턴에 가서 주민들을 인터뷰한 영상을 띄웠다.

한 20대 남성은 "브렉시트 찬성률이 높았던 건 정치인들이 마치 세상 전부를 주무를 수 있을 것처럼 굴었고, 순진한 주민들이 마약에 취한 것처럼 제대로 판단을 못했기 때문"이라고 했다. 한 중년 남성은 "밴드왜건 효과(다수 의견을 무작정 따르는 현상으로 '편승효과'라고도 부름)로 국민투표 때 브렉시트 찬성표를 던졌지만 이제는 분명히 EU 탈퇴에 반대한다"며 "영국에 더 많은 외국인이 일하러 와야 한다"고 했다.

브렉시트 이후의 영국, 갈 길을 잃다

과연 영국의 지방에 사는 사람들에 대해 아둔하고 세상 물정을 몰랐다고 몰아붙일 수 있을까. 영국은 런던과 비非런던의 경제적 격차가 매우 큰 나라다. 런던이 세계적인 금융 중심지로 누리는 혜택과 EU와의 자유무역으로 얻었던 과실을 런던이 아닌 곳에서는 체 감하기 어려웠다. 게다가 동유럽을 비롯한 외국인 노동자들이 몰려 와서 잠식하는 일자리가 영국에서 하층민의 일자리라는 점에서도 계층에 따라 브렉시트를 바라보는 관점이 다를 수밖에 없는 배경이 됐다.

EU 회원국이라 얻는 이점을 체감하지 못하는 영국인들은 분담 금을 놓고 자존심이 상했다. EU는 독일과 프랑스만 합의를 이루면 다른 나라들은 따라가는 식으로 의사결정이 이뤄지는 경우가 많다. 이를 두고 화려한 대영제국의 기억이 있는 영국인들은 분노를 감추 지 못했다. 브렉시트 찬성파들은 2016년 국민투표를 앞두고 "EU에 막대한 분담금(2015년 기준 108억 파운드)을 내느니 그 돈을 우리 공 공의료에 쓰자"고 외쳤다. 108억 파운드는 약 18조 원가량이다. 거 액의 분담금을 내고도 EU에서 주인공 노릇을 하지 못한다는 불만 을 정치인들은 발 빠르게 캐치했다. 그리고 표를 얻기 위해 대중을 자극했다.

영국에서 런던과 비런던의 격차가 크다는 것도 계층 간의 생각의 차이를 키워 분열로 치닫게 만들었다. 브렉시트를 국민투표에 붙인 데이비드 캐머런 전 총리는 지방에 사는 저소득층의 생각을 읽기에 는 경험의 폭이 좁은 사람이다. 그는 부유한 주식 중개인의 아들로 태어나 귀족학교인 이튼스쿨을 나와 옥스퍼드대를 졸업했다. 그는 지방 저소득층의 애환을 모르는 '런던의 금수저'다. EU 회원국이 가져오는 혜택을 잘 알고 마음껏 누려온 캐머런은 국민투표를 실시해도 설마 가결되겠느냐는 식으로 오판했다.

브렉시트 이후 영국 정부는 활로를 찾기 위해 부단히 애를 쓰고 있다. 그러나 가시적인 효과가 없다. 브렉시트 찬성파들은 EU 통제에서 벗어나 세계 각국과 자유무역협정FTA을 맺으면 국익을 극대화할 수 있다고 큰소리쳤다. 하지만 브렉시트 이후 영국이 FTA를 체결한 나라는 영연방 국가인 호주·뉴질랜드에 불과하다.

게다가 미국도 자국의 이익을 생각하기 때문에 EU보다 영국의 입장을 더 고려해주기 쉽지 않다. 그리고 EU는 추가적인 분열을 막아야 한다는 절박한 처지에 있기 때문에 영국을 도와주려고 하지 않는다. 포린폴리시의 도미닉 그린 연구위원은 월스트리트저널 인터뷰에서 "바이든 행정부가 (영국보다) EU에 기울면서 영·미 FTA 협상이 지지부진하다"며 "EU는 회원국 추가 이탈을 막기 위해 영국을 최대한 고통스럽게 만들길 원한다"고 했다.

영국은 한번 늪에 빠지자 악순환에서 빠져나오지 못하고 있다. EU 재가입 여론이 커졌지만 여전히 적어도 3분의 1가량의 영국인이 브렉시트를 지지하고 있어 재가입을 추진할 경우 극심한 국론 분열에 시달릴 수밖에 없다. 지지율 1위를 탈환하며 정권을 다시 가져올 가능성이 높아진 노동당도 "브렉시트가 제대로 작동하게 만들겠다"는 어정쩡한 대안을 내놓는 정도에 그친다.

브렉시트를 둘러싼 난맥상은 유럽의 쇠퇴를 가속화할 가능성이 크다. 당장은 영국이 받는 타격이 유럽 본토보다는 훨씬 클 것이다.

하지만 다시 예전처럼 단합된 힘을 이뤄낼 수 없다는 점에서 유럽 전체에 악재다. 개방화가 널리 진행된 시대에 문을 걸어 잠근 후폭풍은 클 수밖에 없다. 정치 리더십이 나라의 미래를 좌우한다는 교훈을 재차 상기시킨다.

27

【 이민자로 국력 키우는 미국 vs. 난민 유입으로 분열 중인 유럽 】

　지금부터는 서구 사회의 뜨거운 감자인 이민자와 난민을 둘러싸고 벌어지는 현상을 진단하고자 한다. 이것 역시 미국과 유럽의 차이를 가르는 요인으로 작동하고 있다.

　미국이 이민자들이 세운 나라라는 건 널리 알려진 사실이다. 유럽과 비교할 때 훨씬 '기회가 많은 땅'이라는 인식이 강하다. 그래서 기술 인력을 중심으로 능력 있는 젊은이들이 미국행을 많이 선택한다. 미국에서도 주류 사회와 이민자들의 갈등은 당연히 있지만, 유럽보다는 갈등 수위가 상대적으로는 낮은 편이다.

　미국 자체가 이민자들로 시작했기 때문에 따지고 보면 미국에서 주류라고 하는 WASP(앵글로색슨계 백인 개신교도)도 불과 몇 세대만 거슬러 올라가면 이민자다. 또한 거대한 경제 규모를 감안할 때 상당히 높은 경제 성장을 이어가고 있기 때문에 이민자들에게도 기회

해외 출신 미국 인구 비율

미국 전체	13.6%
캘리포니아주	26.6%
실리콘밸리	38.7%

※2021년 기준　　　　　　　　　　　　　　　　　자료: 미 인구조사국

가 많은 편이다.

　금융 중심지인 뉴욕의 월스트리트와 함께 미국의 번영을 상징하는 다른 축인 실리콘밸리는 이민자들이 키워냈다고 해도 과언이 아니다. 미국이민위원회 산하의 싱크탱크인 이민정책센터IPC의 분석에 따르면, 1995년부터 2005년 사이 설립된 실리콘밸리의 스타트업의 창업자 중 이민자가 한 명 이상 포함된 업체가 52%에 달한다. 2007년부터 2011년 사이 캘리포니아주 신설 법인의 45%가 이민자들에 의해 설립됐다.

　캘리포니아주에서 뿌리를 내리기 시작한 유명한 기업들 중에 이민자에 의해 설립된 회사가 여럿이다. 야후, 이베이, 구글, 퀄컴이 모두 여기에 해당한다. 또한 IPC의 집계에 따르면 실리콘밸리에서 일하는 전체 인력의 45%가 이민자다. 미국에서도 가장 창의적이고 혁신적인 곳인 실리콘밸리가 이민자들에 의해 움직인다는 얘기다.

　미 인구조사국 자료를 보면, 2021년 기준으로 미국 전체 인구에서 해외에서 태어난 사람의 비율은 13.6%다. 이 비율이 캘리포니

유럽 출신 CEO가 이끄는 미국 기업들

회사	업종	이름	출신 국가
화이자	제약	앨버트 불라	그리스
모더나	바이오	스테판 방셀	프랑스
스트라이프	핀테크	존, 패트릭 콜리슨 형제	아일랜드
인스타카트	온라인 배송	피지 시모	프랑스
넥스티바	통신	토머스 고니	폴란드
데이터브릭스	소프트웨어	알리 고드시	스웨덴

아주에서는 26.6%로 높아지고, 샌프란시스코에서는 34.3%, 실리콘밸리에서는 38.7%에 달한다.

실리콘밸리 주민 가운데 해외에서 태어난 사람의 비율은 1970년에는 8.7%에 불과했다. 하지만 기술기업들이 잇따라 창업되는 기술 붐과 맞물려 이민자들 가운데 고급 인력이 이곳으로 몰렸다. 2000년에는 실리콘밸리의 해외 출생자 비율이 19%로 늘었고, 본격적으로 실리콘밸리에서 엄청난 부를 일궈내자 2010년에는 이 비율이 36.6%까지 증가했다. 가히 '인종의 용광로'라고 할 수 있다.

이민자들의 숱한 성공 스토리 중에서도 래리 페이지와 구글을 공동창업한 러시아계 세르게이 브린의 사례를 들여다 보자. 2023년 포브스 집계로 1070억 달러의 재산을 보유해 세계 9위 부자인 브린은 러시아에 계속 머물렀다면 상상도 할 수 없었던 기회를 미국 이

주를 계기로 구현했다.

브린은 1973년 모스크바에서 유대인 부모 밑에서 태어났다. 그의 아버지는 수학 교수였는데 브린의 가족은 모스크바에서 10평도 안 되는 집에서 살았다고 한다. 1979년 가족을 이끌고 소련 탈출에 성공한 브린의 아버지는 미국에서 메릴랜드대 수학과 교수가 됐다. 브린은 구글을 창업한 이후인 2000년 한 인터뷰에서 "나를 미국으로 데리고 와준 부모가 고맙다"고 했다.

물론 미국도 주류 사회와 이민자들과의 갈등은 당연히 있다. 그러나 미국은 원래 이민자들이 만든 나라이기 때문에 '주류 사회 대 이민자의 대결'보다는 고질적인 흑백 인종 갈등의 문제가 더 심각하다고 보는 이들이 적지 않다.

2020년 절도 혐의로 체포되는 과정에서 백인 경찰에 의해 숨진 조지 플로이드 사건이 촉발한 '흑인 목숨이 소중하다Black lives matter' 시위는 잠재돼 있던 미국에서의 심각한 흑백 갈등의 폭발력을 보여준다.

미국식 흑백 갈등은 오래전부터 불거져 있었고, 미국 사회에 일찌감치 들어온 '미국인끼리의 갈등'이다. 이런 문제를 해결하는 방식도 어느 정도 사회적 매뉴얼이 있다. 그리고 어찌 됐든 한 나라 안에서의 사회 문제다. 또한 상류사회를 구성하는 백인들에 비하면 기회가 분명 적지만 이민자와 흑인 가운데 일부가 지배 계층으로 진입하기도 한다.

이에 반해 유럽에서 이민자나 난민의 유입으로 겪는 갈등은 성격이 완전히 다르다. 2015년 전후로 시리아 내전에서 시작된 중동, 북아프리카 난민의 유입은 유럽을 분열시켜놓았고, 비교적 최근에 시작된 갈등이라는 점에서 차이점이 크다. 뿐만 아니라 미국의 흑백 갈등에 비해 사회를 흔들어 놓는 강도와 파장 역시 비교할 수 없을 정도로 강력하다.

옛 식민지 출신 이민자의 폭력 시위 멈추지 않는다

시리아 내전과 테러 집단 IS(이슬람 국가)를 피해 2015년에만 유럽에 새로 유입된 인구는 130만 명이나 됐다. 이후에도 매년 유럽에 중동이나 아프리카 난민들이 넘어오고 있다. EU 통계기구인 유로스타트에 따르면, 2022년 1월 기준으로 EU 27 회원국에서 살고 있는 사람은 모두 4억 4670만 명이다. 그중 5.3%인 2380만 명이 EU 시민권이 없는 사람들이고, 8.5%인 3800만 명이 EU 밖에서 출생한 이들이다. EU 외의 지역에서 출생한 동시에 EU 시민권이 없는 이들 가운데는 중동, 아프리카에서 넘어온 이민자나 난민이 꽤 많다. 물론 러시아와의 전쟁을 피해 EU로 피신한 우크라이나인들도 적지 않게 포함돼 있다.

매년 저개발 국가에서 어느 정도의 난민이 EU로 넘어오는지는 처음으로 난민 신청을 하는 이들의 숫자를 보면 어느 정도 가늠할 수 있다. 2022년 EU에서 처음으로 난민 신청을 한 이들은 88만 1200명

EU 27회원국 인구 구성

전체 거주자 4억4670만명 중

EU 시민권이 없는 사람	**5.3%**	2380만 명
EU 밖에서 태어난 사람	**8.5%**	3800만 명

※2022년 1월 기준   자료: EU 집행위원회

EU에 첫 난민 신청을 한 사람들의 국적

순위	국가	난민 신청자
1	시리아	13만 1970명
2	아프가니스탄	11만 3495명
3	베네수엘라	5만 50명
4	튀르키예	4만 9720명
5	콜롬비아	4만 2420명

※2022년   자료: EU 집행위원회

에 이른다. 결코 적지 않은 숫자다. 이들을 국적별로 나눠 보면 시리아(13만 1970명), 아프가니스탄(11만 3495명), 베네수엘라(5만 50명), 튀르키예(4만 9720명), 콜롬비아(4민 2420명), 파키스탄(3만 2645명), 방글라데시(3만 1955명) 등이다.

이들이 어느 나라에 난민을 신청했는지를 분류해 보면 독일(21만 7700명), 프랑스(13만 7500명), 스페인(11만 6100명), 오스트리아(10만 6400명), 이탈리아(7만 7200명) 순이었다. EU에서도 비교적 잘 사는 핵심 국가에 들어가기를 원하는 경향이 나타난다는 걸 알 수 있다.

미국도 불법 이민자들이 유입돼 홍역을 치르고는 있지만 그래도 대응이 유럽보다는 다소 쉬운 편이다. 멕시코와의 국경을 잘 막으면 불법 이민을 줄일 수 있다.

이와 달리 유럽에서는 중동이나 아프리카에서 넘어올 수 있는 루트가 많아 불법 이민자들이 수두룩하다. 이런 외국인들의 유입으로 유럽은 극심한 내부 갈등을 겪고 있다. 이들을 인도주의적으로 받아주자는 주장을 하고 있지만, 그보다는 거부 반응을 보이는 이들이 훨씬 많다. 특히 유럽 주요국에서 난민에 대한 거부감을 내세우는 극우 정당이 판을 치면서 극심한 분열을 일으키고 있다.

또한 각국 집권 세력의 정치적 노선에 따라 EU 회원국끼리도 갈등이 커지고 있다. 받아들이기로 한 난민을 나라별로 몇 명씩 수용하느냐를 두고 유럽 국가들끼리 싸움도 자주 벌인다. EU 차원에서 난민 문제를 해결하느라 국가 경쟁력을 키우거나 EU의 단합을 제고하는 데 역량을 집중하지 못하고 있다.

해묵은 미국의 흑백 갈등에 비해 유럽의 난민 유입은 훨씬 복잡하고, 훨씬 새로우며, 훨씬 난해하다. 게다가 내부 갈등마저 키우는 등 부정적 영향이 크다. 2021년 EU는 아프가니스탄 난민들이 유럽에 대거 몰려오는 일을 막기 위해 이란과 파키스탄에 거액의 현금을 줄 테니 난민을 수용해달라는 요청을 한 적이 있다. 그만큼 난민 유입이 가져오는 혼란이 크다는 얘기다.

역사적인 관점에서도 이민자 갈등을 살펴볼 수 있다. 미국은 식민 지배를 했던 나라가 아니다. 반면 유럽은 식민 통치를 했던 나라가 여럿인데, 유럽에 온 이민자 중에 상당수가 과거 피지배 국가 출신이다. 언어가 통하기 때문이다. 대표적으로 프랑스에 몰려온 이민자나 난민 중에는 아프리카의 옛 프랑스 식민지 출신으로서 프랑스어를 모국어처럼 사용하는 이들이 많다. 이런 사람들은 계속 사회의 하위 계층으로 머물면서 사회 불안 세력으로 넘어갈 확률이 크다. 이들은 과격 시위를 벌이면 경찰과 충돌하는 데 그치지 않고 거리의 상점과 자동차를 무차별적으로 공격해 파괴적인 면모를 보인다.

대표적인 사례가 2023년 6월 파리 근교에서 검문에 불응해 달아나던 알제리계 소년 나엘(17)을 경찰이 총격을 가해 사망하게 만든 사건이 촉발시킨 시위다. 이 일로 인해 프랑스 전역에서 일주일간 10억 유로 이상의 경제적 손실이 야기됐다. 은행 지점 400곳, 상점 500곳을 포함해 약 1000곳의 상점이 약탈당했다. 프랑스 보험사들의 보험금 청구 건수가 5900건에 청구액이 2억 8000만 유로에 달했다. 폭력 시위가 길어지자 7월 초 외국인 관광객은 20~25%가량 여행을 취소했다. 이런 일이 반복되면서 국가 경쟁력을 갉아먹고 있다.

유럽에서 난민을 포함해 이민자와의 갈등이 심각해진 가장 근본적인 이유는 경제 성장이 정체되기 때문이다. 성장이 느려지자 이민자들에게 경제적 혜택을 나눠줄 만한 여유를 갖지 못하고 있다. 빠른 성장으로 경제적 이득이 많아야 사회 통합을 위해 이민자 몫으로도 돌릴 수 있는 파이가 생길 수 있지만 현실은 그렇지 않다는 얘기다.

그러다 보니 백인 주류 사회가 경제적 이득을 독차지하는 구조가 굳어지고 있고, 결과적으로 계층 간, 세대 간, 인종 간 갈등이 악화될 수밖에 없다. 물론 유럽에는 이민자나 난민을 적극 껴안아야 한다는 당위론을 이야기하는 이들이 많다. 이들은 통합, 평등, 공존을 강조한다. 그러나 생산성이 낮은 사회 시스템이 오래 지속된 탓에 경제 발전이 저해되고 있어 유럽식 통합과 평등을 실행에 옮길 여력이 부족해지고 있다.

28

프랑스를 분열시키는
부르카와 히잡

이민자 유입을 둘러싼 불협화음이 계층 간 갈등에 국한되면 다행이다. 그러나 심각한 종교 갈등과도 연동되고 있어 유럽의 미래를 어둡게 만들고 있다. 유럽에 온 이민자와 난민은 중동과 북아프리카에서 온 사람들이 많고, 이들은 거의 대부분 무슬림이다. 일상의 문화와 사고 체계가 유럽의 전통과 뿌리부터 다르다. 여기서 비롯되는 갖가지 갈등이 이미 유럽에서는 첨예화됐다.

미국도 불법 이민자로 홍역을 앓고 있지만 대체로 멕시코 이남의 중남미에서 온 사람들이 많다. 중남미는 가톨릭 국가들이기 때문에 미국에 온 이민자들이 종교 갈등을 일으키는 경우는 적다. 이와 달리 유럽으로 온 이민자와 난민은 유럽인들에게 이질적인 이슬람교도라는 점에서 분열과 갈등의 수위가 훨씬 높다. 이것 역시 미국과 유럽의 차이를 가르는 무시 못할 요소다.

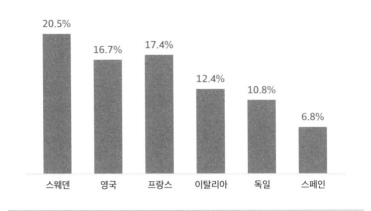

자료: 퓨리서치센터

유럽에 난민이 본격적으로 몰려오자 2017년 퓨리시처센터는 유럽 내 무슬림 인구 분포를 분석했다. 2016년 당시 영국을 포함한 EU 28 회원국에 노르웨이와 스위스까지 합쳐 유럽 30개국에서 전체의 4.9%인 2580만 명을 무슬림 인구로 집계했다. 2010년 1950만 명으로 전체의 3.8%였던 것과 비교해 빠른 속도로 늘어난 것이다.

이후로 이민자들이 계속 늘어나는 데다, 다산多産 문화를 갖고 있기 때문에 무슬림들은 더 빠르게 증가하고 있다. 정확한 조사는 쉽지 않지만 일각에서는 2023년 유럽의 무슬림이 이미 5000만 명을 넘어섰다는 주장도 나오고 있다.

이제는 유럽에서 무슬림이 주민의 10~20% 정도 차지하는 도시는 흔해지고 있다. 주민의 20% 이상이 무슬림으로 채워진 것으로 판단되는 도시가 유럽 전역에 20곳에 가깝다. 그중에는 브뤼셀(벨기에), 마르세유, 생테티엔, 몽펠리에(이상 프랑스), 말뫼(스웨덴) 같은 규모가 큰 도시들이 포함돼 있다.

무슬림이 10%가 넘는 곳까지 넓히면 베를린, 쾰른, 슈투트가르트, 프랑크푸르트, 함부르크(이상 독일), 코펜하겐(덴마크), 암스테르담, 로테르담, 헤이그(이상 네덜란드) 앤트워프(벨기에), 비엔나(오스트리아), 파리, 리옹, 스트라스부르, 툴루즈, 릴(이상 프랑스)같이 널리 알려진 도시들도 포함된다는 이야기가 나오고 있다. 대체로 무슬림들은 저소득층이라 행정구역상 교외에 거주한다. 그래서 이들이 일하러 시내로 나온다는 걸 감안하면 도심에서 체감하는 무슬림 비율은 더 높다.

과거 북아프리카 식민지를 많이 거느린 역사로 인해 유럽에서 무슬림 비율이 가장 높은 프랑스에서는 이미 전체 인구 6545만 명(2021년) 가운데 무슬림이 10%를 넘었다고 본다. 프랑스에만 무슬림이 부산 인구의 2배가 넘는 700만 명에 달한다는 것이다. 이미 프랑스에서는 이슬람교가 가톨릭에 이어 제2의 종교로 자리 잡았다.

이슬람교도들은 알제리계 소년 나엘의 사망 때 반정부 시위를 대대적으로 벌인 것처럼 프랑스 정부나 주류 사회가 인종적, 종교적 탄압의 소지를 제공하면 이를 계기로 대대적인 시위를 벌인다. 때로는 테러나 살인도 서슴지 않는다. 프랑스에선 2011년 이후에만 170여 건의 이슬람 테러로 280명이 넘게 희생됐다. 대표적인 사례가 2015년 발생한 프랑스 주간지 '샤를리 에브도'에 대한 테러 사건이다.

평소 자극적인 만평으로 논란을 자주 일으켰던 샤를리 에브도는 이슬람 선지자 무함마드를 조롱하는 만평을 냈다. 무함마드가 알몸으로 엉덩이를 드러내는 모습을 그린 만평이다. 무함마드를 그림으로 그리는 것 자체를 금기로 여기는 무슬림 입장에선 굉장히 모욕적인 묘사다.

샤를리 에브도는 예전에도 풍자의 수위가 심해 비판을 자주 받았다. 대개의 프랑스인들은 '샤를리 에브도는 극단적이며 그들에 동의하지는 않지만, 그 정도의 종교에 대한 풍자와 비판도 허용할 수 있어야 한다'는 생각을 가지고 있다. 그러나 이슬람 세계는 사고방식이 다르다. 무함마드가 조롱당하자 무슬림들은 분노를 참지 못했다. 결국 무슬림 테러조직이 샤를리 에브도의 편집실을 찾아가 총기를 난사하는 바람에 12명이 숨졌다.

2020년 10월에는 무슬림 소년이 길거리에서 프랑스인 교사를 참수하는 극악한 범죄가 벌어져 유럽인들이 충격을 받았다. 당시 파리에서 서쪽으로 30km 떨어진 도시 콩플랑-생트-오노린의 대로변에 목이 잘린 시신이 있다는 신고가 들어왔다. 희생된 사람은 인근 중학교에서 역사·지리를 가르치는 47세의 사뮈엘 파티라는 교사였다.

출동한 경찰은 도주하는 범인을 찾아내 사살했다. 끔찍한 살인을 저지른 자는 압둘라 안초로프라는 이름의 18세 소년으로, 러시아

내 자치 지역인 체첸공화국 출신으로 밝혀졌다. 체첸공화국은 주민의 절대다수가 수니파 이슬람교도다. 압둘라는 6세 때인 2008년 부모를 따라 프랑스로 이주했으며, 2020년 3월 가족과 함께 난민 지위를 인정받았다. 프랑스 입장에서는 난민으로 받아주며 은혜를 베풀었지만 배은망덕한 행위로 배신당했다고 볼 수 있다.

숨진 교사 사뮈엘은 수업 시간에 표현의 자유를 가르치겠다며 2015년 샤를리 에브도가 그린 만평을 학생들에게 보여줬다. 이에 이미 파리 근교에 상당수 포진한 무슬림 학부모들이 학교 측에 거칠게 항의했고, 이렇게 갈등이 깊어진 상황에서 살인으로까지 치달은 것이다.

종교의 자유가 억압된 무슬림 이민자들의 불만 폭발

프랑스뿐 아니라 독일, 영국에서도 무슬림 이민자들과의 갈등이 끊이지 않는다. 문제는 이런 무슬림들을 포용해야 하느냐, 배척해야 하느냐를 두고 유럽인들끼리도 갈등과 반목을 부른다는 점이나. 이런 측면에서 무슬림의 증가는 '하나된 유럽'을 분열시키는 큰 악재다. 대체로 이민자들에게 우호적인 좌파 정당이 타격을 입고, 순혈주의를 강조하는 극우 정당이 부상하며 정치적, 사회적 갈등이 커지는 양상을 보이고 있다.

이미 유럽에서는 이민자에 대한 반감이 정권까지 바꾸며 정치 무대의 핵심 요소가 됐다. 2022년 이탈리아 총선에서 극우 정당인 '이탈리아 형제들Fdl'이 압승을 거두고, 조르자 멜로니 당 대표가 이탈리아 최초의 극우 정당 소속 총리로 취임한 것이 대표적이다.

이외에도 반反이민·반무슬림 바람을 타고 극우 정당이 득세하고 있다. 2023년 7월 독일 공영방송 ARD 여론조사에서 극우 정당인 '독일을 위한 대안AfD'은 20%의 지지율로 집권 여당인 중도좌파 사회민주당SPD(18%)을 넘어 중도우파 제1야당인 기독민주당CDU(28%)에 이어 두 번째로 지지율이 높았다.

스웨덴은 2016년 기준으로 전체 인구의 8.1%가 무슬림이었는데, 백인 우월주의를 표방하는 극우 정당인 스웨덴민주당이 2022년 총선에서 원내 2당으로 도약했다. 핀란드에서는 2023년 4월 총선에서 극우 핀란드인당이 선전하며 연립정부의 일원으로 집권 세력이 됐다.

극우 정당들은 유럽 내 백인들의 지지를 받으며 "쿠란을 불태우겠다"는 식의 이슬람교를 자극하는 발언을 일삼고 있다. 당연히 무슬림들은 이에 강력히 반발하며 사회 불안을 야기한다. 여기에 그치면 다행이지만 백인들끼리도 극우 정당을 지지하는 사람과 반대하는 사람들끼리 편을 갈라 싸우기 때문에 혼란이 가중될 수밖에 없다.

게다가 무슬림들에 대한 테러가 빈발하자 프랑스를 비롯한 일부 유럽국 정부가 이에 대한 대책으로 종교 단체의 자금 흐름에 대한 감시 수위를 높이고 있어 긴장을 고조시키고 있다. 정보기관이나

수사기관이 종교단체 동향 감시에 동원된다는 얘기다. 당연히 이슬람교 측에서는 자신들을 "범죄 단체로 보느냐"며 강력히 반발하고 있다.

그뿐 아니라 프랑스의 경우 정부가 종교 갈등이나 종교에 의한 테러 가능성을 차단하기 위해 정교분리政敎分離 원칙인 '라이시테laïcité' 전통을 어기는 것 아니냐는 논란이 거세게 벌어지는 것도 혼란을 가중시키는 원인이 되고 있다.

라이시테는 '프랑스에선 누구나 자신이 선택한 종교를 믿을 자유가 있고, 국가는 엄격히 중립을 지키고, 국가는 어떠한 종교 행사에도 참여하지 않는다'는 것이다. 이런 전통은 원래 가톨릭교계와 정부를 분리시키기 위한 원칙이었다. 하지만 요즘은 무슬림들이 공공장소, 특히 학교에서 아바야, 부르카, 히잡을 착용해 자신이 '무슬림'임을 드러내고, 이를 프랑스 정부가 막으려는 상황이 벌어지면서 라이시테 원칙이 흔들리고 있다.

2023년 9월 신학기 개학 첫날에 프랑스 전역에서 298명의 여학생이 아바야를 입고 등교했다가 그중 67명이 수업에 참여하시 못하고 귀가했다. 프랑스 교육부의 '아바야를 입은 채로 수업을 들을 수 없다'는 규정에 의해 '옷을 갈아입고 수업을 들으라'는 학교 측 권유를 받아들인 학생들은 수업을 들었지만 거부한 학생들은 귀가할 수밖에 없었다.

이런 일이 발생하자 좌파 정당이나 시민단체들은 "무슬림 학생들이 교육받을 권리를 보장하라"며 흥분하고 있고, 이런 주장에 대해 우파 정당들은 강하게 반박하고 있다. 프랑스 정부는 아예 전국적으로 교복을 입히는 방안을 검토 중이다. 이런 극심한 갈등과 분열은 갈수록 강도가 높아지고 있다. 이를 해결하기 위해 정치와 행정의 역량을 투입하기 때문에 국가 경쟁력을 키우는 데는 커다란 걸림돌이 될 수밖에 없다.

29

에너지 넘치는 미국,
'에너지 포로' 유럽

"유럽과 달리 미국은 러시아의 우크라이나 침공이 불러온 충격에 덜
노출돼 있습니다."

2023년 10월 IMF 경제전망 총괄 책임자인 대니얼 리 수석은 조
선일보 위클리비즈와의 인터뷰에서 이렇게 강조했다. 리 수석은
"2023년 미국 국내총생산GDP은 (코로나 사태 직전인) 2020년 1월에
우리가 예상한 수치를 넘어설 것으로 예상한다"며 "당시 전망치 대
비 GDP가 2.2% 더 낮을 것으로 보이는 유로존보다 미국 상황이 더
낫다"고 했다. 미국은 코로나 사태 이전에 예상된 경제 성장의 경로
로 복귀했는데, 유럽은 원래 예측한 경로에 못 미친다는 얘기다.

가장 큰 이유는 에너지다. 유럽 국가들은 러시아로부터 파이프를
통해 수입하는 천연가스에 의존하고 있었는데, 러시아가 우크라이

유럽 천연가스 가격 변화

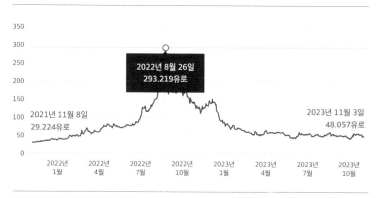

※2021년 11월~2023년 10월 메가와트시(MWh)당 네덜란드 천연가스 선물 가격 기준

나를 침공한 뒤 서방이 러시아에 제재를 가하면서 천연가스 공급이 급감하자 가격이 수직 상승했다.

유럽의 천연가스 지표인 네덜란드 TTF 선물 가격은 메가와트시MWh당 가격이 2020년 여름에는 불과 5유로 안팎이었다. 하지만 러시아가 우크라이나를 침공한 2022년 2월 말에는 일시적으로 190유로대까지 폭등했다. 다시 80유로대까지 내려왔지만 2022년 8월 350유로까지 치솟으며 그야말로 유럽에는 재앙이 됐다.

워낙 천연가스 공급이 취약해지다 보니 '호주에서 천연가스 관련 근로자들이 파업을 고려하고 있다'는 소식이 나왔을 때 하루에 가격이 28% 급등했을 정도로 불안정한 모습을 보였다. 2023년 10월 말 기준으로 네덜란드 TTF 선물 가격은 50유로 안팎으로 다소 안정됐다. 그래도 장기적인 평균치에 비하면 훨씬 높은 수준이다.

유럽에 비해 미국은 전쟁의 충격에서 훨씬 자유로웠다. 우크라이나와 지리적으로 멀리 떨어져 있을 뿐 아니라 세계 최대 산유국이기 때문에 에너지난의 타격이 상대적으로 작았다. 미국 에너지정보청EIA에 따르면 미국은 2022년 하루에 2021만 배럴의 석유(원유 외에 석유류 제품, 바이오 연료 등 모두 포함)를 생산했다. 이는 2위 사우디아라비아(1214만 배럴)와 3위 러시아(1094만 배럴)의 생산량을 합친 것과 맞먹는다.

이렇게 많은 석유를 생산하는 덕분에 거대한 미국 경제는 무탈하게 돌아간다. EIA 집계에 따르면, 2022년 미국의 하루 석유 사용량은 2001만 배럴이다. 이는 세계 사용량의 21%를 차지한다. 거대한 나라의 생산량이 사용량을 소폭 뛰어넘을 정도로 막대한 분량을 생산할 수 있다는 건 축복이다. 외부의 공급 충격을 견딜 수 있기 때문이다. 미국은 원유 생산 속도를 조절하며 신축적인 에너지 정책 운용이 가능하다.

미국은 원유 생산량도 꾸준히 늘려왔다. 2012년 미국은 23억 9000만 배럴의 원유를 생산했다. 그런데 10년이 지난 2022년에는 43억 5000배럴로 생산량이 늘었다. 2023년 6월의 경우 한 달 동안 3억 9000만 배럴을 생산했다. 주별로 보면 텍사스가 1억 7000만 배럴로 가장 많은 원유가 생산되는 지역이다. 뉴멕시코주에서도 5000만 배럴이 생산됐다. 알래스카주에서도 한 달에 1000만 배럴 이상의 석유가 생산된다. 원유가 많이 생산되는 지역인 텍사스, 뉴멕시코, 알래스카는 미국이 독립 국가로 출범한 이후 수십 년이 지나 19세기 중반 이후에 미국에 편입됐다. 그런 점에서 미국은 그야 말로 운이 억세게 좋은 나라다.

2010년대 이후에 미국의 원유 생산량이 크게 늘어난 건 '셰일 혁명' 덕분이다. 지속적인 기술 발전으로 전통적인 수직 시추 방식으로는 채취가 불가능하던 지점에 묻혀 있는 원유를 대거 지상으로 뽑아낼 수 있게 된 일을 '셰일 혁명'이라 일컫는다. 혁명과도 같은 수평시추법이 개발되면서 셰일 오일·가스 생산이 본궤도에 올랐다.

수평시추법을 쉽게 설명하면 이렇다. 기존에는 땅 아래로 l자 형태로 수직 시추만 가능했지만 셰일오일은 아래로 파들어간 다음 ㄴ자 모양으로 옆으로 뚫어서 시추를 하는 신기술로 뽑아낸다. 게다가 지하의 깊은 곳에 있는 암석에 수압을 가해 뚫는 수압 파쇄 기술이 발전한 것도 미국이 셰일오일을 거침없이 뽑아낼 수 있는 토대가 됐다. 이렇게 신기술로 값싼 에너지를 많이 얻게 되면서 미국은 더 풍요로워졌다.

물론 미국도 최근의 에너지 가격 상승에 따른 충격을 받았다. 2023년 9월 캘리포니아 롱비치 지역에서는 휘발유 가격이 갤런 (3.8리터)당 6달러를 넘어서기도 했다. 한국 교민들이 주유기에 표시된 가격을 찍어 소셜미디어에 올리는데 "도저히 믿을 수 없는 가격"이라는 글과 함께 상태의 심각성을 보고했다. 그렇다고 해도 미국인들의 고통이 유럽만큼 크지는 않다. 미국이 산유국이 아니었다면 인플레이션 양상이 더 심각했을 것이다.

불안정한 에너지 수급으로 휘청이는 유럽

미국과 달리 유럽은 심각한 에너지난에 시달리고 있다. 유럽에서는 전력을 생산하는 에너지원 가운데 원전이 25%로 비율이 가장 높고 그다음이 20%인 천연가스다. 원전은 탈원전으로 줄어드는 추세인 데다 어느 정도 일정한 전기를 공급하기 때문에 현재는 천연가스가 에너지 체계에서 큰 변수가 된다. 천연가스가 꾸준히 공급되지 않으면 유럽은 생존이 불가능할 정도다.

문제는 유럽이 천연가스 소비량의 90%를 수입에 의존하고 있고, 수입량의 40%를 러시아에 기대고 있다는 점이다. 러시아가 우크라이나를 침공한 이후 서방의 경제 제재로 천연가스 공급이 줄어들자 유럽에는 그야말로 에너지 대란이 발생했다.

특히 독일의 타격이 다른 유럽 국가들보다 크다. 러시아가 우크라이나를 침공하기 직전 독일은 천연가스의 55%, 석탄의 57%, 석유의 33%를 러시아에서 들여왔다. 이렇게 절대적으로 에너지원을 러시아에 기대던 중 러시아·우크라이나 전쟁으로 수입 루트가 막히자 독일이 휘청이기 시작했다. 2022년 겨울이 다가올 때 독일 언론들은 "장작용 난로와 전기 난방 기구에 대한 구매 문의가 2배 이상 늘었고, 산림조합 등에 땔나무를 구하는 요청도 급증했다"고 보도했다. 경제 규모 세계 4위 국가로서 수모가 아닐 수 없다.

독일은 최근 10년 동안 탈원전 정책을 펴왔기 때문에 대체재가 없는 막막한 상황이 됐다. 독일의 산업용 전기요금은 나머지 G7(주요 7국) 대비 2.7배 높다. 이는 단순히 가정의 전기요금 인상으로 인한 가계부담으로 끝나지 않는다. 전기요금은 제조 원가에 반영된다. 물건값이 비싸지니 독일이 수출 경쟁력을 유지할 여력이 부족해진다. 결국 러시아의 저렴한 천연가스에 의존했던 독일의 에너지 정책이 실패로 돌아갔다는 지적이 많다.

독일을 중심으로 유럽이 러시아산 천연가스에 의존하게 된 건 몇 가지 이유가 있다. 1970년대까지만 해도 유럽은 북해 가스전에서 어느 정도 자급이 가능한 수준으로 천연가스를 뽑아냈다. 하지만 매장량이 점점 고갈됐다. 별개로 네덜란드 흐로닝겐 지역은 유럽에서 가장 큰 육상 천연가스 생산 지대였다. 하지만 천연가스를 캘수록 지반이 약해져 침하 현상이 발생하고 있다. 이것이 지대가 낮은 나라인 네덜란드에 큰 위협이 되자 생산량을 줄이고 폐쇄하는 수순으로 가고 있다. 자체 생산이 급감하니 러시아에 점점 기댈 수밖에 없다.

게다가 오랫동안 러시아산 천연가스는 워낙 저렴했고, 오랜 세월에 걸쳐 러시아가 천연가스 공급 계약을 비교적 성실하게 수행해왔다는 점도 유럽이 러시아에 의존하게 된 이유다. 에너지 장사가 러시아 경제의 핵심이었기 때문에 러시아는 유럽 고객들의 요구를 잘 수용하는 편이었다. 결국 유럽 주요국은 천연가스 공급처를 러시아에서 다른 나라로 다변화하려는 노력을 게을리 했다.

게다가 유럽에서는 환경보호론자들의 목소리가 워낙 크고 이들

일평균 국가별 석유 생산량 (단위: 배럴)

순위	국가	생산량(점유율)
1	미국	2021만(20%)
2	사우디아라비아	1214만(12%)
3	러시아	1094만(11%)
4	캐나다	570만(6%)
5	중국	512만(5%)
6	이라크	455만(5%)
7	아랍에미리트	424만(4%)
8	브라질	377만(4%)
9	이란	366만(4%)
10	쿠웨이트	302만(3%)

※2022년 원유 외 석유 제품 및 바이오연료 등까지 포함   자료: 미국 에너지정보청(EIA)

의 주장을 반영해 공격적으로 탄소 배출을 줄이는 정책을 쓰고 있는데, 이것이 러시아에 대한 에너지 의존도를 높이는 결과를 가져오고 있다. EU 집행위원회는 2030년까지 탄소 배출량 55% 감축을 목표로 하는 '핏 포 55Fit for 55' 정책을 가동 중이며, 2050년까지 탄소 중립을 달성하겠다는 목표를 제시하며 속도를 내고 있다.

이에 따라 EU 회원국들은 석탄, 갈탄 등 화석연료를 사용하는 발전소를 빠른 속도로 줄여나가고 있다. 이런 과정 중에 탈원전으로 원전에서 공급하는 전기가 줄어들고, 신재생 에너지 기술의 발달 속도가 늦다는 문제 또한 대두되고 있다. 이에 따라 발생하는 에너지원 공백을 온실가스 배출이 비교적 적은 천연가스로 대체하다 보니 러시아의 '에너지 포로'로 전락했다.

결국 러시아·우크라이나 전쟁은 유럽의 에너지 공급 상황이 얼마나 취약한가를 여실히 보여주는 계기가 됐다. 안정적으로 에너지원을 확보한 미국과 처지가 극명하게 갈린다. 경제를 지탱해나가는 데 있어서 전력을 생산하는 에너지원의 중요성은 굳이 강조할 필요가 없을 것이다.

그나마 유럽은 미국의 도움으로 천연가스 수급 위기에서 벗어나고 있다. 러시아로부터의 PNG(파이프라인 공급 천연가스)가 급감하자 미국에서 LNG(액화천연가스) 수입을 대거 늘려 숨을 돌리고 있다. 2022년 유럽의 LNG 수입 가운데 미국 비율은 42%에 달했다. 미국의 천연가스 생산량이 충분하기 때문에 우방인 유럽을 도와주는 셈이다.

유럽으로 LNG 수출을 늘린 미국은 2023년 세계 최대 LNG 수출국으로 등극했다. 2022년에만 해도 미국의 천연가스 수출량은 7390만 톤으로 호주(8760만 톤)와 카타르(7740만 톤)에 이은 3위였지만 2023년 상반기에는 세계 최대 수출량을 자랑하며 에너지 강국으로서 면모를 과시했다.

30

['안보 무임승차' 유럽, 더 이상 좌시하지 않는 미국]

두 번에 걸친 세계 대전의 전장은 유럽이었다. 유럽의 핵심 키플레이어인 독일·이탈리아 vs 프랑스·영국이 각각 동맹으로 충돌했기에 전쟁의 결과는 파괴적이었다. 2차 세계 대전이 종료된 이후 미국은 소련을 중심으로 뭉친 공산주의 세력과의 힘의 대결에서 우세를 확보하는 것이 급선무였다. 그러기 위해서는 서유럽을 빠른 속도로 재건해야 했다. 미국은 1948년 가동을 시작한 '마셜 플랜'으로 서유럽 재건을 위해 120억 달러를 지원했다. 이 계획을 주도한 미 국무장관 조지 캐틀렛 마셜은 5성 장군(원수)까지 진급한 군인 출신이었다. 마셜 플랜이 마중물 역할을 하면서 영국, 프랑스, 서독을 중심으로 서유럽이 전쟁의 상흔을 딛고 일어서는 속도가 빨랐다. 물론 이는 미국 경제에도 도움이 됐다. 미국에서 생산된 물건을 소비할 시장이 필요한데, 유럽이 그 역할을 수행했기 때문이다.

마셜 플랜은 공산 진영을 힘으로 누르기 위한 경제적인 수단이었다. 군사적인 측면에서 공산주의 세력의 확산을 막아내기 위해 미국과 유럽이 합심한 동맹체는 1949년 출범시킨 NATO(나토·북대서양조약기구)였다. NATO는 냉전시대 소련을 효과적으로 압박한 데 이어 오늘날에도 러시아와 일부 불량국가들의 도발을 막는 강력한 저지력을 갖고 있다. NATO 회원국은 미국, 캐나다 및 유럽 29개국을 합쳐 모두 31개국이다.

NATO의 힘은 집단 방어를 규정한 NATO 조약 5조에서 나온다. 한 회원국이 공격받을 때 NATO가 자동 개입한다는 규정이다. 실제적으로 '어디선가 누군가에게 무슨 일이 생기면' NATO의 31개 회원국이 전쟁에 직접 나서게 된다는 얘기다. 이것은 NATO 회원국을 무력으로 공격하면 '미국과 전쟁을 치러야 한다는 것'을 의미하기도 한다. NATO의 저지력은 군사대국 미국의 힘을 바탕으로 한다.

미군은 어떤 나라의 군대도 넘볼 수 없는 막강한 힘을 갖추고 있다. 미군 병력은 약 135만 명으로 중국과 인도에 이어 3위지만 거대한 재정 지원과 첨단 기술을 적용한 갖가지 무기를 발판으로 압도적인 전력상 우위를 점하며 세계를 호령하고 있다. 다수의 군사 전문가들은 미군이 80여 개국에 걸쳐 약 750개의 크고 작은 기지에 주둔하고 있다고 말하지만, 미국 정부가 모든 정보를 공개하지 않기 때문에 실제로는 더 많을 수도 있다.

미국 아메리칸대 집계에 따르면, 미군이 주둔한 기지가 가장 많

국방비 지출 톱5 국가　　　　　　　　　　　　　　　　(단위: 달러)

순위	국가	국방비 지출
1	미국	8770억
2	중국	2920억
3	러시아	860억
4	인도	810억
5	사우디아라비아	750억

※2022년 기준　　　　　　　　　　　　　　　　자료: 스톡홀름국제평화연구소

은 나라는 일본(120개), 독일(119개), 한국(73개) 순이다. 그중 독일의 람슈타인 공군기지는 유럽 내 미군의 군수품 공급을 위한 최대 허브인데, 넓이가 1200헥타르(363만 평)에 달한다.

　지금부터는 미국이 국방비에 얼마를 쏟아붓고 있고, 유럽은 얼마나 안보를 미국에 의지하고 있는지를 알아보자. 이에 따른 영향이 단지 국방의 영역에 머무르지 않고 유럽 국가들의 경제와 복지에 밀접하게 연관돼 있기 때문에 깊게 들여다볼 필요가 있다.

　미국은 경제 규모 세계 1위 국가로서 다른 나라들이 넘볼 수 없는 막대한 규모의 군비를 투입한다. 스웨덴 안보 분야 싱크탱크인 스톡홀름국제평화연구소 집계에 따르면 2022년 미국의 국방비는 8770억 달러였다. 원화로 1000조 원이 훌쩍 넘는다. 이는 전 세계 국방비의 39%를 차지하는 수치다. 국방비 지출 2위부터 11위 10개 나라의 국방비를 합친 것보다 많다. 2위인 중국(2920억 달러)도 미

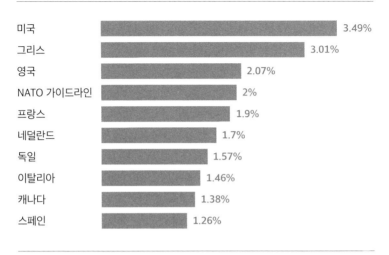

NATO 주요 회원국 GDP 대비 국방비 지출 비율

국가	비율
미국	3.49%
그리스	3.01%
영국	2.07%
NATO 가이드라인	2%
프랑스	1.9%
네덜란드	1.7%
독일	1.57%
이탈리아	1.46%
캐나다	1.38%
스페인	1.26%

※2023년 기준   자료: 북대서양조약기구(NATO)

국의 3분의 1 수준에 불과하다. 러시아가 860억 달러로 3위, 인도가 810억 달러로 4위다.

미국을 가리켜 우리나라에서 '천조국'이라는 별명으로 부르기도 하는데, 온라인에서 탄생한 것으로 추정되는 이 말은 미국의 국방비가 원화로 환산하면 1000조 원을 넘는다는 뜻이다. 이 말이 탄생했을 때는 1000조 원에 못 미쳤지만 이제는 1000조 원을 가뿐히 넘는다. 1000조 원의 미국 국방비는 천문학적인 액수지만 이는 GDP의 3.5%에 불과하다.

물론 유럽 주요국도 경제 규모 대비 국방비로 적지 않은 돈을 쓰고 있다. 영국이 680억 달러, 독일 560억 달러, 프랑스 540억 달러

순으로 차례대로 세계 6~8위였다. 하지만 NATO와 미국이라는 버팀목이 없다면 유럽 국가들은 더 많은 돈을 국방비로 써야 할 수밖에 없다. 경제 규모가 영국보다 큰 독일이 영국보다 적은 국방비를 투입하는 것도 미국의 우산 아래 기대고 있기 때문이다.

NATO는 한 해 국방비를 GDP의 2% 이상으로 유지하라는 가이드라인을 갖고 있다. 하지만 유럽 국가들 중에서는 이를 준수하지 않는 경우가 많다. 2023년 기준으로 프랑스 1.9%, 독일 1.57%, 이탈리아 1.46%, 스페인 1.26% 등이다. GDP의 3.5%를 국방비를 투입하는 미국보다 절대 액수가 훨씬 작을 뿐 아니라 GDP 대비로도 비율이 낮다. 이 또한 미국과 NATO에 의지하기 때문이다.

트럼프의 재집권이 두려운 유럽

유럽이 미국에 안보상 의존하고 있는 상황을 면밀히 알고 싶다면 러시아의 우크라이나 침공으로 유럽이 직접적인 러시아의 위협에 시달리게 된 이후의 과정을 보면 된다.

2022년 6월 미 국방부는 러시아가 우크라이나를 침공한 이후 2만 명을 추가 파병한 것을 포함해 유럽에 10만 명 이상의 미군을 배치했다고 밝혔다. 미 국방부는 2023년 3월에는 1년간 우크라이나에 283억 달러(약 37조 원)의 군사적 지원을 했다며, 우크라이나에 넘겨준 무기·장비 목록을 공개했다. 소형 탄약 1억 발, 155mm

곡사포 160문 및 포탄 100만 발, 125mm 탱크용 포탄 10만 발, 고성능 다목적 차량 험비 1200대, M113 장갑차 300대 등 막대한 물량이다.

2차대전 이후 공산주의 세력의 확산을 막는 게 중요했던 미국은 오랫동안 유럽이 국방비를 덜 쓰는 것을 용인해왔다. 하지만 도널드 트럼프 전 대통령은 재임 시절 노골적으로 "유럽을 대신 지켜주고 있다"는 불만을 터뜨리며 유럽에 국방비 증액을 요구했다. 이러한 트럼프 행정부의 증액 요구가 있기도 했고 러시아의 위협이 커지면서 유럽 국가들은 국방비 지출을 늘리는 추세다.

그동안 유럽은 미국이 씌워주는 안보망 덕을 보며 국방비를 적게 쓰고 대신 복지에 많은 예산을 투입할 수 있었다. 이것이 풍요로운 나라를 건설한 핵심 기둥 중 하나였다. 하지만 점점 국방비를 많이 쓸 수밖에 없는 대외적 여건을 맞이하고 있어 재정 배분도 과거와는 크게 달라질 것으로 보인다.

예를 들어 핀란드는 2022년 국방비가 50억 달러에 못 미치는 수준이었는데 이는 개발도상국인 방글라데시의 국방비와 비슷한 규모다. 핀란드 국방비는 GDP의 1.7% 수준이었다. 대체로 북유럽 국가들의 국방비 비율은 독일, 프랑스 등과 마찬가지로 GDP의 1%대였다. 앞으로 러시아의 위협에 대응해 더 많은 국방비를 투자하면서 북유럽 특유의 튼튼한 복지제도를 계속 유지할 수 있을지 두고 볼 필요가 있다.

그렇다면 유럽은 언제까지 미국에 안보를 의탁할 수 있을까. 요즘 미국 의회에서는 유럽 국가들을 긴장하게 만들 만한 분위기도 연출된다. 공화당 상원의원 J. D. 밴스는 2023년 9월 X(옛 트위터)에 "미국은 이 끝없는 전쟁에 무제한적인 지원을 요구받고 있다는 점이 확실해졌다"라는 글을 올렸다. 우크라이나 지원에 대한 불만을 제기한 것이다. 그는 "이제는 충분하다Enough is enough"며 "현재 그리고 미래의 지원에 대해서 나와 나의 동료 의원들은 '안 된다no'라고 말할 것"이라고 했다.

이런 주장이 나올 법도 하다. 미국 의회조사국 자료에 따르면 미국은 2022년과 2023년 우크라이나에 487억 달러를 다양한 방식으로 지원해왔다. 그리고 2023년 8월 의회에 제출한 예산에는 2024년에도 240억 달러를 들여 우크라이나를 돕겠다는 내용이 담겼다. 그런데 전쟁이 장기화되고 미국이 너무 많은 돈을 쓴다는 반발이 의회 안에서 나오자 우여곡절 끝에 통과된 임시 예산안에서 우크라이나 지원 규모가 대폭 삭감됐다.

게다가 트럼프 전 대통령의 재집권 가능성도 열려 있다는 점이 유럽의 안보에는 큰 변수가 될 전망이다. 그가 다시 권력을 잡으면 '유럽의 안보 무임승차'에 대해 다시 열을 올리며 국방비 지출을 늘리라고 압력을 넣을 것이 뻔하기 때문이다. 재정이 나쁜 유럽 국가들이 국방비를 늘리면 복지, 교육, 환경, 문화 등에 투입할 여력은 줄어들게 마련이다. 유럽식 가치를 이어가기가 점점 버거워질 수밖에 없다.

미국이 유럽에 막대한 군사적 지원을 한다고 해서 무작정 퍼주는 건 아니다. 어디서든 전쟁이 계속되면 미국은 무기를 비롯한 군수품을 팔아 큰돈을 번다. 스톡홀름국제평화연구소 집계로 2017~2021년 사이 세계 무기 수출의 38.6%를 미국이 차지했다. 2021년 무기 판매 매출로 세계 1~5위를 기록한 방산기업은 록히드마틴(603억 달러), 레이시온(418억 달러), 보잉(334억 달러), 노스롭 그루먼(298억 달러), 제너럴 다이내믹스(260억 달러) 순이었다. 5곳 모두 미국 기업이다.

31

[중국이 두려운 유럽, 인도 앞에서도 작아지나]

　미국과 중국을 가리킨 'G2'라는 말이 자리 잡으면서 국제무대에서 양강은 '미국과 중국'으로 굳어졌다. 2차 세계 대전 이후 국제 질서를 수십 년간 대서양 양안의 미국과 유럽이 주도하던 관행이 허물어지고 있는 것이다. 물론 많은 국제기구에서 여전히 유럽 국가들이 목소리를 내고 있지만, G2의 대결로 세계 질서의 중심 경쟁 구도가 옮겨지면서 유럽의 존재감이 갈수록 줄어들고 있다.

　자유 진영에서는 중국을 대하는 태도가 국력의 강약을 상징적으로 보여준다. 미국은 중국이 더 부상하기 이전에 누르겠다는 의지가 강하다. 외교 안보의 측면에서는 시간이 갈수록 긴장이 높아지는 중국의 대만 침공 가능성에 대해 미국이 강력한 경고를 날리고 있다.

　경제적 측면에서도 미국은 인플레이션감축법IRA과 반도체지원법

CHIPS and Science Act을 앞세워 중국을 제압하겠다는 의지를 표출하고 있다. 인플레이션감축법에는 중국을 배터리 공급망에서 고립시키는 내용이 담겨 있고, 반도체지원법으로는 중국의 '기술 굴기'를 눌러 첨단 산업 분야에서 미국의 우위를 유지하겠다는 신호를 보냈다.

이렇게 미국이 중국을 포위하고 힘으로 누르려는 전략을 가동하는 것과 달리 유럽은 중국의 눈치를 많이 보고 있다. 수출 대상국으로서 중국의 중요성을 의식하고 있기 때문이다. 올라프 숄츠 독일 총리는 2022년 11월 G7 정상 가운데 코로나 사태 발생 이후 처음으로 중국을 방문했다. 이에 대해 독일 내부는 물론 EU에서도 중국 눈치를 보는 방중이라는 비판이 적지 않았다. 시기적으로 시진핑 주석이 3연임을 확정 지은 직후였기 때문에 '장기 집권 축하'의 의미로 보일 수 있다는 지적이 있었다.

숄츠 총리는 중국에 가면서 올리버 블루메 폴크스바겐 CEO, 롤랜드 부쉬 지멘스 CEO, 벨렌 가리호 머크 CEO, 크리스티안 제빙 도이체방크 CEO, 마틴 브루더 뮐러 BASF 이사회 의장, 우구르 사힌 바이오앤테크 창립자 등 독일을 대표하는 기업인을 경제 사절단으로 죄다 대동했다.

숄츠 총리가 쟁쟁한 기업인들을 몽땅 데리고 오자 중국이 반색했다. 중국 관영 매체들은 독일이 굽히고 들어온다는 뉘앙스를 잔뜩 담은 환영 기사를 쏟아냈다. 독일로서도 최대 교역 상대국이기 때문에 어쩔 수 없는 현실론이 있다. 폴크스바겐은 판매량 가운데 중국 비중이 40%에 이른다. 지멘스와 BASF 같은 독일을 대표하는 기업들도 매출의 15% 안팎을 중국에서 얻고 있다.

숄츠 총리만 중국에 '저자세'를 보였던 게 아니다. 에마뉘엘 마크롱 프랑스 대통령도 다르지 않다. NATO(북대서양조약기구)는 도쿄에 첫 번째 아시아 지역 연락사무소를 개설하는 방안을 추진해왔다. 아시아·태평양 지역에 서방의 군사 동맹을 과시하며 중국과 러시아를 견제하는 거점을 마련하려는 전략을 꾀한 것이다. 하지만 마크롱 대통령이 강하게 반대하면서 제동이 걸렸다. 워낙 프랑스의 반대가 강해 이 방안은 사실상 보류됐다. NATO는 모든 회원국 찬성을 의사 결정의 원칙으로 삼는다.

마크롱 대통령이 반대한 이유에 대해서는 '친중 성향'이기 때문이라는 말이 계속 나온다. 일본의 아사히 신문은 "마크롱 대통령이 NATO의 도쿄 사무소 개설로 중국을 자극하는 걸 원하지 않는다는 견해가 있다"고 했다. 프랑스 역시 독일처럼 중국 시장 의존도가 높은 나라다.

유럽은 중국과 관련해 미국과는 크게 다른 스탠스를 취한다. 유럽은 러시아로부터는 군사적 위협을 느끼지만 지리적으로 거리가 먼 중국은 군사적 위협 상대로 인식하지 않는 경향이 있다. 중국은 직접 싸울 상대가 아니기 때문에 경제적 이득만 취하면 된다는 식의 접근이다.

그러나 이런 대외적인 태도는 대중 강공 노선을 유지하는 미국에 비해 힘이 약하다는 인상을 준다. 또한 중국과 함께 맞서자는 미국

인도·독일·영국·일본의 GDP 변화 　　　　　　　　　　　　　　　　(단위: 달러)

	인도	영국	독일	일본
2020	2조 6700억	2조 7100억	3조 8900억	5조 500억
2021	3조 1500억	3조 1200억	4조 2600억	5조 100억
2022	3조 3900억	3조 700억	4조 800억	4조 2300억
2023	3조 7400억	3조 1600억	4조 3100억	4조 4100억
2024	4조 600억	3조 3800억	4조 4500억	4조 5300억
2025	4조 4000억	3조 5700억	4조 6400억	4조 7300억
2026	4조 7700억	3조 7900억	4조 8200억	4조 9200억
2027	5조 1500억	4조 200억	4조 9500억	5조 800억
2028	5조 5800억	4조 2500억	5조 400억	5조 3400억

※2023년 이후는 전망치 　　　　　　　　　　　　　　　　자료: 국제통화기금(IMF)

의 요구와 경제적으로 중국의 눈치를 보지 않을 수 없는 입장 사이
에서 유럽이 갈팡질팡하게 만드는 요소다.

이처럼 유럽은 미·중 사이에서 어정쩡한 포지션을 유지하고 있
는데, 이것이 유럽의 힘을 추가로 약화시키는 요인으로 작용한다.
중국에 대해 어떤 입장을 유지하느냐에 대해 EU 안에서도 의견이
분분할뿐더러 각 유럽 주요국끼리 분열이 벌어지기 때문이다. 중국
과 관련해서 미국 내에서 단결된 입장을 보이는 것과 다르다.

급부상하는 인도와 가까워지지 못하는 유럽

지정학적으로 장기적인 전망을 해보면 유럽에 더 악재가 되는 건 인도의 부상이다. 이미 인도 및 태평양 지역을 말하는 '인·태'라는 지리적 범위가 널리 쓰이고 있다. 2023년을 기점으로 중국을 누르고 세계에서 가장 인구가 많은 나라가 된 인도는 빠른 속도로 부상하고 있다. 경제적, 군사적으로 모두 영향력이 커지고 있는 것이다. IMF 전망치로 2023년 인도의 국내총생산GDP은 3조 4690억 달러로 세계 5위였다. 이미 6위 영국(3조 1990억 달러), 7위 프랑스(2조 7780억 달러)를 눌렀다.

IMF는 인도가 2027년이면 GDP로 4위 독일(4조 310억 달러)과 3위 일본(4조 3010억 달러)을 누르고 경제 규모 세계 3위로 뛰어오를 것으로 내다본다. 독일과 일본은 경제 성장이 정체된 나라들이라 인도가 경제 규모 세계 3위가 되는 건 시간문제다. 이처럼 인도가 부상하고 인·태라는 지리적 프레임이 더 확고해질수록 유럽에는 악재다. 인·태라는 무대의 개념 자체가 유럽을 배제하기 때문이다. 미국은 과거 대서양 양안 시대에도 중심에 있었고, 인·태 시대에도 주연 역할을 계속 이어나가고 있지만 유럽은 그렇지 못하다.

그뿐 아니라 인도와의 외교적, 경제적 결속도 미국이 먼저 차지했다. 2023년 6월 나렌드라 모디 인도 총리는 백악관을 국빈 방문해 극진한 환대를 받았다. 인도는 미국 주도의 유인 달 착륙 프로젝트 '아르테미스'에 참여하고, 미국항공우주국NASA과 협력해 2024년까지 국제우주정거장ISS에 인도 우주인을 보내기로 했다. 또한 미국의 제너럴 일렉트릭이 인도에서 전투기 엔진을 생산하기로 합의했다. 인도는 미국을 위한 선물로 미국산 무장 MQ-9B 시가디언SeaGuardian 드론을 구매하기로 했다.

미국 입장에서 인도는 빠르게 성장하는 시장이라는 점에서도 중요하지만 대 중국 전략에도 중요하다. 바이든 행정부는 인도가 중국을 대체하는 공급망 기지가 되기를 원하고 있다. 따라서 철저히 실리적으로 접근한다. 인도가 중국을 견제하기 위해 러시아에서 막대한 무기를 도입하고 있지만 눈감아 준다. 또한 복잡한 인도 내부의 논란에 대한 직접적 언급을 삼가고 있다.

2023년 초 인도 동북부 마니푸르주에서는 힌두교계 메이테이족과 기독교계 쿠키족 사이에 유혈 충돌이 발생했다. 최소 120명이 사망하고 5만여 명이 집을 잃은 대규모 충돌이었다. 서구 사회에서 쿠키족을 도와야 한다는 목소리가 있지만, 미국은 이에 대해 일절 언급하지 않았다. 내정 간섭 우려가 생길 수 있다는 걸 알기 때문이다. 수많은 부족과 언어가 있는 인도에서는 이런 종류의 내부 갈등이 수시로 벌어진다.

메이테이족과 쿠키족 사이의 유혈 충돌을 이야기하는 이유는 유럽의 대외 정책상 특징을 보여주기 때문이다. 두 부족의 충돌에 대해 유럽 의회는 2023년 7월 결의안을 채택해 기독교계인 쿠키족을 보호해야 한다는 취지로 입장을 정리했다. 이에 대해 오랜 세월 영국의 식민지였던 인도는 민감하게 반응했다. 인도 외교부는 즉각 "유럽 의회의 행위는 내정 간섭"이라며 "용납할 수 없는 식민주의적 사고방식을 반영한다"고 했다.

유럽은 한때 세계 각지에 식민지를 둔 역사와 함께 자유, 평등, 박애, 시민권 같은 사상적 가치를 만들어낸 대륙이다. 이런 자부심의 발로에서 아시아나 아프리카 국가에 이런저런 도덕적 훈수를 많이 두는 경향이 있는데, 도덕적일 수는 있지만 실리적이지 못하다.

유럽 의회가 인도의 부족 간 충돌에 대해 결의안을 채택한 건 유럽의 도덕적 우월성, 정의감, 국경을 넘어선 연대를 보여주는 효과는 있다. 하지만 인도인들의 기분을 상하게 하고 유럽에 대한 반감을 키우는 쪽으로 작용하는 건 틀림없다.

유럽은 지리적으로 맞닿아 있는 러시아를 견제하는 과정에서 인도가 자신들의 편에 서주기를 원한다. 독일, 프랑스를 비롯한 유럽 주요국은 자꾸 인도를 향해 러시아에 반대하는 입장을 취해 달라고 요구한다. 하지만 인도로서는 이런 요구에 따를 이유가 별로 없다. 사실 인도의 오피니언 리더들은 러시아를 멀리하라는 유럽의 요구를 가당찮게 여기는 경향이 있다.

러시아는 군사 강국이긴 해도 IMF 추산 2023년 GDP가 2조 1130억 달러로 중국(18조 3210억 달러)의 8분의 1도 안된다. 러시아는 자원이 풍부하긴 하지만 중국처럼 첨단 산업을 갖고 있지 못하다. 미국은 중국과 싸우는데, 유럽은 수십 개 나라가 뭉쳐 겨우 러시아와 대적하고 있으니 이런 구도 자체가 유럽의 위상을 떨어뜨린다.

40년 베테랑 외교관이 본 미국과 유럽

최종문
전 외교부 차관

1. 2022년 2월 러시아가 우크라이나를 침공하자 많은 전문가들이 전쟁의 원인과 의미에 지정학적 시각으로 접근했다. 지정학 자체가 19세기말 영국과 러시아간 '그레이트 게임the Great Game'과 20세기 미·소간 냉전Cold War을 겪으면서 하트랜드Heartland(유라시아)를 차지하고 있는 러시아에 대해 어떻게 견제와 봉쇄를 할 것인가에 뿌리를 두고 발전해왔다.

미 국무부 초대 정책기획실장인 조지 케넌은 소련의 하트랜드 지배를 저지하기 위해 강력한 봉쇄 정책을 추진했고, 즈비그뉴 브레진스키 국가안보보좌관은 우크라이나 지배는 러시아 부활의 전제

최종문
• 연세대 정치외교학과 졸업
• 외무고시 17회
• 외교부 다자외교조정관
• 주프랑스 대사
• 외교부 2차관
• 법무법인 화우 고문(현)

조건이므로 반드시 저지해야 한다고 주장했다.

러시아의 우크라이나 침공은 이와 같은 뿌리 깊은 루소포비아 Russophobism(러시아 공포증)에도 불구하고 서유럽이 러시아의 팽창주의에 대해 탈냉전 이후 30여년간 얼마나 제대로 대비를 해왔는가에 대해 경종을 울렸다.

2. 1991년 소련의 해체로 냉전은 막을 내렸다. 그 무렵 유엔 총회장에 모인 각국 대표들간 최대의 화제는 평화 배당금peace dividend(전쟁이나 갈등의 종식으로 얻게 된 경제적 이득)이었다.

낙관적인 분위기 속에서 빠른 군비 축소에 대한 우려보다는 평화 배당금으로 감세를 할 것인지, 국가채무를 상환할 것인지, 인프라나 보건복지에 투자할 것인지가 주 관심사가 되었다. 영국의 5년간 병력 18% 감축, 네덜란드의 10년간 병력의 3분의1 감축, 벨기에의 국방예산 최소 10% 감축 등 서유럽 국가들의 군비 축소 선언이 잇따랐다.

3. 2014년 소치 동계올림픽 폐막 직후 러시아는 크리미아반도를 침공했고, 속전속결로 합병을 선언했다. 유럽에 경종이 울렸다. NATO는 2001년 9·11 테러와의 전쟁, 2003년 이라크침공 그리고 2009년 아프간 파병에 동참했지만 이들 모두 역외 작전으로서 '우리들의 전쟁'은 아니었다.

그러나 이때는 달랐다. 러시아에 대한 제재조치를 취했다. 2014년

9월 영국 웨일즈에서 개최된 NATO 정상회의에서는 러시아의 크리미아 합병을 거부하고 향후 적어도 GDP의 2% 이상을 국방비로 지출하기로 했다. 유럽 방위에 대해 유럽 국가들이 결의를 다지고 이를 행동으로 옮길 호기를 맞이했지만 현실은 그다지 바뀌지 않았다. 우크라이나는 러시아가 결국 본토를 침공할 것이라고 호소했으나 영국, 폴란드 등이 우크라이나군에 대한 훈련을 지원하는 정도였다.

4. 계속해서 유럽 주요국들의 군비 축소는 대세가 되었고 냉전 기간 중 최대 병력 보유국이었던 독일의 국방비는 GDP 대비 1.2%까지 내려갔다. 한때 서독은 병력 근 50만명에, 215개 대대를 운용했지만 현재는 18만명 34개 대대로 축소됐다. 2018년 독일 정부 보고서에 따르면 독일이 자랑하던 레오파드 탱크의 50% 정도만 전투에 투입할 수 있는 것으로 나타났다.

이번 러시아·우크라이나전 발발로 NATO 회원국들이 보유하고 있는 무기고의 현실이 여지없이 드러났다. 영국 싱크탱크인 국제전략연구소IISS의 보고서에 따르면 2022년 미국의 국방예산은 7666억 달러이고, 유럽에서는 영국, 프랑스, 독일, 이탈리아를 모두 합쳐 2089억 달러에 불과했다. 유럽이 미국과 NATO에 의존하는 사이 러시아·중국은 군비를 대폭 늘렸다. 스톡홀름국제평화연구소SIPRI에 따르면, 2000년부터 2023년 사이 러시아는 국방비를 227% 증강했고, 중국은 같은 기간 566% 늘렸다.

현재 NATO 예산의 근 70%를 미국이 부담하고 있다. 트럼프 정부가 공정한 부담fair burden-sharing을 내세우며 유럽에 국방비 증액을 거칠게 압박했던 것이 좋아 보이지는 않지만, 사실 어느 정도 이해가 가는 측면도 있다.

5. 유럽 국가들도 자신들의 무임승차free-riding를 전적으로 부인하지는 않으면서도 억울한 점이 있다고 항변한다. NATO의 유럽 회원국들이 아프가니스탄, 이란 등에 파병함으로써 미국의 전략적 군사작전에 정통성을 부여해왔고, 유럽 주둔 미군의 일차적 임무가 동맹국 보호이지만 중동 등 여타 지역에 대한 미국의 힘을 투사하기 위한 병참기지 역할도 하고 있는 것 아니냐는 주장을 한다. 또한 미국이 전 세계에 걸쳐 자신들의 압도적인 전략적 우위를 확보하기 위해 국방비를 지출할 뿐이라는 주장도 한다.

유럽의 항변이 정당한 지 여부를 논할 생각은 없다. 그러나 적어도 2014년 NATO 정상회의에서 합의하고 2018년 재확인한 GDP 대비 국방비 2% 증액 공약을 아직까지 이행하지 않은 것은 분명 문제가 아닐 수 없다. 유럽의 경제력이 예전 같지 않고, 안보불감증까지 겹치다 보니 이런 상황까지 오게 되었다.

6. 필자가 프랑스 대사로 근무할 때 접했던 유럽 주요국 외교관들도 이런 문제를 심각하게 받아들이고 있고, 유럽이 독자적 안보역량을 갖추는 노력을 하지 않은 것은 아니다. 마크롱 대통령은 기회

있을 때마다 유럽 방위를 미국과 NATO에 의존하지 말아야 하며 이를 위해 진정한 유럽군을 보유해야 한다고 주장해왔다.

2017년 프랑스와 독일의 주도로 EU상설안보방위협력체PESCO를 출범시키고 방위산업 분야에서의 협력 강화를 모색하고 있다. EU는 미국의 일방적인 아프가니스탄 철수, 앵글로색슨 3개국(미국, 영국, 호주)의 안보협력체 오커스AUKUS 결성에 자극을 받아 2025년까지 병력 5000명 규모의 유럽 합동군 창설을 추진 중에 있다.

다만 EU 내에서 미국이 빠진 유럽 합동군이 단독으로 어느 정도 러시아를 견제하고 억지할 수 있을 지 회의적인 분위기가 있다. 또한 군 지휘 통제 체제, 무기 체계 등을 통합시키는 기술적 과제 등이 앞으로 갈 길이 멀다. 게다가 유권자들에게 인기 없는 방위비 증액을 위해 EU 정치인들이 얼마나 적극적으로 나설지 두고 볼 일이다.

무엇보다 미국 없이는 러시아의 핵 전력을 당해낼 재간이 없다. 미국의 핵우산이야말로 NATO의 요체라 하겠다. 프랑스는 자신들의 핵 전력으로 유럽을 보호할 수 있다고 호언을 하지만, 드골의 말을 응용하자면 '베를린 혹은 바르샤바 혹은 로마를 지키기 위해 파리를 포기할 수 있는가'라는 질문에 자신 있게 대답할 수 있을 지 의문이 든다.

현재 NATO에서 핵 기획그룹은 NATO 핵 정책 전반을 결정하는 최고위 협의체로서 핵 억지력 유지, 핵 정책 개발, 핵 태세 검토 등을 책임지고 있다. 유사시에는 독일, 이태리, 벨기에, 네덜란드, 터키의 전폭기에 미국의 핵폭탄을 장착한다. 그러나 한 겹 벗겨보면

'공유'라고 하기에는 거리가 있다. 핵무기 사용여부를 결정하는 권한은 오로지 미국 대통령만이 갖고 있을 뿐이기 때문이다.

앞으로 군사력의 중장기 추이를 예상해 보면 AI 기반 무기와 이에 수반되는 C4ISR(지휘통제, 정보, 감시, 정찰체제), 그리고 양자컴퓨팅과 위성 등을 토대로 차세대 네트워크 전쟁 시스템 구축이 핵심적인 요소가 될 수밖에 없다.

7. AI 중심 군사혁명은 미국, 중국 그리고 부분적으로 러시아를 중심으로 진행되고 있다. 미국과 중국이 AI 기반 전장 환경 구축, 신규 무기체계, 그리고 인간-기계 인터페이스Man-Machine Interface, MMI 기술, 그리고 극초음속 미사일 등의 차세대 무기개발에 박차를 가하고 있다. 미국의 경우 2024년에 18억 달러를 AI 기술 개발에, 14억 달러를 새로운 전장 환경에 필요한 AI 중심 지휘통제 기술과 시스템을 연구하는데 투입할 계획이다. 또한 640억 달러를 사이버·IT·전자전에, 330억 달러를 우주군 강화를 위해 투입할 예정이다. 이뿐만 아니라 미 국방부는 2024년 국방예산에 연구개발 실험 및 평가RDT&E 예산으로 1450억 달러를 투입할 계획이다. 전례 없는 규모다.

바로 이 지점에서 유럽과 미국의 격차는 계속 벌어질 것이고, 유럽의 미국에 대한 의존은 더욱 고착화될 것이다. 세상에 공짜 점심은 없는 법이다.

7부

삶의 질

32

활력 넘치는 미국을 따라 잡기에 너무 노쇠한 유럽

저개발국가가 아닌 이상 고령화는 어느 나라에서나 국가적 난제다. 유엔 통계를 보면 2013년 전 세계의 65세 이상 인구는 8% 정도에 불과했는데, 2023년에는 10%를 넘겼다. 이 비율은 2033년에는 12.7%로 높아질 전망이다. 고령화가 진행될수록 국가적 생산력은 떨어지고 복지나 의료비용 지출이 많아져 경제가 생기를 잃어가게된다.

미국도 고령화에서 자유롭지는 못하다. 65세 이상 고령자 비율이 2013년 13.9%에서 2022년 17.6%로 높아졌다. 미국 전역의 카운티(행정 단위) 중 73%인 2297곳에서 이미 사망자 수가 출생아 수를 추월했다. 코로나 사태로 인해 사망자가 일시적으로 증가한 영향도 있지만 고령화의 영향을 배제할 수 없다. 미국 인구조사국은 "고령자가 많은 지역이라면 외부로부터 젊은 인구가 유입되지 않

미국과 유럽 주요국 중위연령

국가	2011	2021	국가	2011	2021
미국	36.2세	37.7세	영국	38.6세	39.6세
프랑스	39.4세	41.6세	독일	43.6세	44.9세
이탈리아	42.8세	46.8세	스페인	39.5세	43.9세

자료: 아워월드인데이터·유엔(UN)

생산가능인구 비율

국가	2011	2021	국가	2011	2021
미국	67.1%	64.9%	영국	65.9%	63.5%
프랑스	64.5%	61.6%	독일	65.8%	64.1%
이탈리아	65.3%	63.5%	스페인	67.7%	66%

※전체 인구 중 15~64세 인구 비율 자료: 경제협력개발기구(OECD)

는 이상 인구가 자연 감소하는 것은 피할 수 없다"고 했다.

그래도 미국이 유럽보다 사정은 훨씬 나은 편이다. 미국의 중위연
령은 2021년 기준 37.7세로 유럽 주요국에 비해 낮다. 영국의 중위
연령은 39.6세로 40세에 근접했고, 프랑스(41.6세), 스페인(43.9세),
독일(44.9세), 이탈리아(46.8세) 등은 모두 40세 이상이있다. 중위연
령으로 미국은 이탈리아보다 9.1세나 어리다. 상당한 차이다.

미국은 2022년 기준 65세 이상 인구 비율(17.6%)도 OECD 전
체 평균(18%)보다 낮은 편이다. 미국과 달리 영국(18.9%), 스페인
(20.2%), 프랑스(21.1%), 독일(22.1%), 이탈리아(23.9%) 등 유럽 주
요국은 모두 OECD 평균을 넘는다. 65세 이상 인구가 14%를 넘으

면 고령사회, 20% 이상이면 초고령 사회로 분류한다. 따라서 유럽 주요국은 이미 초고령 사회에 진입했다.

사람으로 따지면 30대 청년인 미국은 노동력이 풍부하다. OECD에 따르면 2021년 기준 미국의 생산 가능 인구(15~64세)의 비중은 64.9%로 영국(63.5%), 프랑스(61.6%), 독일(64.1%)에 비해 높았다. 이민은 미국의 인구구조를 젊게 만들고 인력시장을 두텁게 만들고 있다. 저숙련 노동자도 많이 유입되지만, 유럽과 비교해 미국으로 오는 이민자 중에는 젊은 고학력자가 많다는 게 특징이다.

젊은 두뇌들이 해외에서 유입되면서 미국은 고령화 속도를 유럽보다 낮게 유지할 수 있다. 또한 기업들은 수준급 인력을 충원하는 데 유리하다. 오래전부터 미국은 '두뇌 유출brain drain' 현상에서 주로 수혜자의 위치에 서 있었다. 세계 주요 명문대와 빅테크 기업들이 미국에 집중돼 있기 때문이다.

인도계 두뇌들이 유럽보다는 미국을 훨씬 선호하는 현상도 눈여겨볼 필요가 있다. 알파벳(구글)의 순다르 피차이, 마이크로소프트의 사티아 나델라, 스타벅스의 랙스먼 내러시먼 같은 글로벌 거대기업을 이끄는 인도인 CEO들은 한결같이 미국에서 공부하고 미국에서 취업했다. 아제이 방가 세계은행 총재, 스리칸트 다타르 하버드대 경영대학원 학장 같은 인도계 저명인사들도 마찬가지다.

미국과 달리 유럽은 고급 인재를 끌어당기는 힘이 약해졌을 뿐아니라 당장 노동력 부족 문제를 해결할 방법부터 찾아야 하는 처지다. 독일경제연구소DIW 추산에 따르면 2022년 독일에서는 노동 인구가 30만 명 감소했을 것으로 보인다. 은퇴 연령에 도달한 사람이 취업 중인 청년들보다 그만큼 많았기 때문이다. 2030년까지 독일 노동 인구는 500만 명 줄어들 것으로 예상된다. 결국 노동력 부족 문제가 독일 경제 성장 둔화로 이어질 것이라는 경고음이 요란하게 울리고 있다. 독일뿐 아니라 유럽 전체에 드리워진 어두운 구름이다.

이런 공백은 이민자들로 채우는 것 외에는 별다른 해법이 없다. 유럽도 저출산에 시달리기 때문이다. 하지만 유럽은 2015년 무렵부터 대거 밀고 들어온 난민들로 인한 혼란을 수습하지 못하고 있어 해외 인력을 체계적으로 받아들이는 정책을 제대로 가동할 여력이 없다.

유럽에서 고령화로 일할 사람이 줄어드는 영향은 산업 현장의 인건비를 늘리고 생산성을 낮추는 문제에 그치지 않는다. 고령층을 위한 복지 지출이 갈수록 불어나며 재정 압박이 심각해지는 위기로 치닫게 된다. 독일의 노인부양비(20~64세 인구 100명당 65세 이상 고령자 수)는 40.5명에 달한다. 이탈리아(40.2명), 프랑스(37.8명), 영국(33.6명)도 비슷하다. 고령 인구 비중이 높아지면 정부의 사회복지 예산도 늘어난다.

유럽과 달리 미국은 노인부양비가 30.4명으로 눈에 띄게 낮아 부담이 덜한 편이다. 이렇다 보니 건강보험과 연금 같은 사회보험 재정이 흔들릴 가능성이 미국보다 유럽에서 훨씬 높다. GDP 대비 세금·사회보험료 수입을 나타내는 국민부담률은 2021년 기준 미국은 26.6%였지만, 프랑스는 45.1%에 달했다.

잘 갖춰진 연금 시스템, 노동력 부족을 야기하다

유럽에서는 고령화와 이에 따른 만성질환 환자의 증가로 의료 인력 부족 현상도 심각한 수준에 이르고 있다. 세계보건기구WHO는 "최근 같은 의료 인력 부족이 계속 이어진다면 의료진이 번아웃에 빠지게 될 것"이라며 "유럽의 보건 체계가 큰 위험에 처할 수 있다"고 했다. 유럽은 공공의료를 채택하기 때문에 정부의 재정으로 상당수 병원이 유지된다. 고령화가 진행될수록 의료 부문에 투입해야 할 비용이 불어나 고질적인 재정난이 더 심각해질 가능성이 높다.

고령화를 해결하지 못하면 유럽 경제의 미래가 어두울 것이라는 경고가 많다. OECD는 고령화 보고서에서 "적절한 정책 대응이 없다면 증가하는 은퇴자의 수는 공공 예산을 제약하고, 경제 성장을 둔화시킬 것"이라고 했다. OECD는 나이든 노동자를 노동 시장에 잔류하도록 하는 노력이 없다면 전체적인 가계 경제 형편도 악화되고, 고령자들을 복지를 통해서만 먹여 살리려면 정부 재정도 한계에 봉착할 수 있다고 했다.

그러나 유럽에서는 고령자들을 은퇴 이후에도 노동 시장에 그대로 묶어 놓기 어려운 사회 시스템을 갖고 있다. 연금의 소득 대체율이 높다 보니 많은 직장인이 하루라도 빨리 은퇴해 연금 수령자로 살면서 여유를 즐기고 싶어한다. 그러니 일할 사람이 부족하다는 고질적 문제가 해결이 안 된다. 연금 시스템이 잘 갖춰졌기 때문에 생기는 일종의 역설이다.

유럽의 노인들이 연금으로 생활하면서 일을 하지 않으려 하는 것과 달리 미국은 고령자 고용이 활발하다. 이철희 서울대 경제학과 교수는 "미국은 젊은 노동 인구도 많지만 고학력의 고령자들이 일하는 비중도 유럽에 비해 높은 편"이라고 했다.

미국 인구조사국이나 노동통계국에 따르면, 미국에서는 1980년 11만여 명이었던 80세 이상 근로자가 2022년에는 69만여 명으로 42년 사이 6배 넘게 늘었다. 75세 이상 미국인의 경제활동참가율은 2002년에는 5.1%였지만 2022년에는 10.5%로 20년 동안 비율상 2배가 됐다. 같은 기간 경제활동을 하는 75세 이상 인구는 46만4000명에서 144만5000명으로 3배 넘게 증가했다.

미국에서 일하는 고령자로 대표적인 인물은 코로나 팬데믹 시기 컨트롤 타워 수장이었던 앤서니 파우치(83) 전 미국 국립알레르기·전염병연구소NIAID 소장이 있다. 그는 80대에도 코로나 방역을 진두지휘했으며, 2023년 소장직에서 물러난 이후에도 대학에서 후학을 양성하고 있다. 미 노동통계국은 75세 이상의 경제활동참가율이 2030년에는 11.7%까지 증가할 것이라고 전망하고 있다.

고령자 고용이 증가하면 사회 복지 비용이 비약적으로 증가하는 것을 막아준다. 또한 사회 생활을 지속하는 것이 노후 생활의 활력과 건강에 도움이 될 수 있다. 게다가 미국 파우치 소장의 사례처럼 교육 수준이 높은 고령층은 나이가 들어서도 자신만의 영역에서 전문성을 발휘할 수 있다. 그들이 가진 노하우가 사회에 큰 도움이 되기 때문이다.

33

만인이 부러워하던 유럽식 복지, 점점 시시해진다

파리 13구에 가면 프랑스에서 가장 큰 피티에-살페트리에르병원이 있다. 병상이 1600여 개에 이르는 곳으로 17세기 루이 14세의 명령으로 만들어진 병원이다. 이곳을 2020년 5월 에마뉘엘 마크롱 대통령이 방문했다. 코로나 사태 초기에 유럽에 의료 대란이 벌어진 시기라 의료진을 격려하기 위한 방문이었다.

그러나 성난 간호사들은 대통령을 반기기는커녕 거칠게 분노를 표출했다. 유통 기한이 19년 지난 마스크를 쓴 간호사가 거칠게 항의하는 장면이 영상에 잡혔다. 낮은 급여에 대한 불만을 토로하는 간호사들도 있었다. 월급이 얼마길래 간호사들이 잔뜩 화가 났을까.

공공 의료 시스템인 프랑스에서 간호사들의 초임 월급은 세후로 1700유로(약 240만 원) 정도다. 10년, 20년이 지나도 급여가 크게 늘지 않는다. 프랑스 통계청INSEE의 2020년 기준 집계로 병원에서 근무

GDP 대비 국민의 세금. 사회보험료 부담율

국가	2000년	2021년	국가	2000년	2021년
미국	28.3%	26.6%	영국	32.7%	33.5%
프랑스	43.4%	45.1%	독일	36.4%	39.5%
이탈리아	40.5%	43.3%	스페인	33%	38.4%

자료: 경제협력개발기구(OECD)

하는 공무원의 평균 세후 월급은 2460유로(약 345만 원)였다. 비단 간호사뿐 아니라 평균적인 프랑스 월급 생활자가 이 정도 수입에서 크게 다르지 않다. 전체 프랑스 월급 생활자의 평균 세후 월급은 2020년 기준 2520유로다.

이 정도 수입은 선진국 국민이 버는 액수라고 하기에는 높지 않다. 부동산 정보업체 슬로제에 따르면, 파리에서 평균 수준의 거주지이자 한인들이 많이 거주하는 15구에서 방 2개, 거실 하나, 부엌 겸 식당까지 전체 4개의 공간이 있는 내부 넓이 85m²(약 25평)짜리 아파트의 평균 월세가 2600유로(약 365만 원)다. 프랑스인의 평균 월급으로는 이런 파리의 평범한 아파트 월세를 내기도 어렵다는 얘기다.

손에 쥐는 수입이 적은 이유는 워낙 세금 부담이 많고 사회보장 기여금 납입액이 많아서다. 이를 노년에 보전해 주는 게 비교적 소득 대체율이 높은 연금이다. 프랑스에서 2020년 기준 세후 평균 연금 수령액(사망한 배우자 몫에 대한 상속분 포함)은 평균 1689유로(약

240만 원)다. 이 정도 액수는 퇴직하기 전 월급 대비 4분의 3 수준이다. 자가가 있어서 월세를 내는 부담이 없을 경우 이 연금만으로도 노후에 큰 불편함은 없다. 한국에서 국민연금을 20년 이상 납입한 사람의 월평균 수령액이 93만 원에 그치는 것과 비교하면 노후에 버틸 수 있는 연금 시스템이 상당히 훌륭하게 갖춰진 셈이다.

보통의 프랑스인은 월급이 적은 편이긴 해도 퇴직 이후에 연금 덕분에 안정적인 생활이 가능하다. 그래서 대개의 경우 서둘러 은퇴하고 연금을 받고 여행이나 다니며 쉬는 노후를 보내고 싶어한다. 퇴직을 가능한 늦추고 싶어하는 한국인들과는 사고방식이 정반대다.

이 프랑스의 연금 체계에 대해 마크롱 대통령은 대대적인 수술을 감행했다. 마크롱 행정부의 연금 개혁은 연금 수령을 시작하는 나이, 즉 실질적인 정년을 62세에서 64세로 늘린다는 게 핵심이다. 이렇게 하면 대부분의 사람들이 40년 이상 일을 해야 하기 때문에 사회적 거부감이 높아진다. 이는 유럽의 군복무 제도와도 관련이 있다. 유럽에서는 징병제를 실시하지 않는다. 대졸자를 포함하더라도 프랑스에서는 평균 22.7세면 사회생활을 시작하므로 64세 정년이란 건 41년 이상을 일해야 하는 것을 의미한다.

즉, 연금 개혁에 반대하는 이유는 크게 두 가지다. 첫째 연금 수령의 총량이 줄어드는 측면에서 싫고, 두 번째로 일을 더 오래 해야 한다는 점에서도 거부감이 크다. 사회를 안정시키는 버팀목이었던 연금제도에 대한 신뢰가 흔들린다는 점에서도 나라 전체에 상당한 위기감을 고조시키고 있다. 여론조사에서는 매번 연금 개혁에 반대한다는 의견이 70%를 넘었다.

정치적으로 인기가 없을 수밖에 없다는 걸 알면서도 마크롱 행정부가 연금 개혁을 밀고 나간 이유는 그대로 가다간 재정 펑크를 막을 수 없다고 판단했기 때문이다. 프랑스에서는 1700만 명이 연금 생활자인데, 이 숫자는 고령화 추세를 타고 빠르게 증가하고 있다. 2021년 프랑스인들에게 지급된 연금은 원화로 480조 원대인 3380억 유로(프랑스 GDP의 13.5%)에 달할 정도다.

이웃의 고령화로 내 밥그릇이 줄어든다

프랑스 연금자문위원회COR 추계에 따르면 프랑스 연금 재정은 올해부터 18억 유로(약 2조 5000억 원) 적자로 돌아선다. 2030년에는 적자가 135억 유로(약 19조 원)로 커지고, 2050년에는 439억 유로(약 60조 원) 적자로 확대될 전망이다. 이미 국가 채무가 GDP 대비 100%를 넘은 프랑스에서 연금 지급액 때문에 가해지는 재정 압박이 엄청나다.

이상은 연금 개혁을 둘러싸고 진통을 겪는 프랑스의 사례로 살펴본 것일 뿐 다른 유럽 국가도 마찬가지 상황에 놓여 있다. 유럽의 자랑인 연금 제도를 유지하기가 점점 버거워지는 것이다. 이로 인한 불만은 점점 커질 수밖에 없다.

EU 통계기구인 유로스타트 집계에 따르면, 2023년 1분기에 유로화를 사용하는 20개의 나라를 말하는 '유로존'의 평균 월급은 2111유로(약 300만 원)였다. 단순 비교를 하면 2021년 기준 한국의 임금 근로자 월평균 소득 333만 원보다 낮다. 이를 구매력 기준으로 환산하면 차이는 더 벌어지게 된다.

유럽에서는 대체로 젊은 시절 적은 월급을 받아도 근무 강도가 약하고 연금 혜택이 좋아 사회가 지탱될 수 있었다. 하지만 연금 수령을 개시하는 나이가 높아지면 젊은 시절 낮은 소득에 대한 불만이 커질 수밖에 없게 된다. 또한 유럽이 미국을 포함해 다른 대륙에 비해 우월한 수준으로 확립시켜온 복지 시스템의 장점이 퇴색하게 된다. 유럽 사회의 매력이 반감된다는 얘기다.

프랑스뿐 아니라 많은 유럽국가들이 연금 지급을 둘러싸고 심각한 고민에 휩싸여 있다. 저출산과 고령화로 인해 많은 국민들이 오랫동안 기대했던 만큼의 연금을 지급하기가 점점 어려워지고 있기 때문이다. EU 통계기구 유로스타트 집계에 따르면, EU 27 회원국의 연금 지출액은 2011년 1조 216억 유로(약 1460조 원)였지만, 불과 9년 후인 2020년에는 35.5% 늘어난 1조 3841억 유로(약 1980조 원)에 달했다.

일부 국가들이 연금 수령 개시 연령을 올리는 연금 개혁을 단행했는데도 불구하고 빠른 고령화로 인해 고령 인구가 늘어나면서 연금 지급 액수는 크게 늘어났다. 점점 밑 빠진 독에 물 붓기가 되어가고 있는 것이다. 독일의 경우 연금 지급액이 2011년 2296억 유로

유럽인 은퇴 연령 변화

국가	2020년 연금 수령 개시 연령	2060년 연금 수령 개시 예정 연령
덴마크	65.5세	74세
이탈리아	62세	71세
네덜란드	66.3세	69세
영국	66세	67세
독일	65.7세	67세
EU 평균	64.3세	66.1세
프랑스	64.5세	66세
스위스	65세	65세

※남성 기준   자료: 경제협력개발기구(OECD)

였지만 2020년에는 3271억 유로로 9년 사이 42.5% 증가했다. 북유럽 복지 국가들도 마찬가지 고민에 빠져 있다. 2011년과 2020년을 비교해 연금 지급액이 덴마크는 218억 유로에서 310억 유로로, 스웨덴은 356억 유로에서 460억 유로로 각각 늘었다.

이렇게 막대한 금액을 연금에 투입하게 되자 유럽 국가들은 대안을 강구하고 있다. 우선 연금 수령을 개시하는 나이, 즉 은퇴 연령을 대폭 높이고 있다. 이렇게 되면 '노후에 연금 받아 풍족하게 살 수 있다'는 기대가 무너지게 된다. 현재 유럽 국가 대부분은 60~64세 사이에 연금을 지급하기 시작하지만 앞으로는 60대 후반 이후가 되어야만 연금을 받을 수 있게 될 전망이다.

북유럽의 대표적인 복지 국가인 덴마크의 경우 기대 수명이 늘어나면 자동으로 연금 개시 연령이 높아지게 만들었다. 이렇게 해서 연금 수령 개시 연령을 2060년까지 74세로 서서히 높이기로 했다. 60대 초반이면 받기 시작하던 연금을 70대 중반이 되어야만 받을 수 있게 된다는 것이다.

덴마크 외에도 이탈리아와 에스토니아도 연금 수령 나이를 각각 71세로 올리기로 했다. 또한 네덜란드(69세), 포르투갈·핀란드(이상 68세), 독일·영국·벨기에·노르웨이·아이슬란드(이상 67세)도 모두 60대 후반으로 연금을 받기 시작하는 나이를 올리기로 이미 제도화했다.

OECD는 2060년이 되면 회원국들의 평균 연금 수령 개시 연령이 66.1세가 될 것으로 전망한다. 그런데 OECD가 전망하는 2060년의 EU 27회원국의 연금 수령 개시 연령도 똑같이 66.1세다. 결국은 유럽이나 다른 대륙이나 은퇴해서 연금을 받기 시작하는 나이가 같아지게 된다는 의미다. 국가의 든든한 보장으로 여유로운 노후를 즐길 수 있다는 유럽의 장점이 점점 퇴색될 수밖에 없을 것으로 전망된다.

34

[이상기후 습격으로 뚜렷해지는 유럽의 '북고남저']

2021년 7월 초 휴가를 내서 9일간 이탈리아 시칠리아섬을 일주했다. 바닷가에 우뚝 솟은 원형극장 타오르미나, 유네스코의 상징인 아그리젠토 신전, 영화 '시네마 천국'의 배경인 체팔루 해변, 장엄한 에트나 화산, 지중해의 정취가 살아있는 팔레르모 시내 풍경, 시칠리아섬 안의 재료로 만든 갖가지 풍성한 먹을거리까지 감탄이 절로 나왔다.

그런데 한 가지 고역이 있었으니 그건 타는 듯한 무더위였다. 7월 첫째 주였기 때문에 본격적인 한여름이 되기 이전이었지만 숨을 쉬기 어려울 만큼 더웠다. 기온이 40도에 육박하다 보니 조금 걷다 보면 땀이 비 오듯 쏟아지는 건 물론이고, 태양이 워낙 강렬해서 얼굴이나 목이 따가웠다. 시칠리아에서 돌아온 다음 한 달쯤 지나서 보니 그해 8월 11일 시칠리아섬 남동부 시라쿠사에서 측정된 기온이 무려 48.8도에 달했다는 뉴스를 봤다. 이 기온은 유럽에서 측정된 역대 최고 기온이다.

지구 온난화에 따른 이상고온은 인류의 생존을 위협한다. 특히 유럽에는 악재로 작용할 수 있다. 관광산업에 의지하는 이탈리아, 스페인, 그리스의 여름 여행이 막대한 타격을 입고 유럽행 관광객들이 위도가 높은 나라로 쏠리는 현상이 나타날 조짐이 있다.

2022년 여름 이탈리아에서만 고온으로 인한 피해로 1만 8000명이 사망했다는 내용의 연구 논문이 네이처 메디슨에 실렸다. 2023년에는 7월 말이 되자 이탈리아 전체 영토의 60%가 낮 기온이 40도를 넘었다. 기온이 40도가 넘으면 인간의 활동에 큰 제약이 생길 정도로 뜨겁다 못해 고통마저 느껴진다. 이탈리아, 스페인의 경우 여름에 병원 응급실 이용이 늘어나면서 실체적인 위협으로 작용하고 있다.

살인적인 무더위로 두려움이 커지자 예전에 없던 대책이 나오고 있다. 2023년 여름 로마시에서는 70세 이상 노인들에게 시내 수영장 무료입장 혜택을 줬다. 무더위를 못 이겨 숨지는 고령자들이 속출했기 때문이다. 이탈리아 보건부는 오전 10시부터 오후 6시까지는 실내에 머물고 술, 탄산음료, 커피를 피하라고 권고했다. 이렇게 되면 당연히 경제활동은 큰 제약이 생길 수밖에 없다. 뿐만 아니라 무더위로 정전이 자주 발생하고, 소의 우유 생산량이 감소하는 등 직접적으로 경제에 타격을 미치는 현상이 근년에 두드러지고 있다.

게다가 이상고온은 대형 산불 가능성을 높이기 때문에 안정적인 거주에도 위협을 준다. 시칠리아섬을 여행할 때 자연 발화로 인한 산불을 가까이에서 목격하고 두려움을 느꼈다. 2023년 7월 스페인의 유명한 휴양지 라팔마섬에서는 대형 산불로 4000명 이상이 대피하는 소동이 벌어졌다. 그리스에서는 2023년 여름 폭염으로 인한 산불로만 3만 명 이상이 대피했고, 공군 탄약고가 폭발하는 사고도 생겼다.

이렇게 폭염 피해가 광범위해지다 보니 직접적으로 관광산업에 타격을 미치고 있다. 2023년 7월 중순 그리스 정부는 기온이 섭씨 40도가 넘어가자 아테네 시내의 아크로폴리스를 일시적으로 폐쇄했다. 줄을 서서 기다리는 관광객 중 일부가 탈수 증세를 호소하거나 실신하는 사태가 벌어졌기 때문이다.

견디기 힘든 폭염으로 관광업이 마비되는 현상은 다른 어떤 대륙보다도 유럽에 큰 타격을 미칠 가능성이 높다. 2022년 유럽을 방문한 사람은 5억 9450만 명에 달하는데, 미주 대륙(1억 5561만 명), 아시아 및 태평양 지역(1억 52만 명)보다 월등히 많다. 게다가 유럽에서는 직접적인 관광업 종사자가 3600여만 명에 이른다. 따라서 이상고온 현상은 미국보다는 유럽에 재앙이 될 확률이 높다.

폭염에 따른 유럽의 피해가 가시화되는 가운데 자연스럽게 여행지로 남유럽을 피하는 현상이 나타나고 있다. 전체적으로 유럽의 관광산업에 적신호가 켜진 가운데 그중에서도 남유럽의 타격이 커질 것이라는 얘기다.

글로벌 대형 여행사 투이Tui의 세바스티안 에벨 CEO는 파이낸셜타임스 인터뷰에서 "점점 더 많은 사람들이 여름을 피해 시원한 계절에 휴가를 보내고 벨기에, 네덜란드와 북유럽 국가에서 휴가를 보내려는 사람들이 늘어날 것"이라고 했다. 브뤼셀 관광청은 2023년 방문객이 역대 최다였던 2019년에 근접할 것으로 보고 있으며, 브뤼셀을 찾아온 관광객 중에는 이탈리아인과 스페인 사람이 많았다고 밝혔다. 남유럽 사람들이 더위를 피해 북상했다는 얘기다.

따라서 이상고온은 남유럽 경제에 심각한 타격을 입힐 가능성이 작지 않다. 2023년 4월 EU 통계기구인 유로스타트는 관광산업과 관련한 통계자료를 발표했다. 이에 따르면 코로나 사태가 터지기 직전인 2019년 기준으로 EU에서 관광산업이 창출한 부가가치가 5720억 유로로 800조 원을 상회한다. 유로스타트 분석에 따르면, 국가 전체적으로 창출한 부가가치GVA에서 관광산업의 비중이 높은 나라는 크로아티아(11.3%), 포르투갈(8.1%), 스페인(6.9%), 이탈리아(6.2%) 순이었는데, 모두 2020년대 들어 한여름 기온이 40도를 넘는 남유럽에 있는 나라들이다. EU 회원국의 평균치는 4.5%였다.

GDP 대비 관광산업의 비중으로 보면 크로아티아가 25.8%로 유럽에서 1위다. 국내총생산의 4분의 1이 관광업에서 나온다는 얘기다. 크로아티아의 뒤를 이어 그리스(18.5%), 포르투갈(15.8%), 스페인(13.6%), 몰타(12.6%), 키프로스(12.2%), 이탈리아(10.2%)까지 6개국이 GDP에서 관광산업 비율이 10%를 넘는다.

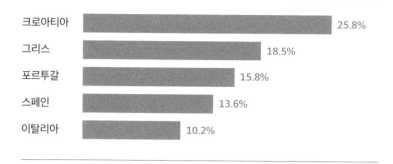

GDP에서 관광산업이 차지하는 비율

크로아티아	25.8%
그리스	18.5%
포르투갈	15.8%
스페인	13.6%
이탈리아	10.2%

※2022년 기준   자료: 스태티스타

미국도 물론 관광업이 발달한 나라다. 미국 상무부에 따르면, 전세계 해외 여행자들이 가장 많은 돈을 쓰는 나라가 미국이다. 세계 해외 여행객들 지출 가운데 미국 비율이 14.5%로 단일 국가로는 세계에서 가장 높다. 미국 내 관광 및 여행산업은 연간 1조 9000억 달러의 경제적 효과를 낸다고 미 상무부는 집계한다.

이렇듯 미국의 관광산업도 거대하지만 워낙 경제 규모가 천문학적으로 크다 보니 유럽에 비해서는 관광산업의 비중이 상대적으로 작다. 미국 상무부 산하 국제무역청의 발표에 따르면, 미국에서는 GDP 대비 여행 및 관광산업 비율이 2.9%에 불과하다. 또한 미국은 유럽에 비해 위도가 높아 여름철 이상고온의 피해가 상대적으로 적을 것으로 예상된다.

결론적으로 이상고온으로 인한 피해는 미국보다는 관광업 비중이 높은 유럽에서 광범위하게 나타날 수밖에 없다. 유럽에서는 위도가 낮아 여름철 폭염에 시달리는 남유럽의 타격이 클 것이고, 그렇게 되면 유럽에서 북쪽으로 관광객들이 더 몰릴 것으로 예상된다. 이런 현상이 계속 이어지다 보면 유럽 내에서 북쪽이 잘 살고 남쪽이 더 못사는 '남저북고' 현상이 더 두드러지게 되며, 이는 유럽의 분열에 가속도가 생길 확률을 높이게 된다.

2011년 남유럽 재정 위기 당시 방만한 재정 운용으로 나라 살림을 망가뜨린 남유럽 국가들을 회생시키는 방안을 놓고 EU 안에서 갈등이 컸다. 북유럽 국가들을 비롯해 독일, 네덜란드에서는 남유럽을 돕는 데 떨떠름한 사람들이 많다. 게으르고 일하기 싫어하는 남유럽인들을 위해 왜 어렵게 번 돈을 써야 하느냐는 의문을 제기하는 여론이 제법 있다.

이상고온이 촉발하는 여름철 폭염으로 남유럽 관광산업이 타격을 입을수록 북유럽이 상대적으로 더 잘 살게 되고, 유럽 내 남북 갈등은 고조될 확률이 높다. 기후가 일으키는 영향이 앞으로 세계 질서의 변화에 어떤 영향을 미치는지 지켜보는 것도 하나의 관전 포인트다.

35

극심한 빈부 격차에
시달리는 미국

LA를 베이스로 메이저리그를 취재하는 특파원으로 근무할 때 원정경기 취재를 위해 수많은 주를 방문했다. 출장을 마치고 LA로 돌아오면 꼭 교민들이 하는 말이 있었다.

"미국 사람 중에도 자기가 사는 주 외에 다른 주에는 못 가본 사람이 많다고 해요."

과장 섞인 말 같지만 사실이다. 2021년 여론조사업체 원폴OnePoll 이 2000명을 대상으로 조사한 결과, 16%는 "나의 고향 주를 벗어나 본 적이 없다"고 답했다고 한다. 미국의 주 하나가 어지간한 나라 몇 배 크기인 경우가 있다고 쳐도 선뜻 이해하기 어려운 결과다. 더 눈에 띄는 건 외국에 못 나가봤다는 응답자에게 그 이유를 물으니

미국과 유럽의 소득 격차

구분	미국	유럽
소득 상위 10%가 가져가는 세전 소득	45%	35%
소득 하위 50%가 가져가는 세전 소득	13%	19%

자료: 세계불평등연구소

소득 하위 50% 대비 상위 10%의 소득차

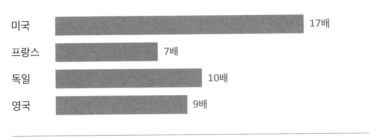

자료: 세계불평등연구소

63%가 "여행 비용이 자신이 감당할 수 없는 수준"이라고 답한 것
이다. 이런 조사 결과는 가난한 사람이 생각보다 훨씬 많다는 걸 보
여준다.

미국은 부유하지만 그만큼 불평등한 나라다. 세계불평등연구소
에 따르면 소득 상위 10%가 세전 국민 소득의 45%를 차지한다. 반
면 하위 50%의 몫은 13% 불과하다. 유럽은 상위 10%가 국민 소득
의 35%를 가져가고, 소득 하위 50%가 19%의 주인이 된다. 미국에
비해선 유럽이 평등하다는 의미다.

미국은 슈퍼리치의 나라다. 세계불평등연구소의 국가별 통계를

보면 미국에서는 소득 상위 10%가 연평균 35만 달러를 버는데, 이는 하위 50% 소득 2만 달러의 17배가 넘는다. 세계불평등연구소는 "미국의 소득 불평등은 선진국 중에서도 유독 심한 편"이라고 평가한다. 일종의 '승자독식 경제 구조'라는 의미다. 반면 프랑스에서는 소득 상위 10%인 사람이 하위 50%의 7배를 벌고, 독일(10배)과 영국(9배)에서도 그 격차가 미국만큼 크지는 않다.

경기가 나빠 감원을 하거나 실적이 좋지 않아도 미국 거대 기업 CEO는 상상을 초월하는 연봉을 받는다. 구글 모회사인 알파벳을 이끄는 순다르 피차이 CEO는 2022년 한해 2억 2600만 달러에 달하는 보수를 받았다. 원화로 3000억 원에 달하는 액수다. 그중 3년에 한 번씩 받는 주식 보상금이 2억 달러 이상으로 대부분을 차지하긴 했다. 그렇다고 하더라도 한 해 동안 버는 액수는 그야말로 천문학적이라고 할 수 있다.

세계 최대 사모펀드 블랙스톤을 이끄는 스티븐 슈워츠먼 CEO는 2022년에 알파벳의 피차이보다도 많은 2억 5300만 달러를 수령했다. 한국의 억대 연봉과 비슷한 개념인 연봉 10만 달러를 받는 직장인이 있다고 치면 2530명분의 연봉이다. 이외에도 렌터카 회사 허츠의 스티븐 셰어 CEO는 1억 8200만 달러, 홈트레이닝기업 펠로톤의 배리 맥카시 CEO는 1억 6800만 달러, 소셜미디어 핀터레스트의 빌 레디 CEO는 1억 2300만 달러를 각각 수령했다.

유럽 거대 기업의 CEO들도 일반인은 꿈꿀 수 없는 액수의 연봉을 받지만 그래도 미국과 비교하면 상대적으로 액수가 적다. 유럽 최고 수준의 연봉을 받는다며 자주 언론에 등장하는 영국계 거대 제약사 아스트라제네카의 파스칼 소리오 CEO는 2022년 연봉이 1530만 파운드다. 원화로 하면 250억 원가량으로 알파벳의 피차이 CEO가 2022년 받은 보수의 10분의 1도 안된다. 그래도 파스칼 CEO의 연봉이 공시될 때마다 영국은 물론이고 그의 고국 프랑스에서도 지나치게 연봉이 많다는 비판이 쏟아진다. 상징적으로 CEO의 연봉 차이만 놓고 봐도 미국의 승자독식 구도가 매우 뚜렷함을 알 수 있다.

국민 전체의 불평등 수준을 보여주는 지표인 지니계수를 보면 유럽에 비해 미국에서 불평등이 훨씬 심각하다는 걸 발견할 수 있다. 세계은행이 추적한 미국의 지니계수(0이면 완전 평등, 100이면 완전 불평등)는 1980년 34.7에서 2019년 41.5까지 올랐다. 코로나 사태가 시작된 2020년 39.7로 내려왔지만, 2021년 39.8로 소폭 다시 높아졌다. 미국의 수치는 프랑스(30.7), 독일(31.7), 영국(32.6)에 비해 크게 높다.

미국은 손꼽히는 부자 나라지만 가난을 쉽게 해결하지 못한다. 미국 정부는 사회복지에 연간 6650억 달러를 쓰지만 미국 내에 빈곤층의 비율은 11.6%에 달한다. 코로나 사태로 인해 빈곤 문제가 더 심각해졌다는 분석도 있다. 물가가 오르면 대기업은 그만큼 임금을 많이 올려주지만, 미국 중소기업의 사정은 그럴 만한 여력이 부족하기 때문이다.

미국에서는 2019년 기준 840만 명의 어린이가 빈곤 상태에 놓여 있었다. 1993년 28%에 달했던 아동 빈곤율이 11%까지 내려왔지만, 여전히 세계 최고 부자 나라에서 아동 빈곤이 해결되지 않고 있다. 흑인이나 라틴계 어린이들의 빈곤율은 여전히 백인 어린이의 3배 수준이다. 이민자들의 아이들도 경제적인 어려움을 겪는 경우가 많다. 통계 기준상으로는 빈곤에서 벗어났다고 해도 여전히 어려운 환경에서 살아가는 미국 어린이들도 많다. 아동 빈곤 문제가 미국 경제에 지우는 경제적 부담이 1조 달러에 달한다는 연구 결과도 있다.

줄어들던 노숙자homeless도 최근 다시 늘어나는 추세다. 미국 주택도시개발부 조사에 따르면 노숙자 수는 2012년 62만 2000명에서 2016년 55만 명까지 꾸준히 줄었다. 그런데 그 이후에는 다시 증가세로 돌아섰다. 2022년에는 58만 2000명까지 다시 늘었다. 3년 이상 집 없이 떠돌고 있는 만성적인 노숙자의 수도 2022년 13만 8000명까지 늘었다. 2016년(8만 6000명)의 1.6배 수준이다.

프린스턴대 사회학과 교수 매튜 데스몬드는 미국의 빈곤층과 경제적 불평등을 꾸준히 연구하면서 끊임없이 문제제기를 하는 학자다. 2016년 그는 월세를 내지 못해 퇴거당하는 도시 빈민을 추적한 결과를 담은 『쫓겨난 사람들Evicted』이라는 책을 냈다. 이 책은 퓰리처상 논픽션 부분 수상작이다. 책에서 데스몬드 교수는 미국의 현실을 이렇게 이야기한다.

"미국의 가난한 임차가구 대다수가 소득의 절반 이상을 주거에 지출하고 있고, 소득의 70% 이상을 월세와 공과금에 지출하는 가정은 최소 넷 가운데 하나다. 매년 수백만의 미국인들이 월세를 내지 못해 퇴거당한다."

데스몬드 교수는 다른 저서 『미국이 초래한 빈곤Poverty, By America』에서 부자가 더 많은 돈을 벌 수 있도록 정책 수단을 가동하면서 빈부격차가 커지는 걸 미국 정부가 방조한다고 주장한다. 그는 2021년 기준으로 미국 연방정부가 1조 8000억 달러 규모의 조세감면을 해줬는데, 이는 대부분 부유한 사람들이 혜택을 받았다고 했다.

이런 분석은 미국 사회의 딜레마를 보여준다. 규제를 줄이고 경제적 자유를 폭넓게 인정해 자본가가 부를 쉽게 늘릴 수 있는 사회 구조를 만들어 부강한 나라를 만들었지만, 그 내부에서는 극심한 빈부격차로 신음하는 부작용이 생겼다는 측면을 부인하기 어렵다.

미국에는 빈부격차와 밀접한 연관이 있는 인종 차별이라는 노예제도의 잔재도 남아있다. 노예제에서부터 시작된 뿌리 깊은 미국의 인종 차별은 경제적인 격차의 문제로 이어진다. 역대 최초 흑인 대통령인 버락 오바마의 당선으로 흑인에 대한 차별이 과거보다는 꽤 해소됐다고는 하지만 여전히 인종이 일종의 계급처럼 작용한다. 미

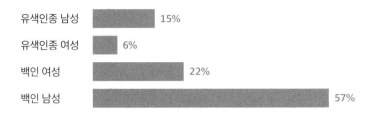

미국·캐나다 기업 임원 중 인종·성별 분포

유색인종 남성	15%
유색인종 여성	6%
백인 여성	22%
백인 남성	57%

자료: 맥킨지·린인

의회에서 흑인, 아시안, 히스패닉 계열 정치인의 비중이 증가하고
는 있지만 전체 인구의 비중에 비해서는 과대 대표되고 있다. 퓨리
서치센터에 따르면 비히스패닉계 백인 의원의 비율은 75%로 이들
이 전체 미국 인구에서 차지하는 비중(59%)보다 높다.

맥킨지가 양성 평등 관련 비영리 단체인 린인과 함께 미국과 캐
나다의 대기업을 조사한 결과에서 불평등의 단면은 여지없이 드러
난다. 1000만 명 이상을 고용한 276개 기관을 조사한 결과, 임원급
에서는 유색인종의 비율이 21%에 그친다. 유색인종 남성이 15%,
여성이 6%다. 결국 인종과 관련한 눈에 보이지 않는 차별이 시정돼
야 미국의 극심한 빈부격차도 해소될 가능성이 생긴다.

미국 경제학자 윌리엄 대리티 주니어는 『이곳에서 평등으로:
21세기 흑인 미국인들을 위한 배상금』이라는 책에서 미국인들이
10조~12조 달러를 투입해 4000만 명의 흑인들에게 20만~25만 달
러 수준의 배상금을 지급해야 미국 내 백인과 흑인 사이의 자산 격

차를 없앨 수 있다고 주장하기도 했다. 이런 주장은 현실성이 낮지만, 어떻게든 인종 간 경제적 격차를 해소할 필요가 있다는 경종을 울리는 역할은 한다. 극심한 빈부격차와 그와 연동된 인종 간 경제적, 사회적 격차를 줄여나가는 것이 미국 통치 세력의 숙제가 되고 있다.

36

[미국의 검은 두 그림자,
총기 사고와 마약 중독]

미국에서 총기 난사 사건으로 한꺼번에 수십 명이 목숨을 잃었다
는 소식이 전해질 때마다 왜 총기 규제를 하지 않는지에 대해 의문
을 품게 된다. 미국의 총기를 둘러싼 논란은 워낙 역사가 깊은 데다,
거대한 이권이 얽혀 있어 쉽게 해소되기 어렵다.

미국의 총기 소유는 헌법으로 규정된 국민의 권리다.

> '잘 규율된 민병대는 자유로운 주의 안보를 위해 필요하다. 총기를 보
> 유하고 소지할 권리 역시 침해되어서는 안 된다.'

미국 수정헌법 2조의 내용이다. 이 조항은 1689년 영국 권리장전
에 담긴 "신민은 법이 허용하는 바에 따라 자신들의 방위를 위해 적
절히 무장할 수 있다"는 규정을 뿌리로 한다. 명예혁명 이전에 영국

미국 총기 사고 사망자 추세

2000년	2만 8663명
2022년	4만 8117명

자료: 미 질병통제예방센터(CDC)

왕이 군대를 앞세워 반대 세력을 무장 해제시키려고 했던 조치에
대한 반발에서 출발한다.

이런 '무장 논리'를 초창기 미국에서 연방정부 수립을 반대하던
이들이 적극 수용했다. 반反연방파는 강력한 군사력을 갖춘 연방정
부가 자신들의 자유를 침해할 수 있다고 봤다. 이런 우려를 반영해
탄생한 것이 총기 소지 권리를 인정한 수정헌법 2조다.

아무리 수정헌법 2조를 내세워도 미국의 총기 사고로 인한 인
명 피해는 지나칠 정도다. 미 질병통제예방센터CDC 집계에 따르
면, 2022년 한해 미국에서 총기 사고로 목숨을 잃은 이들은 모두
4만 8117명에 이른다. 11분당 한 명이 총기로 목숨을 잃는 셈이다.
CDC는 1968년부터 총기 사망자를 집계해왔는데, 지난 2000년에
사망자가 2만 8663명이었던 것과 비교하면 22년 사이 67.9%나 증
가했다.

2022년에 총기로 숨진 미국인 4만 8117명을 분류하면 2만 6993명
이 총기를 사용해 자살했고, 1만 9592명이 타인에 의해 살해당했다.
나머지 1532명은 실수로 인한 오발이나 총격의 동기가 불분명한 경

316 부자 미국 가난한 유럽

우다. 총을 쉽게 구하다 보니 이처럼 살인도 총으로, 자살도 총으로 이뤄지는 경우가 많다. 더욱 심각한 문제는 2018년 이후 5년 연속 1~19세 인구의 사망 원인 1위가 총기였다는 점이다. 이 나이대의 청소년과 어린이들은 2022년 한 해에만 총기로 4590명이 숨졌다. 10년 사이 87% 늘어난 수치다.

또한 흑인 아이들이 총으로 사망할 확률이 백인 아이들에 비해 20배나 높은 것으로 나타났다. 히스패닉계 아이들은 백인 아이들보다 총기 사망 확률이 4배 더 높았다. 어린아이들의 생명이 전쟁 상황이 아님에도 일상 생활에서 총으로 쉽게 위협당한다는 건 미국이라는 초강대국의 어두운 이면이다.

지역별로는 총기 규제가 느슨한 남부에서 총기 사고가 많이 발생한다. 2021년 기준 총기 관련 범죄로 인한 사망자가 가장 많은 주는 미국에서 1인당 GDP가 가장 낮은 주인 미시시피로서 10만 명당 33.9명에 달했다. 이어서 29.1명이 숨진 루이지애나, 27.8명이 사망한 뉴멕시코 순으로 희생자가 많았다. 반면 희생자가 적은 곳은 3.4명이 숨진 매사추세츠주였고 그다음으로 하와이(4.8명), 뉴저지(5.2명) 순이었다. 주별로 총기 사망률이 최대 10배까지 벌어진다는 걸 알 수 있다. 즉, 지역별 규제 수위에 따라 희생자 규모가 크게 다르다는 뜻이다.

이와 관련해 비영리단체 '미국 내 총기 규제를 요구하는 엄마들의 행동'은 규제 수위를 높여달라고 요구하고 있다. 이 단체는 총기

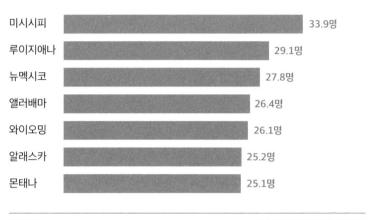

미국의 총기 사고로 인한 연간 사망자수

미시시피	33.9명
루이지애나	29.1명
뉴멕시코	27.8명
앨러배마	26.4명
와이오밍	26.1명
알래스카	25.2명
몬태나	25.1명

※2021년 　　　　　　　　　　　　　　　자료: 미국 질병통제예방센터(CDC)

사고로 인한 부상자가 사망자의 두 배가량 나온다며, 총기로 인한 사망과 부상에 따른 경제적 손실이 연간 5570억 달러에 이른다고 주장한다.

미국 내에서는 한꺼번에 여러 명을 살상하는 총기 난사 사고가 빈발하면서 수정헌법 2조가 반자동소총 같은 살상 무기까지 허용하는 것인지에 대해 의문을 갖고 있다. 이와 관련해 미국 대법원은 AR-15 소총이 정당방위용이라고 볼 수 있는 것인지에 대해 명확한 판결을 내리지 않고 있다.

세수만 많다면 불법도 합법화하는 미국의 자본주의

미국에서 과연 얼마나 많은 총이 거래될까 궁금해진다. 2020년 미국 전역에서 판매된 총은 2180만 정으로 추산된다. 전미총기협회NRA는 모든 형태의 총기 규제에 대해 반대를 하며, 규제 법안을 막아내기 위해 로비 활동을 이어가고 있다. NRA는 총기와 관련한 산업 종사자들의 이권을 보호하는 막강한 힘을 가진 이익단체다.

2023년 9월에는 민주당 소속인 미셸 루한 그리셤 뉴멕시코 주지사가 버나릴로 카운티의 공공장소에서 총기 휴대를 30일간 금지하는 행정명령을 내리자, NRA가 즉시 소송을 제기하기도 했다. 공화당 소속 주 하원의원들이 "주지사를 탄핵해야 한다"고 주장하고 나섰다.

2023년 3월 테네시주 내슈빌의 한 학교에서 발생한 총기 난사로 학생 3명을 포함한 6명이 목숨을 잃자 총기 규제 강화에 대한 목소리가 높아졌지만, 주 의회에서 공화당 의원들은 "교사들을 무장시키자"고 주장했을 뿐이다. 다만 아이들이 목숨을 잃는 사고가 미국 내에서 반복되고 있는 만큼 2024년 대선에서 총기 규제 역시 중요한 선거 이슈가 될 것으로 예상된다.

총기 사고가 공화당이 우세한 주에서 많이 발생한다면, 마약 중독은 민주당이 우세한 주에서 더 많이 나타나는 대비를 이룬다. 미국에서는 총기 사고만큼 마약 중독도 나라를 갉아먹는 사회 문제

미국 약물 복용 사망자 추세

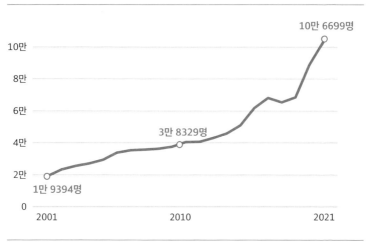

10만 6699명

| 10만 |
| 8만 |
| 6만 |
| 4만 | 3만 8329명
| 2만 | 1만 9394명
| 0 |

2001   2010   2021

자료: 미 질병통제예방센터(CDC)

로 대두되고 있다. 2023년 들어 실리콘밸리의 번영을 상징하는 도
시 샌프란시스코가 영화 배트맨에 나오는 '고담 시티'로 전락한 것
아니냐는 이야기가 나왔다. 강력한 마약성 진통제 펜타닐에 중독된
사람들로 도시가 망가지고 있다는 우려가 커졌기 때문이다.

펜타닐은 독성이 헤로인의 50배, 모르핀의 100배에 달한다. 그만
큼 적은 분량을 유통시켜도 강력한 중독 효과를 낳게 된다. 2022년
한 해 미 마약단속국DEA이 미국 전역에서 압수한 펜타닐은 알약
5060만 정, 분말 1만 파운드(약 4536kg) 이상이다. 모두 3억 7900만
회 투여분이다. DEA는 "이 정도 분량이면 미국인 전부를 죽이기에
충분한 양"이라고 했다. 펜타닐 치사량은 2mg이다. DEA는 "연필로
찍어 끝에 묻어나는 정도"라고 표현한다.

CDC는 2021년 미국에서 약물 중독으로 사망한 사람이 10만 6699명에 달한다고 집계했다. 5만 2404명이 숨진 2015년 이후 불과 6년 만에 2배 이상으로 늘었다. 약물 중독 사망자가 늘어난 결정적인 원인은 펜타닐 중독이 확산됐기 때문이라고 CDC는 설명한다. 샌프란시스코에서 2023년 1~7월 약물 오남용으로 인해 사망한 사람이 473명이었고, 그중 385명이 펜타닐 중독과 과잉 사용으로 인해 목숨을 잃었다.

워낙 펜타닐 피해가 심각하자 미국 국토안보부는 "테러보다 불법 약물이 훨씬 더 많은 미국인을 죽이고 있다"며 강력한 단속에 나서고 있다. 국토안보부는 2023년 3월 펜타닐 밀수를 막기 위해서 '블루 로터스 작전'을 시작해 두 달 동안 1만 파운드의 펜타닐을 압수했고, 284명을 체포했다. 그러나 펜타닐 유통망을 일망타진하는 건 극히 어렵다. 미국에서 마약으로 쓰는 펜타닐은 멕시코에서 생산돼 마약 카르텔에 의해 몰래 미국 내로 반입되는데, 멕시코에서 만드는 펜타닐의 원료는 주로 중국에서 만들어져 수입되고 있다.

중국의 펜타닐 원료 제조공장을 잠입 취재한 뒤 2019년 『펜타닐 Fentanyl, Inc.』이라는 책을 쓴 미국 탐사전문기자 벤 웨스트호프는 조선일보 위클리비즈와의 인터뷰에서 "국경 검문을 강화하는 것으로는 펜타닐 유입을 통제할 수 없다"고 했다. 그는 "국경을 엄격히 통제하고 있지만 드론, 지하 터널, 자동차의 한쪽 구석 등 마약을 들여올 방법은 많다"며 "미국에서는 교도소에 마약이 반입되는 것조차 막지 못하고 있다는 점을 감안하면 국경 검문을 뚫는 건 더 쉬울 것"
이라고 했다.

　미국에서 대마를 합법화하는 지역이 점점 확대되는 현상에 대해
서도 우려가 크다. 유엔마약범죄사무소UNODC는 2022년 세계 마약
보고서에서 "대마 합법화로 매일 일상에서 대마를 투약하는 사람
이 늘어나고 있다"며 "대마 투약자가 정신적인 문제를 겪거나, 극단
적인 선택을 하는 사례도 함께 늘어나는 추세"라고 했다. 도박·마
약 등 불법이던 것을 합법화하면, 오히려 합법화된 산업이 사회에
부정적인 측면을 유발한다는 해석이다.

　UNODC는 "2002년에서 2018년 사이 미국 내에서는 18~34세
청년층의 자살률이 높아졌다"며 "대마를 합법화한 주에서 자살
률이 더 높게 나타났다"고 했다. 콜로라도주의 경우 2006년부터
2018년 사이 대마 투약과 연관성이 있는 자살의 비율이 3배 늘었
다. 청소년들이 쉽게 대마에 노출될 수 있다는 점도 문제다. 미국 내
에서 2020년 고등학생 대마 흡연자의 수가 3년 전과 비교해 2배 수
준까지 늘었다는 조사 결과도 있다.

　문제는 대마를 합법화한 주에서 대마 판매를 통해 막대한 세수를
얻고 있어 이를 포기하기가 어렵다는 점이다. 2020년 캘리포니아
주의 대마 관련 세수는 11억 달러, 워싱턴주는 9억 1800만 달러에
달했다. 콜로라도주도 대마 판매와 관련 3억 8700만 달러의 세금을
거둬들였다. UNODC 보고서에 따르면 미국의 합법적인 대마 시

장은 300억 달러 규모인데, 앞으로 더 성장할 것으로 보인다. 대마 유통이 커다란 시장을 형성하면서 합법화를 확대하는 방향으로 로비가 이뤄질 가능성이 크다.

이코노미스트는 2023년 4월 '미국 경제가 다른 곳을 뛰어넘는 성과를 내는 것은 경이로운 수준'이라는 제목의 기사를 냈다. 아무리 "이러다 미국 망한다"라는 말이 쏟아지더라도 미국 경제가 꾸준히 성장하고 있다는 취지의 기사였다. 그런데 이 기사에서 이코노미스트는 이렇게 지적한다.

"약물, 총기 사고, 위험한 운전의 조합이 미국에서 평균 수명을 충격적인 수준으로 깎아 먹고 있다."

총기 사고와 마약 중독이라는 두 가지 어두운 그림자를 해결하지 못하면 미국의 미래가 결코 밝지 않을 것이라는 건 분명해 보인다.

37

[미국인의 짧은 수명, 과연 그들은 행복한가]

평균 수명은 어떤 나라의 건강, 보건, 생활 환경을 둘러싼 지표를 모두 망라한 '종합 성적표'다. 보건 예산을 충분히 집행하고, 수준 높은 의료 시스템을 구축하며, 국민들이 건강한 생활 습관을 갖도록 유도하면 평균 수명이 늘어난다. 생활 여건을 안전하게 유지해 '사고사'를 줄이는 것 역시 중요하다. 질병이나 사고에 따른 '피할 수 있는 죽음'을 막아내면 평균 수명이 늘어난다. 그리고 이것이 국가의 역량이고 국민 삶의 질적인 수준과 직결된다.

미국이 경제적으로 유럽을 갈수록 압도하고 있지만 평균 수명에 있어서만큼은 유럽이 미국에 앞선다. 유럽인이 미국인보다는 더 오래 산다는 것이다. 삶에 대한 만족도가 전반적으로 미국보다 유럽에서 더 높을 수도 있다는 의미도 된다.

OECD가 집계하는 '평균 기대 수명life expectancy'은 막 태어난 0세

OECD 회원국 기대 수명 순위

상위 7개국		하위 7국	
국가	기대수명(세)	국가	기대수명(세)
일본	84.5	라트비아	73.1
스위스	83.9	리투아니아	74.2
한국	83.6	헝가리	74.3
호주	83.3	슬로바키아	74.6
스페인	83.3	멕시코	75.4
아이슬란드	83.2	폴란드	75.5
노르웨이	83.2	미국	76.4

※2021년 출생아의 기대 수명 　　　　　　　　　　　자료: OECD(경제협력개발기구)

아이가 출생 당시 의료 수준과 보건 환경 등이 그대로 유지될 경우 향후 살아갈 수 있을 것으로 예상되는 평균적인 연수를 말한다. 이를 통상적으로 '평균 수명'이라고도 한다.

OECD에서 2021년 기준으로 38회원국을 기대 수명으로 도열하면 상위 10개국 가운데 1위 일본(84.5세), 3위 한국(83.6세), 4위 호주(83.3세)를 뺀 나머지 일곱 나라가 유럽 국가들이다. 기대 수명이 OECD 2위인 나라는 83.9세를 살 수 있는 스위스다. 유럽에서도 소득 수준이 높고 의료 서비스의 질이 높은 나라다. 스위스는 초미세먼지(PM 2.5) 농도도 낮다. OECD 평균으로 수질에 만족한다는 응답이 84%인데, 스위스에서는 96%로 훨씬 높다.

OECD 기대 수명 순위에서 4위 호주의 뒤를 잇는 5~10위는 순서대로 스페인(83.3세), 아이슬란드(83.2세), 노르웨이(83.2세), 스웨덴(83.1세), 이탈리아(82.7세), 룩셈부르크(82.7세)다. 복지 수준이 높은 북유럽 국가들이 상위권에 대거 올라 있다는 게 특징이다. 유럽을 이끄는 대국인 프랑스(82.4세), 독일(80.8세) 국민들도 평균적으로 80세가 넘는 삶을 기대할 수 있다.

기대 수명으로 스페인이 스위스를 제외하고 유럽에서 제일 긴 이유로는 건강한 지중해식 식단과 풍부한 일조량, 적절한 와인 섭취 등이 꼽힌다. 스페인 여성의 기대 수명은 88.2세로 거의 90세에 가까울 정도다. EU에서 각 회원국을 지역별로 쪼개서 기대 수명을 살펴보면 스페인 수도 마드리드가 85.4세로 가장 길다.

전체적으로 OECD 회원국 가운데 기대 수명이 80세 이상인 나라는 38회원국 가운데 26개국이나 된다. 그러나 세계 최강국의 국민인 미국인의 기대 수명은 불과 76.4세에 그친다. OECD에서 30위에 불과하다. 콜롬비아(76.8세), 체코(77.2세), 에스토니아(77.2세)보다도 짧다. 미국인의 삶의 길이는 유럽 국가치고는 보건 시스템이 다소 후진적인 폴란드(75.5세)나 헝가리(74.3세) 같은 일부 동유럽 국가나 중남미의 멕시코(75.4세) 정도에만 소폭 앞서는 수준이다. 미국이란 나라의 위상을 고려하면 창피한 수준이라고 볼 수 있다.

게다가 미국은 의료비에 돈을 많이 쓰고도 기대 수명이 짧다는 점을 고려해야 한다. 미국 싱크탱크 '피터 G 피터슨 재단'의 연구에 따르면, 2022년 기준 1인당 의료 지출은 미국이 1만 2555달러(약

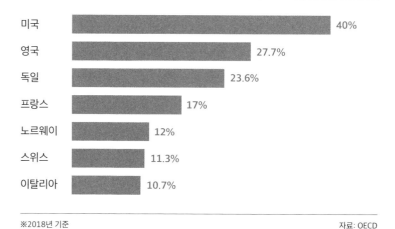

국가별 비만 인구 비율

국가	비율
미국	40%
영국	27.7%
독일	23.6%
프랑스	17%
노르웨이	12%
스위스	11.3%
이탈리아	10.7%

※2018년 기준   자료: OECD

1640만 원)로 독일(8011달러)보다 56.7% 더 높았다. 프랑스(6517달러)와 비교하면 거의 2배이고, 이탈리아(4291달러)와 비교하면 3배에 가깝다. 즉, 미국인들은 의료비로 거액을 쓰고 있지만 유럽인들보다 더 짧게 살다가 세상을 떠나야 한다는 얘기다. 국민 보건 시스템상 총체적인 문제가 있다고 볼 수밖에 없다.

이렇듯 미국인이 초강대국 국민치고 삶을 일찍 마감하는 이유는 여러 가지가 꼽힌다. 우선 앞서 살펴 본대로 미국 내 총기 사고 사망자가 연 5만 명에 가깝고, 약물 중독으로 숨진 사람이 연 10만 명을 넘겼다는 점을 꼽을 수 있다. 젊어서 죽는 이들이 많으니 기대 수명이 짧아질 수밖에 없다.

게다가 미국에서는 '뚱뚱해서 건강이 나쁜 사람'이 지나치게 많다. 미국 질병통제예방센터CDC 집계에 따르면, 2017~2020년 사이를 기준점으로 잡을 때 미국의 비만 유병률은 41.9%였다. 20~39세 인구의 39.8%, 40~59세 인구의 44.3%, 60세 이상 인구 중 41.5%가 비만 유병자들이다. 성인 5명 가운데 2명꼴로 비만이고 이와 관련한 질병을 안고 있다는 얘기다. 게다가 미국의 비만 유병률은 계속 높아지는 추세다. CDC가 1999~2000년에 같은 조사를 했을 때는 비만 유병률은 30.5%였다. 이 기간 동안 중증 비만 유병률은 4.7%에서 9.2%로 늘었다.

비만은 갖가지 합병증을 유발해 일찍 죽게 만드는 원인이다. 또한 막대한 의료비 지출을 초래한다. CDC는 비만으로 인한 의료비 지출액이 2019년 기준 1730억 달러에 달한다고 집계했다. 비만으로 인해 심장병, 뇌졸중, 당뇨병 등이 생겨 사망하는 미국인이 적지 않은데, CDC는 이는 예방이 가능한 질병들로 분류한다.

다른 나라와 국제적인 비교를 해보면 미국에 뚱뚱한 사람이 얼마나 많은지 알 수 있다. OECD가 2018년 기준으로 비만인 사람의 비율을 집계한 결과 미국은 40%로 1위였다. 이어 멕시코(36.1%), 칠레(34.4%), 뉴질랜드(32.2%), 호주(30.4%)가 순서대로 1~5위였다. 비만인 비율이 높은 OECD 회원국 톱5에 유럽 국가는 없다.

이 조사에서 유럽 주요국의 비만 인구 비율을 살펴보면 영국 27.7%, 독일 23.6%, 프랑스 17%로서 미국에 비하면 눈에 띄게 낮았다. 유럽에서도 기대 수명이 긴 나라인 스위스(11.3%), 이탈리아

(10.7%), 노르웨이(12%)의 비만 인구 비율이 낮은 것으로 볼 때 장수와 비만 여부는 일정한 상관관계가 있다고 볼 수 있다. 이 조사에서 비만 인구가 가장 작은 OECD 회원국은 일본(4%)이었으며 그 다음이 한국(5.9%)이다.

미국인의 비만이 심각한 이유는 햄버거나 피자 같은 초가공식품 ultra-processed food 섭취가 많다는 점을 들 수 있다. 미국인들이 섭취하는 칼로리의 절반 이상이 초가공식품에서 온다. 미국인 조기 사망의 10% 정도가 이러한 초가공식품 섭취에 의한 것이라는 연구 결과가 있다.

이와 함께 미국의 의료 서비스가 워낙 비싸기 때문에 저소득층이 제때 병원을 이용하지 못하는 것도 미국인의 수명이 짧은 원인으로 작용한다. 불평등이 수명을 단축시키는 방향으로 작용한다는 것이다. 데이터를 보면 실제로도 그렇다.

앞서 이야기한대로 2022년 미국인 1인당 연간 의료비 평균 지출이 1만 2555달러라는 건 4인 가족의 경우 5만 220달러의 의료비를 썼다는 얘기다. 아무리 미국이 잘 산다고 해도 의료비만으로 연간 7000만 원에 가까운 돈을 지출할 수 있는 가정이 다수라고 보기는 어렵다.

이런 연구 결과를 해석해 보면 소수의 부자만 수억 원대 이상의 거액의 치료비를 선뜻 지불해서 의료비 지출액 평균치를 끌어올리고, 적지 않은 저소득층은 비싼 병원비를 감당하기 어려워 치료를 제대로 받지 못하고 있다고 추정할 수 있다. 미국의 의료 기술이나 약품 개발 수준이 뒤떨어지지 않는다는 점을 감안하면 의료 기술 발달의 혜택을 돈 많은 일부만 누린다고 볼 여지가 충분하다. 이런 의료 불평등이 미국인의 수명을 단축 시키는 이유 중 하나일 가능성이 적지 않다.

'피터 G 피터슨 재단'은 2021년 기준으로 연간 4조 3000억 달러에 달하는 미국의 의료비 지출 총액이 미국 GDP 대비로는 18%에 달하는데, 1960년에는 이 비율이 5%였다고 설명한다. 그러니까 미국에서 의료비가 비싸지는 속도는 물가 상승이나 경제 성장 속도보다 훨씬 빠르다는 의미다. 병원 치료를 받기 위해 거액이 필요한 미국 사회의 약점은 시간이 갈수록 완화되기는커녕 악화될 수밖에 없다고 봐야 한다. 고령화가 점점 심해져 의료비가 더 들어가기 때문이다. 유럽보다 미국의 인구구조가 젊다고는 해도 미국 역시 2035년이면 초고령사회(65세 이상 비율 20%이상)에 진입하게 된다.

평균 수명은 단순한 숫자지만 국가별 삶의 질의 많은 부분을 반영한 수치다. 미국은 강대국이지만 정작 국민들은 총기 사고와 약물 중독의 위험에 노출될 가능성이 적지 않다. 또한 비만에 의해 갖가지 질환에 시달릴 가능성이 높으며, 병원 치료를 위해서는 개인 차원에서 막대한 비용을 치러야 한다. 미국인의 삶이 과연 얼마나 행복한가에 대해서는 물음표가 달리는 것도 이상하지 않다.

38

꼬리를 문 미국인들의
유럽 이주 행렬

한 나라의 국력과 국민의 행복도는 어떤 상관관계를 갖고 있을
까. 아무래도 의식주조차 잘 갖춰지지 않은 저개발 국가에 사는 것
보다는 부강한 나라에 살아야 행복한 감정을 더 많이 느낄 확률이
높을 것이다. 그러나 국력과 행복도가 완벽한 정비례 관계에 있다
고 보기는 어렵다. 미국이 초강대국이라고 해도 미국인이 유럽인보
다 더 행복하다고 보기 어렵다는 점을 눈여겨볼 필요가 있다.

유엔 산하 지속가능발전해법네트워크SDSN가 2023년 3월 발간한
'세계행복보고서WHR'를 보자. 각국의 국민들이 스스로 삶의 전체적
인 질을 평가한 '행복 점수'가 자세히 담겨 있다. 스스로 얼마나 행
복한가를 주관적으로 평가했다는 뜻인데, 조사 대상인 137개국 가
운데 유럽 국가들이 상위권을 휩쓸었다.

행복도 1위는 10점 만점에 7.804점인 핀란드로서 6년 연속 세계

세계 행복 보고서의 국가별 행복도

순위	국가	행복도(10점 만점)	순위	국가	행복도(10점 만점)
1	핀란드	7.804	11	오스트리아	7.097
2	덴마크	7.586	12	호주	7.095
3	아이슬란드	7.530	13	캐나다	6.961
4	이스라엘	7.473	14	아일랜드	6.911
5	네덜란드	7.403	15	미국	6.894
6	스웨덴	7.395	16	독일	6.892
7	노르웨이	7.315	17	벨기에	6.859
8	스위스	7.240	18	체코	6.845
9	룩셈부르크	7.228	19	영국	6.796
10	뉴질랜드	7.123	20	리투아니아	6.763

※2022년 집계   자료: 유엔 산하 지속가능발전해법네트워크(SDSN)

1위를 차지했다. 이어 덴마크(7.586점), 아이슬란드(7.530점), 이스라엘(7.473점), 네덜란드(7.403점), 스웨덴(7.395점), 노르웨이(7.315점), 스위스(7.240점), 룩셈부르크(7.228점), 뉴질랜드(7.123점)가 2~10위를 차지했다. 국민들이 행복하다고 느끼는 나라 톱10 중 8개국이 유럽 국가라는 얘기다.

이어서 11위 오스트리아(7.097점), 12위 호주(7.095점), 13위 캐나다(6.961점), 14위 아일랜드(6.911점)를 지나 15위에 가서야 미국(6.894점)이 나온다. 물론 15위도 높은 순위이고 유럽 3대국인 독일(16위·6.892점), 영국(19위·6.796점), 프랑스(21위·6.661점)보다 높다.

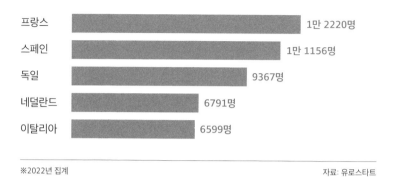

유럽 국가별 거주 허가 받은 미국인 수

프랑스	1만 2220명
스페인	1만 1156명
독일	9367명
네덜란드	6791명
이탈리아	6599명

※2022년 집계   자료: 유로스타트

그렇다고 하더라도 국민들이 행복함을 느끼는 나라가 미국에 앞서 14개국이나 있고, 그중 10개국이 유럽 국가라는 건 생각해 볼 문제다. 또한 유럽 3대국보다 북유럽의 작은 나라 국민들이 더 행복함을 많이 느끼는 것 역시 시사하는 바가 있다. 국력과 국민의 행복이 꼭 정비례한다고 보기 어렵다는 의미다.

이와 관련해 근년에 미국을 떠나 유럽에서 거주하는 미국인들이 늘어나는 현상이 나타나고 있어 눈길을 끈다. EU 통계기구인 유로스타트에 따르면, 2022년 한 해 동안 EU 회원국에서 거주 허가를 받은 미국인은 7만 6221명이었다. 나라별로는 프랑스(1만 2220명), 스페인(1만 1156명), 독일(9367명), 네덜란드(6791명), 이탈리아(6599명) 순이었다. 이주를 선택한 이유야 다양할 수 있지만 유럽인의 삶의 질이 더 높다고 여겼을 가능성이 적지 않다.

유럽 내 미국인이 얼마나 많아지는지에 대해 주간지 이코노미스트가 각국 통계를 취합한 자료를 보면 2013년 1만 5500명이던 네덜란드 내 미국인은 10년 후인 2022년 2만 4000명으로 늘었다. 같은 기간 포르투갈에서도 1만 명으로 3배가 됐고, 스페인에서도 2만 명에서 3만 4000명으로 불어났다. 미국의 뿌리라고 할 수 있는 영국에 거주 중인 미국인의 숫자는 2013년 13만 7000명에서 2021년에 16만 6000명까지 뛰었다.

이렇게 유럽으로 가는 미국인들은 미국보다 안정적인 유럽의 의료 체계, 미국에 비해 안전하고 편리한 교통 시스템, 여유로운 생활 환경 등에 이끌린다. 유럽에서는 영어만 구사해도 생활에 불편이 없다. 요즘은 프랑스나 독일에서도 업무 시간에 영어만 사용하는 글로벌 기업 지사가 점점 늘어나고 있다. 네덜란드는 학사 과정의 28%가 영어로 진행된다.

게다가 팬데믹 이후 원격 근무가 일반화되면서 유럽에 거주하면서 미국 회사의 일을 하는 이들도 늘어났다. 도널드 트럼프 전 대통령 집권 이후 미국의 극심한 정치적 분열이 싫다며 유럽에 가서 사는 이들이 증가했다는 분석도 있다.

또한 유럽의 짧은 근로 시간에 매력을 느끼는 경우도 있고, 흑인의 경우 유럽이 인종 차별 수위가 낮기 때문에 이주하는 사례도 있다고 한다. 미국인들의 유럽 이주 행렬이 나타나는 건 소득이 더 높고 경제 수준이 더 높은 나라에서 산다고 해서 삶이 반드시 더 행복해지지는 않는다는 것에 대한 방증이다.

삶의 질의 관점에서 볼 때 유럽이 미국보다 낫다고 하더라도 이역시 미국 덕분이라는 주장도 있다. 『국가는 왜 실패하는가』의 저자인 MIT 교수 대런 아세모글루는 "(미국 같은) 일부 국가들은 소위 '무자비한 자본주의'를 채택해 더 큰 불평등을 감수하고서라도 더 많은 혁신을 이끌어내면서 기술 선도 국가가 된다"며 "스칸디나비아 국가들은 이러한 무자비한 자본주의가 만들어내는 혜택에 무임 승차하면서 좀 더 포용적인 자본주의를 표방할 수 있는 것"이라고 했다.

아세모글루의 주장은 미국이 위험과 부작용을 감수하고서라도 선도적으로 강력한 시장 중심 원칙에 입각해 전 지구적으로 인간의 삶에 긍정적 영향을 미치는 기술 발전을 이뤄내고 있고, 나머지 국가들은 미국의 이런 '헌신'에 따른 낙수 효과를 누린다는 얘기다. 유럽이 내세우는 평등과 복지의 강점도 기술 발전을 선도하는 미국이 만들어낸 전 세계적인 경제 성장의 결과라는 해석이다. 이는 모든 국가가 북유럽 국가 스타일의 복지 제도를 운용할 수는 없다는 의미이기도 하다.

지금까지 이 책에서 쭉 살펴본 대로 오늘날 미국은 거의 모든 면에서 유럽을 압도하고 있고, 특히 양측의 경제적 격차는 근년에 빠른 속도로 벌어지고 있다. 이런 차이는 미래에 더 커질 가능성이 농후하다.

하지만 총기 사고와 약물 중독, 극심한 빈부 격차와 짧은 평균 수명이라는 어두운 이면을 미국은 쉽사리 해결하지 못하고 있다. 삶의 질이라는 관점에서는 유럽인이 미국인보다 더 행복할 여지가 적지 않다고 볼 수 있다. 결국 한국을 비롯한 나머지 국가들은 서구 사회의 양대 축인 미국과 유럽의 변화를 지켜보며 각자의 여건에 맞는 최적의 경제·사회 시스템을 탐색해야 할 필요가 있을 것이다. 그래야 '경제 성장'과 '국민 행복'이라는 두 마리 토끼 사이에서 균형점에 도달할 수 있지 않을까.

에필로그

거대한 미국의 힘

10년 조금 넘는 기간 동안 기자 생활을 하면서 미국에서 취재를 할 기회가 많았습니다. 대부분 짧은 출장이었지만, 2013년 코리안 몬스터 류현진 선수가 메이저리그에 진출하면서 저도 미국에 반 년 정도 머물 수 있는 기회를 얻었습니다. 당시 조선일보 특파원으로 류현진 선수를 취재하게 된 것입니다. 그로부터 한 해 정도 전에 NBA(미 프로농구) 올스타전 취재를 위해 휴스턴에 간 것이 첫 미국 방문이었지만, 그래도 6개월의 체류는 미국에 대해 많은 생각을 할 수 있는 기회가 됐습니다.

미국에서 특파원이나 통신원으로 일하며 한국에 뉴스를 전한 경험이 있는 선배 기자들이 농담처럼 하시는 말씀이 있었습니다. 간혹 회사에서 '지도 보니 별로 안 멀어 보이는 데 잠깐 다녀오면 안 되냐, 꼭 비행기를 타야 하는 거냐'라고 해서 속을 긁는 경우가 있었다고 합니다.

이 역시 미국 방문 경험이 적었던 시절의 옛날이야기지만, 미국 지도를 펴 놓고 있으면 저 역시도 비슷한 착각에 빠져들곤 했습니다. 이런 착시 현상은 자동차로 LA에서 샌프란시스코를 다녀오면서 단번에 사라졌습니다. 류현진 선수의 경기를 보고 출발해 교통 체증 없이 시속 100km 이상으로 쉼 없이 달려도 LA에 도착하면 출근 시간 '러시아워'를 만났습니다.

넓은 국토만큼이나 인상적이었던 것은 스포츠 산업의 규모였습니다. 보스턴에 가서 월드시리즈를 취재했을 때도 그랬지만, 캘리포니아 패서디나의 로즈볼스타디움에서 열린 BCS(볼 챔피언십 시리즈) 전국 챔피언십을 지켜봤을 때가 기억에 남습니다. 미국 대학 풋볼 최강자를 가리는 경기에 거의 10만 명 가까운 사람이 몰렸다는 것이 놀라웠습니다. 스포츠 산업의 거대함과 역동성만큼이나 스포츠를 즐기는 사람의 여유가 부럽기도 했습니다.

2019년에는 미국 하버드대에 브레인 오가노이드를 취재하러 간 적이 있습니다. 오가노이드는 줄기세포로 만든 미니 장기입니다. 미니 뇌를 만들어서 치매나 자폐, 조현병 같은 정신 질환을 치료하는 약물을 실험하는 것입니다.

그때 방문한 연구실에서 3D 프린터로 인공혈관을 '인쇄'하는 모습을 보고 놀랐습니다. 직접 본 건은 아니었지만 실리콘 위에 동물의 근육 세포를 입혀서 마치 생명체처럼 물 위를 헤엄치게 만든 영상도 봤습니다. 마치 타임머신을 타고 와서 미래의 기술을 지켜보는 것만 같았습니다.

이후 경제부에서 증권 담당 기자를 하면서 미국과 유럽의 격차에 대해 생각해 볼 수 있었습니다. 2020년 코로나 사태를 계기로 사람들은 해외 주식 투자에도 큰 관심을 가지기 시작했는데, 매수세가 몰렸던 기업은 테슬라입니다. 전기차 시장의 주요 플레이어기도 했지만, 자율주행 기술을 개발한다는 점에서 더 주목받았습니다. 이외에도 미국의 빅테크 기업 주식을 사거나, 미국 증시 대표지수 상장지수펀드ETF에 투자하는 사람들도 많았습니다. 반대로 유럽 주식에 직접 투자하는 사람은 극히 드물었습니다. 실제로 유럽 증시 투자를 자사 앱을 통해 지원하는 국내 증권사도 많지 않았습니다. 책을 쓰면서 보니 그 이유는 복잡하지 않았습니다. 애플 한 종목의 시가총액이 유럽 한 나라 증시 전체 시총과 맞먹습니다. 투자자라면 미국 증시의 매력에 끌리는 것이 당연합니다.

미국인들은 늘 자신감이 있습니다. 미국 의회예산처장인 필 스와겔은 인터뷰에서 모국의 미래에 대해 낙관적이었습니다. 그는 "미국 경제의 강점은 혁신과 이민자에 대한 개방성, 이민자들의 아이디어와 문화를 미국의 일부로 편입하는 능력에서 나온다"며 "미국이 앞으로도 혁신의 역동성을 잘 유지할 수 있을 것이라고 믿는다"고 했습니다.

기자는 부사나 형용사를 쓰기보다는 정확한 비교 척도를 제시해야 하는 직업입니다. 옛날 기사에 '여의도의 몇 배' 같은 표현이 자주 등장하는 것이 바로 그런 이유죠. 기자 생활을 하면서 느낀 미국의 거대함을 수치로 입증하고, 유럽과 비교하는 것이 이 책의 핵심이라면 핵심이었습니다.

이번 작업의 모티브를 제공해준 유럽국제정치경제연구소ECIPE의 오스카 기니 선임 이코노미스트는 "미국과 유럽의 경제력 격차가 이렇게 벌어진 걸 계산을 통해 확인해 보고 나도 놀랐다"고 했습니다. 프랑스와 독일처럼 한 나라와 미국을 1대1로 비교한다는 건 애초에 말이 안 되는 것은 알았지만, EU를 다 합쳐도 미국과 격차가 이 정도까지 벌어지고 있다는 점은 놀라운 부분이었습니다. 일본화라는 말이 유행했지만, 거의 '유럽화(서유럽화가 더 정확하겠다)'라는 말도 곧 나오겠다는 생각이 들었습니다.

1인당 GDP가 모든 걸 설명해주지는 않습니다. 미국도 총기 사고나 펜타닐 같은 마약 문제에 시달리고 있죠. 사회적 안전망 측면에서는 유럽이 더 우위에 있습니다. 소위 '워라밸'이라고 부르는 일과 여가의 균형에 있어서도 유럽이 더 낫다는 건 부인할 수 없는 사실이죠.

그렇기에 미국 모델과 유럽 모델 중 어떤 것을 선택할지는 늘 고민스러운 부분입니다. 대런 아세모글루 교수가 지적하듯 전 세계 모든 나라가 북유럽 국가가 될 수는 없는 노릇입니다. 임금 상승과 근로 시간 단축을 용인한다면, 소비자인 나 역시 더 많은 비용과 시간을 지불할 의사가 있어야 합니다.

"돈으로 행복은 살 수 없다. 하지만 충분한 돈이 있어야 당신 가족의
의식주를 해결할 수 있다. 또한 당신의 아이를 잘 교육시킬 수 있다."

삶의 질과 관련된 OECD 자료에 언급되는 문장인데, 제가 책을
쓰면서 가졌던 고민을 잘 대변하는 문장인 듯합니다.

미국과 유럽의 사회 경제 모델이 고정되어 있는 것도 아닙니다.
ECIPE 프레데릭 에릭손 소장은 유럽이 더 낫다고 하는 부분도 조금
씩 바뀌고 있다는 점을 언급했습니다. 미국과 유럽의 평균 근로 시
간 차이는 줄어들고 있습니다. 이제 유럽 사람들도 보편 복지를 위
해서 돈을 내려고 하지 않는다고 합니다. 이민자들이 늘면서 사회
적 연대라는 가치에 대해 의문을 표하는 사람이 늘어났습니다. '왜
저 사람이 일을 하지 않거나 적게 하도록 돕기 위해 내가 세금을 더
내야 하지'라는 불만을 표시하는 사람이 늘어난다고 했습니다.

최근 한국에서는 유럽의 길이 조금 더 인기가 있는 것 같습니다.
너무나 빠르게 달려왔던 한국이 이제는 지친 것일까요. 워라밸을
강조하는 분위기가 강합니다. 그러다 보니 한국 정부와 정치인들은
국민들에게 '이제는 그렇게 빨리 뛰지 않아도 됩니다'라고 이야기
하는 것 같습니다.

물론 한국의 지나치게 긴 근로 시간은 이제는 '해결해야 할 사회
문제'죠. 다만 그 나라의 국민들이 앞으로 뛰어나가는 삶의 템포를
늦췄을 때 그 나라의 경제에 무슨 일이 일어나는지에 대해서도 알
려줘야 할 것 같습니다. 감속이 불러오는 반대급부가 분명히 존재

한다는 점도 이 책을 통해 전달하고 싶었습니다. 저는 우리가 가야할 길은 미국과 유럽의 그 사이에 있다고 봅니다.

여전히 부족하지만 책 쓰기에 도전할 수 있었던 것은 우선 회사 덕분입니다. 미국에서 단기 특파원으로 근무하고, 경제부와 사회정책부에서 사회경제적인 현상에 대해 통계를 활용해 분석하는 훈련을 받을 수 있었습니다. 현재 일하고 있는 위클리비즈 역시 국내 언론 중에는 조선일보에만 존재하는 주간 단위 글로벌 경제, 산업 섹션입니다. 위클리비즈에서 일하면서 운 좋게 이 책의 주제와 만나고 좀 더 깊이 들여다볼 기회를 얻었습니다.

또한 경제부에 이어 위클리비즈에서도 함께 일한 손진석 선배에게도 감사한 마음입니다. 파리에서 4년간 유럽과 중동, 아프리카 지역을 커버하는 특파원으로 근무한 손 선배는 미국과 유럽의 경제 격차 확대에 대한 논의가 늘어나고 있다는 것을 발 빠르게 캐치하고, 책을 공동 집필할 것을 제안해 주셨습니다. 손 선배의 유럽의 정치, 경제, 사회에 대한 식견이 없었다면 이 책은 탄생할 수 없었을 겁니다. 이 책은 제가 공동 저자의 식견을 조금이라도 따라가 보려는 노력 속에 완성됐다고 해도 과언이 아닙니다.

가족의 도움도 있었습니다. 제게 책을 쓸 시간을 허락해 줬으니까요. 간혹 주말 밤에 '책 좀 쓰고 올게'라고 외출하면 너그러이 이해해 줬던 아내와 딸에게 늘 고맙습니다. 동종업계 종사자인 아내는 남편의 졸고를 읽고 냉철한 조언을 아끼지 않았습니다. 책이 처음 완성한 원고에서 한두 걸음 더 나아갈 수 있었다면 이는 아내의 덕입니다.

2023년 11월
홍준기

부자 미국 가난한 유럽

초판 1쇄 발행 2023년 12월 29일
초판 8쇄 발행 2024년 8월 27일

지은이 손진석, 홍준기

기획 이유림
편집 정아영
마케팅 총괄 임동건
마케팅 안보라
경영지원 임정혁, 이순미

펴낸이 최익성
펴낸곳 플랜비디자인

표지 디자인 스튜디오 사지
내지 디자인 박은진

출판등록 제2016-000001호
주소 경기도 화성시 동탄첨단산업1로 27 동탄IX타워 A동 3210호

전화 031-8050-0508
팩스 02-2179-8994
이메일 planbdesigncompany@gmail.com

ISBN 979-11-6832-078-9 (03320)

이 책은 방일영문화재단의 지원을 받아 저술·출판되었습니다.